哲學研究叢書‧學術思想叢刊

中國思想史概論

吳臻　著

第一章
上古思想概述

綱要

第一章
上古思想概述

壹 中國上古文化傳統的形成

一 上古思想概況

從「民神雜揉」到「絕地天通」的發展及演變[1]：

1. 民族融合：古中國原有三個民族集團，華夏發源於西北，東夷居山東河北沿海地區，南方則有苗蠻。華夏集團由西向東發展，在黃帝時和東夷的蚩尤族大戰，結果蚩尤失敗。但是東夷的少皞（昊）族則開始和華夏的黃帝部族合作，民族的融合由此展開。

2. 民神雜揉：原始社會中神權非常高，「民神雜揉」是在宗教中心未建立前的社會現象。人民信仰神祇並不是問題，但若是「夫人作享，家為巫史。」（《國語・楚語・觀射父論絕地天通》），眾人沉迷於祭神求福，且人人自以為能知神意，就會衍生弊病：一、是「民瀆齊盟，無有嚴威。」（《國語・楚語下・觀射父論絕地天通》）當人人自以為巫史，皆稱自己能知神意，則神權的約束力反而喪失，所謂盟誓之類也失去其莊嚴性。二、「民匱於祀而不知其福」（《國語・楚語・觀射父論絕地天通》）當人人日夜求神，不知勤奮，不事生產，終將成為社會的禍亂。

3. 絕地天通：過度密切的民神雜揉關係，在古代曾一度形成社會問

---

1 參見勞思光：《新編中國哲學史》（一）（臺北市：三民書局，1990年12月），第一章。

題。後由某一共主頒定「絕地天通」的措施，設專職人員分掌「祀神」和「理民」的事務。目的只是在限制人民過度沉迷而已，並非全面禁絕人神關係的互動。《尚書·周書·呂刑》和《國語》都有「絕地天通」的記載。

> 乃命重黎，絕地天通，罔有降格。（《尚書·周書·呂刑》）
>
> 及少皞氏之衰也，九黎亂德；民神雜揉，不可方物；夫人作享，家為巫史，無有要質。……顓頊受之，乃命南正重司天，以屬神；命火正黎司地，以屬民；使復舊常，無相侵瀆。是謂絕地天通。（《國語·楚語》）

4. 重司天、黎司地：顓頊的改革，主要在於設立「南正重」專門負責神事與事神的工作，又命「火正黎」負責管理人事。「重」與「黎」分別「司天」與「司地」，既能有效地將神事與人事分流處理，又能逐步把宗教事務收歸於政治中心之內。

5. 絕地天通促進文化混合：古代巫教鼓吹登山會神的愚民活動，遂漸漸造成人神相雜之傾向。民眾樂作巫史而迷於神權，怠於人事。顓頊進行宗教性改革，以「重」及「黎」分掌神事與人事，並建立宗教領導中心，即所謂「玄邱」，「玄宮」或「玄都」。此一宗教改革，使華夏東夷之混合更進一步，思想更能同一，權力也益加鞏固，文化也隨著更加發展。

6. 「絕地天通」說的存疑：「絕地天通」說首見於〈呂刑〉，而未見於周代以前的文獻。這種限制人民信神及管理神權的觀念，後人懷疑有可能是周人制禮樂、重制度，想以理性的禮樂制度替代鬼神風俗的想法，所謂命令重、黎分掌神民之事，也許只是托古偽說而難以查證，事實仍須存疑。

二　殷周民族的關係及其演變

1. 周初的政治形勢
   （1）武王伐紂可能是儒士理想化的政治狀況。
   （2）周初，殷民族仍聯合南方勢力持續抗拒周人。
   （3）周初，周公東征的軍事行動與分封的制度改革並進，歷經長期的努力，最後才建立穩定的中央政府。

2. 南北文化傳統的形成及影響
   （1）①南方傳統的形成：南方氣候溫暖，物產豐饒，多水鄉江澤，人民好浪漫想像。

   ┌ 原是楚人與殷人聯盟而支持武庚的反抗勢力。
   └ 周公東征後，此一失敗的殷、楚聯盟勢力遂退往江漢地區，而成為南方文化主流。

   ②南方文化傳統的特色：

   ┌ 神權觀念濃厚。
   ├ 放浪生涯流行。
   └ 文學藝術具玄趣。

   （2）①北方傳統的形成：在冷寒的自然環境及艱苦的征戰過程中，培養出克服困難的堅定觀念。

   ②北方文化傳統的特色：

   ┌ 重視人事，強調人應自覺地為生存、生活、生命而努力。
   ├ 重視以文化意義的生活秩序，規範人群自然生命的發展，生命態度踏實而嚴肅。
   └ 重視政治實效，從政治的禮制發展到生活秩序的禮治。

3. 南北傳統相異而形成學派特色的不同：

（1）北派

①鄒魯派（北派正宗，繼承殷周）

┌鄒：孟子
└魯：孔子

②齊派

┌管仲、晏嬰（富國強兵）
└鄒衍（陰陽五行）

③秦晉派：此派源於三晉，盛行於秦，為法家思想的大本營

┌李悝
├申不害
├商鞅
└韓非

④宋鄭派（中原派）

┌墨家：墨翟、宋牼（尚和平、息紛爭）
└名家：鄧析、惠施、公孫龍（重知識、尚名辯）

（2）南派

①老莊（正宗）：道家

┌楊朱
├老聃
└莊周

②許行：農家

貳　孔子之前的思想與文化

一　周初的思想：宗教人文化的演變

1. 從「君權神授」到「天命靡常」

   （1）殷商時代，人們相信君王政權的取得，是由天神選擇了最佳的人，然後授與他當君主的權力，此即「君權神授」說。這種說法保障了人間君王的高貴性，以及政權取得的合理性。以神格的天意權威保障了人間君主的絕對權力，使一般人不敢覬覦王位，「君權神授」說在傳統時代，具有無比的影響力。

   （2）西周以革命[2]代殷而起，西周為了解釋並鞏固其革命行為的正當性，因此提出了「天命靡常」（《詩經・大雅・文王之什・文王》）的觀念，並重新詮釋天命之「常」何在？「天命靡常」說指出天選定一人為君王，但並非恆常不變，而是有一套檢驗君主行事的附加標準。一旦在位者不符合此一標準，被統治者就有權力可以發動革命，以弔民伐罪之名而替天行道，另成為君權神授下的受命新王。所以周得天下之後，戰戰兢兢敬告上天，周王不敢不知商為何亡國，周王更不敢不知不敬德的下場。

> 我不敢知曰，有殷受天命；惟有歷年，我不敢知曰，不其延；惟不敬厥德，乃早墜厥命。（《尚書・周書・召誥》）

2　革者，變易也；命者，天命也。「革命」意謂變易君王的權位。

（3）「君權神授」保障了人間君王的高貴性，以及政權取得的合
　　理性；而「天命靡常」則強調君王必須重視民意，這是民本
　　思想的發端。

2. 從憂患意識到敬德思想[3]

（1）憂患意識：此不同於在宗教鬼神之前，常常感到渺小恐懼而
　　想依賴鬼神的心理。「憂患意識」與恐懼鬼神的不同在於，
　　憂患意識促使人主動省思，吉凶成敗與人自己行為的相關聯
　　性，並開始主動地對行為結果產生責任感，這是人有主體自
　　覺性的重要關鍵。

　　　易之興也，其於中古乎？作易者其有憂患乎？（〈易‧繫辭
　　　下〉）

（2）敬德思想：徐復觀闡釋「敬」，其字源之義原指「執戈以待
　　旦」，只是對於外來的侵害保持高度的警戒，這仍是被動的
　　直接反應的心理狀態而已。到了周初的「敬」加進了「德」
　　的精神，敬德觀念強調以自覺的心理狀態，來察照、判斷自
　　己的行為，並須對自己的行為負責，這是人文精神的出現。
　　就君王而言，其敬德實踐就是以照顧四方人民為己任，此亦
　　是上天之所以讓他得天命而為王的用意。

　　　天亦哀於四方民，其眷用命懋，王其疾敬德。（《尚書‧周
　　　書‧召誥》）

3　徐復觀：《中國人性論史》（臺北市：臺灣商務印書館，1990年），頁15-32。

（3）從憂患意識到敬德思想的政治表現：執政者如何得知天意？
　　如何符合天意的標準？從《尚書》記載可看出，天意的內涵
　　已轉變為對民意的重視。所謂「天意」就是要求君王要照顧
　　好人民的生活，讓上天聽到、看到人民都能安全、安定、安
　　心地生活著。所以天意的判斷標準即以民意為依歸。

天視自我民視，天聽自我民聽。（《尚書・周書・泰誓中》）
天聰明自我民聰明。（《尚書・虞書・臯陶謨》）

二　周代的宗教與道德

1. 從「帝」到「天」的演變：西周出現「天」的觀念，並逐漸與帝
　　合流，甚或以天代帝。[4]然而「天」的涵義遠較宗教義的「帝」
　　豐富，由於「天」字本身的豐富意涵，也使其在思想的發展中有
　　多重定義的可能。「天」後來不僅是宗教義的「帝」的替代詞，
　　同時也是最高理則的、義理的形上天，或自然規律的自然天等。
2. 從敬天祀祖到敬德思想：周人本極重視鬼神祭祀之事，「國之大
　　事，在祀與戎。」（《左傳・成公十三年》）在無所不祀的宗教活
　　動中，有可能也同時也推動了「敬德」意識的覺醒。
3. 魯文化的特徵──禮
　　（1）魯是唯一擁有「天子禮樂」的國家：周公死後，為「褒周公
　　　　之德」，成王特准魯可以郊祭文王，且立了文王的廟，成為
　　　　唯一在中央政府以外，得以有天子禮樂的特例。

4　據統計，《詩經》、《尚書》中，以天為至上神的記載，共約336次；以帝為至上神的
　　記載，共約85次；可見「天」逐漸取代「帝」的趨勢。見杜而未：《中國古代宗教
　　研究》（臺北市：華明書局，1959年），頁101。

（2）魯因此存全周禮命脈。

（3）孔子對周禮不僅繼承，亦有所因革損益。

三　上古典籍中的人文思想

1. 《詩經》

　　（1）懷疑天神的權威：生於世亂時荒之際，人民生活艱難不已，哀哀無告，遂對天神好德的精神，開始有所懷疑。

　　　　天方艱難，曰喪厥國，取譬不遠，昊天不忒。（《詩經·大雅·蕩之什·抑》）

　　（2）出現形上天的觀念：天是萬物之所以有理則的根據，是抽象的、原理性的實體。

　　　　天生烝民，有物有則。民之秉彝，好是懿德。（《詩經·大雅·蕩之什·烝民》）

2. 《尚書》

　　（1）重人的精神：比《詩經》更直接肯定道德的自我意識，及人自身的價值。

　　　　天不可信，我道惟寧王德延。（《尚書·周書·君奭》）

　　（2）道德責任感的自覺：以敬德的觀念，剴切提醒君王以敬德自任。

王敬作所，不可不敬德。(《尚書・周書・召誥》)

（3）民本思想：以民意代天意，在「天命靡常」的思維下，民意
是天命檢證君王的判斷依據。

人無於水監，當於民監。(《尚書・周書・酒誥》)

3. 《左傳》：人民可以檢討君王的統治得不得當，並以此作為是否
應該起而革命的判斷準則。

（1）出現「革命思想」：君主應以照顧天之子民為任，若有失職
則可革易之。

夫君，神之主，而民之望也……天生民而立之君……失則革
之。(《左傳・襄公十四年》)

（2）民本思想：天意愛民，絕不會只私愛君主一人，而縱任其肆
虐百姓。

天之愛民甚矣，豈其使一人肆於民上，以從其淫，而棄天地
之性？必不然矣。(《左傳・襄公十四年》)

叁　先秦思想興盛的背景及特色

一　興起及盛行的背景：先秦諸子思想興起及盛行的背景，梁啟超在《中國學術思想變遷之大勢》中歸納出七項重點

1. 由於文化蘊蓄宏富：文武繼起，而中央集權之制大定，威儀三千，周官三百。孔子嘆曰：「周監於二代，郁郁乎文哉！吾從周。」至春秋，又數百年，休養生息。觀於《左傳》列國士大夫之多才多藝，所在皆是。積數千年民族之菁華，遞相遺傳，遞相擴充，其機固有磅礡鬱積一觸即發之勢，思想蘊蓄宏富豐沛。

2. 由於社會變遷劇烈：自孔子獲麟以後，迄於秦始，上自國土政治，下至人心風俗，都是中國社會變動最劇烈的時代，這些變動都明顯影響到學術思想。孔子之前，被貴族世官所壟斷的知識學問，散諸民間。周室衰微，其所餘之虛文儀式，不足以規範時代人心，於是有如伏流湧出，一瀉千里的新氣勢。

3. 由於思想言論自由：周既不綱，權力四散，游士學者，各稱其道以橫行於天下，不見容於一國，則輾轉他國而已。故仲尼周遊列國干七十二君，墨翟來往大江南北，荀卿所謂「無置錐之地，而王公不能與之爭名，在一大夫之位，則一君不能獨蓄，一國不能獨容。」言論極其自由，鼓動了學術思想的創見。

4. 由於國際互動頻繁：國際互動的管道多元化，或以外交，或以力征，或以通商，或以遊歷，這些都是文明發展的助力。春秋戰國時，兼併盛行，互相侵伐，軍隊所到之處，也會受到該國的政教風俗影響。各國戰後，往往會將他國的新器物或新思想帶回並融

入自己的國家，因此征伐愈多，調和也愈多，促進了思想的多樣性。平時各國外交往來，皆不得不妙選人才。後來商業盛行，學術思想蓬勃，都帶動了人才的興起和流動。專以奔走游說為業的縱橫捭闔之士，更是積極穿梭於國際。戰國時的國際互動盛況，前此未有。

5. 由於人才倍受重視：衰周之際，兼併最烈，時君求才若渴，不但獎勵本國的人才，也積極吸收他國的優秀之士而用之。一方面怕錯失人才，另一方面更擔心人才為他國所用。貴族階級，逐漸陵夷，布衣卿相之局遂起。士人精研學問，盼能得志於當時，於是百家思潮推湧。

6. 由於文字趨簡：當時各國，各因所宜，隨言造文，文字日趨簡易的轉變，是人群進化的公例。文字簡化，則書籍漸盛，此有利於文化思想的傳播。雖然《漢書藝文志》說：「是時（秦始皇時）造隸書，起於官獄多事，苟趨省易。」其實文字的改變是長期漸變的累積，不是秦朝旦夕之間驟變的結果。

7. 由於講學之風盛行：以前「學在王官」，被貴族階級所壟斷，及學風往下流布，知識的傳播既速且廣。凡是成一家之學者，都想廣收門徒，傳播其學，千里而來的學生，不絕於道。孔子有弟子三千；墨子之徒遍於宋鄭齊之間；孟子後車從者數百人等，百家盛況皆然，學術思想進入黃金時代。

二　先秦思想的特色

1. 宗教人文化──以「人」為中心的思想型態
   （1）周人雖不廢宗教天命觀念，然力求將天命的理序與人的自覺結合解釋，對天神與人之關係有一新觀點，此即「敬德」的觀念。

（2）周人相信天命必歸於有德者，而是否能成有德之人，這是人
　　可自作主宰之處。於是，人對天命，則非只是完全被動地承
　　受天命而已，更重要的是自我的價值選擇與堅持。

（3）「敬德」成為超越天人之標準，即使天命也須服從此標準。
　　周人的思想核心，在強調「人」的道德主宰地位，此即所謂
　　「宗教人文化」。

2. 從周文疲弊到生命安頓

（1）孔子面對禮崩樂壞，天下失序的時代，他反省因周文疲弊，
　　使禮徒留僵化的形式，然實已失卻內在的精神動力，遂致禮
　　樂不能發用而天下亂。孔子因而對禮有所檢討，並希望通盤
　　重整。

> 天下有道，則禮樂征伐自天子出；天下無道，則禮樂征伐自
> 諸侯出。（《論語·季氏》）

（2）孔子學說乃對周代人文精神之自覺的肯定，孔子承周文化之
　　方向而發展其人文觀念，時時思索人處於亂世的生命安頓問
　　題，處處強調人的責任及道德價值意義。

（3）孔子在周文疲弊的時代，以「人的生命價值之安頓」為思索
　　中心，而有自覺、有系統地發展周人的人文觀念，下啟諸子
　　以探索生命價值為依歸的思想特色。

3. 諸子百家爭鳴：禮崩樂壞，天下失序，諸子出而思索如何重建秩
　序？如何使人身心得以安頓？於是諸子爭鳴。諸子爭鳴，雖百家
　殊方，然無不環繞著以「人的生命」為中心，而開展出「如何實
　踐生命的價值」的課題。因此在失序的亂世，人要如何實踐生命
　價值與身心安頓，這是先秦思想的重點。此期諸子無不提出他們

理想中的生命實踐者的聖人典範，各家所述的聖人內涵雖各有特色，卻共同統攝在「聖人觀」之下。諸子既以「聖人」為理想的人格典範，在理據上便須有更深入、更周全的探討，即：

（1）成聖的根據何在？

（2）成聖的工夫如何作？

（3）聖人的境界為何？

此後中華文化即循此方向開展，成就了中華文化的核心價值。

第二章
孔子

綱要

第二章
孔子

生平

一、姓名：孔子（丘）

二、時代：生於魯襄公二十二年（西元前551年），卒於魯哀公十六年（西元前479年）。

三、傳略：孔子名丘，字仲尼，春秋末魯國昌平鄉陬邑人（今山東曲阜），《史記・孔子世家》記其為宋人後裔。少孤，青年時即以好學出名。年二十七時曾從郯子習禮，年三十五即以知禮而顯於諸侯[1]，後因魯君大權落於三桓之手，而長游齊國。返魯後遭陽虎之亂，陽虎亟攬之，夫子不從，而得季氏舉薦於魯定公，歷任中都宰、大司寇之職。居官三年後（魯定公十三年，孔子五十五歲），因魯君怠於齊之女樂，遂與弟子出遊列國凡十四年。為求用世，先後至衛、宋、陳、蔡，惜皆不見用。夫子於六十八歲時返魯，不再求仕，轉向教育及整理禮、樂，並刪定魯史為《春秋》，〈孔子世家〉稱：「以《詩》、《書》、《禮》、《樂》教，弟子蓋三千焉，身通六藝者七十有二人。」其事蹟多見《論語》，孔子一生雖未能得君行道，然其開私人講學之先，整理古籍之功，奠定中國文化的基礎。司馬遷〈孔子世家贊〉稱其：「天下君王至於賢人眾矣，當時則榮，沒則已焉。孔子布衣，傳十餘世，學

1　大夫孟僖子於臨終前，遺命其子孟懿子從孔子學。

者宗之。自天子王侯,中國言《六藝》者,折中於夫子,可謂至
聖矣!」

四、著作:孔子自述其「述而不作」,其弟子及後學集其言行,成
《論語》一書,夫子並刪詩書[2],定禮樂,贊《周易》,修《春
秋》,今所見諸書,雖未必盡出於孔子之手,然其整理文獻,垂
範後世之功,當不可掩。

2　子刪《詩》三千篇成三百篇之說雖不可信,唯《史記・孔子世家》稱:「樂正,雅
　頌各得其所。」可知夫子曾對其內容予以審訂,使其合於正聲矣。

壹　孔子的歷史地位

一　述而不作

孔子積極地繼承傳統知識，整理上古的文獻典籍，因革損益並加以創新，承先啟後之功不可沒。

子曰：「述而不作，信而好古，竊比於我老彭。」（《論語・述而》）

子曰：「蓋有不知而作之者，我無是也。多聞擇其善者而從之，多見而識之，知之次也。」（《論語・述而》）

子曰：「殷因於夏禮，所損益可知也；周因於殷禮，所損益可知也；其或繼周者，雖百世可知也。」（《論語・為政》）

二　一家之言

1. 孔子是第一個對人文自覺提出較有系統的主張者，孔門後學並將其人道精神加以深化、廣化而成一家之言，可說是開思想史先河的第一人。
2. 錢穆云：「六經既為其時之衙門檔案，故遂綜之曰王官之學。惟孔子則研求此種檔案而深思獨見，有以發揮其所涵蘊之義理，宣揚其大道，自成一家之言。後世推尊孔子，乃推尊其所研習，而崇其名曰經。」[3]

3 　錢穆：〈經學與史學〉，收載於《國學論文選集》（臺北市：臺灣學生書局，1981年），頁205。

3. 孔子祖述堯舜，憲章文武，對中國古代的文化做了整理、總結，
   而一般人對孔子所謂刪詩書，定禮樂，贊周易，作春秋之說，尚
   有待徵信，但孔子編訂六經，昌明經義，精鍊文辭，使六經變成
   儒家之典籍，這是不可否認的事實，今文學家特別強調六經皆為
   孔子之政治學說，為孔子微言大義之所在。足見經乃因孔子而顯
   揚於世。

   周道既衰，壞於幽厲；禮樂征伐自諸侯出，陵夷二百餘年，而孔
   子興，……究觀古今之篇籍，……於是敘書則斷堯典，稱樂則法
   韶舞，論詩則首周南，綴周之禮，因魯春秋，舉十二公行事，繩
   之以文武之道，成一王法，至獲麟而止。蓋晚而好易，讀之章編
   三絕，而為之傳。皆因近聖之事，斟立先王之教；故曰：「述而
   不作，信而好古。」（《漢書·儒林傳》）

   以備王道，成六藝。（《史記·孔子世家》）

4. 孔子在中國經學形成上，確居極重要之地位，往上是承襲，往下
   是開展，如六藝之所以被稱為經，而在學術界成為獨尊的局面，
   與經由孔子的整理和宏揚大有關係。簡約之[4]：
   （1）孔子紹周公遺緒
   （2）孔子家傳詩禮
   （3）孔子編訂六經
   （4）孔子昌明了經義
   （5）孔子將六經普遍化

---

4 李威熊：〈第二章、中國經學形成的考察〉，《中國經學發展史論》上冊（臺北市：文
   史哲出版社，1988年12月），頁35-93。

貳　基本思想架構；仁、義、禮

一　仁的理想

1. 「仁」是孔子學說的核心，也是最終極的理想。

 (1) 仁的本義：它是一種人能充分自覺，主宰自我的生命以達於大公、真善的德行境界。「仁」的意義演變，其本義原為：《說文》：「仁，親也。从人从二。」鄭玄《中庸注》：「仁，讀如相人偶之人，以人意相存問之言。」仁之本義為「相人偶」的象形，進而引申為人與人之間互相親愛的關係。至孔子時，則將仁字賦予更深的道德詮釋意涵。

 (2) 仁的義涵：「仁」在《論語》中出現百餘次，雖無明確的定義，但衡諸文義，「仁」至少包含以下幾種義涵：甲、全德之名。乙、特指生命道德價值的根源。丙、強調真實生命的道德實踐。丁、成德的最高境界，是孔子所贊許的人格典範等義。

 (3) 仁學：孔子的學說以「仁」為核心，故亦稱其為「仁學」，而其仁學係以人道為主，故又泛稱為「人學」。孔子仁學實由義、禮開展而能具現，因而「仁、義、禮」可視為孔子思想的基本架構。「我欲仁，斯仁至矣」的「欲」是「省覺」，強調人的主動性，此主動性喚醒我內在之仁，所謂「至」即是仁心之充分豁顯。

 子曰：「仁，遠乎哉？我欲仁，斯仁至矣！」（《論語‧述而》）

> 夫仁者，己欲立而立人，己欲達而達人。能近取譬，可謂仁
> 之方也已。(《論語・雍也》)
> 子曰：「人而不仁，如禮何？人而不仁，如樂何？」(《論
> 語・八佾》)

2. 「仁」是為人最根本的價值：孔子直接相信人有一種大公無私的愛，一種美好的、道德的力量，是人之所以為人最根本的價值，就是「仁」。孟子則據此進一步追究，仁是否在人與人之間具有共通性，最後他在理論上得出了「人皆普遍具有且本有的道德」的結論。孔子則直接相信人皆有此一道德，所以孔子強調的是「如何做」(how)的實踐性問題；而孟子進一步提出性善論，解釋了是根據「什麼」(what)而使道德有實踐的可能性。

3. 「仁」的實踐：

(1) 過程的考量：仁心在實踐的過程，必須考量親親、仁民、愛物等倫理層次的本末先後，或發生客觀條件與現實衝突等問題。

(2) 人倫親情與社會公義的衝突思考：當人倫親情與社會公義衝突時，孔子主張法律公義仍應植基於最根本的人倫親情之上，才有為人遵行的可能性。父子親情乃一天生自然的血緣力量，「子為父隱」才不致傷害了人倫親情中最根本的愛和信任，因此即使「父子相隱」亦不算悖離「直」的道德行為。

> 葉公語孔子曰：「吾黨有直躬者，其父攘羊，而子證之。」
> 孔子曰：「吾黨之直者異於是，父為子隱，子為父隱，直在
> 其中矣。」(《論語・子路》)

4. 「仁」的堅持：在具體生活中的事事物物，生命中的時時刻刻，「仁」都應貫徹在其中而體現。仁與生命萬物同在，是所有生命的根源，它只有無限的展現，沒有終點。每次的踐仁，都是完成；也都只是生命歷程中的一部分完成而已，「仁」是一最高的理想人格典範。除管仲能以智慧而不以武力，使桓公九會諸侯而解決許多國際重大的爭端，既解決問題，又能使人民免於受戰爭之苦，故孔子許其「如其仁」之外；孔子不輕易以仁許人，也不以仁自居。

君子無終食之間違仁，造次必於是，顛沛必於是。（《論語·里仁》）

子路曰：「桓公殺公子糾，召忽死之，管仲不死。曰：未仁乎？」子曰：「桓公九合諸侯，不以兵車，管仲之力也。如其仁！如其仁！」（《論語·憲問》）

子曰：「若聖與仁，則吾豈敢。」（《論語·述而》）

5. 仁、義、禮三位一體，同時體現：孔子所論仁、義、禮三者，於理論論述時不得已而有先後，然於實踐時則重視三位一體，同時體現。

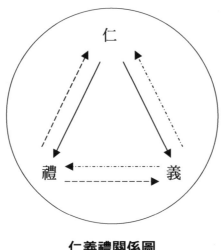

仁義禮關係圖

二 義的作用

1. 義的合理性與正當性：義促使人在生活秩序中，能自覺並省察個人處世行事的價值與態度，各種行動的判斷亦應合乎合理性與正當性。

   子曰：「君子之於天下也，無適也，無莫也；義之與比。」（《論語·里仁》）

   子張問：「士何如斯可謂之達矣？」子曰：「……夫達也者，質直而好義。」（《論語·顏淵》）

2. 義利之辨：義利之分，亦起源於此正當性與合理性的判斷。義利關係不見得全部是衝突，義與利可分為三種情況──義利相合、義利不相涉、義利衝突。獲得利益本身並無對錯，重點在於獲得的方式是否正當。「孔曰成仁，孟云取義」（文天祥〈衣帶贊〉）

是指人面臨到義、利的極重大衝突，到最不得已時不得不做出生死的取捨。綜觀《論語》全書，並未強調所有義、利皆為衝突，對於合理正當之利益，亦可以接受與享有。面對義利衝突，孔孟始終堅持以道德為取捨之標準，不能傷害到人之所以為人的道德根本。

子曰：「君子喻於義，小人喻於利。」（《論語・里仁》）

見利思義，見危授命。（《論語・憲問》）

三　禮的目的

周文疲弊，天下失序；如何重建社會秩序，是當時諸子百家共同的時代課題。孔子主張以禮的發用，達到補救周文疲弊的目的。

1.禮、儀有別：狹義的禮，僅指禮節儀式；廣義的禮則需內外兼備，既指客觀的節度秩序，亦須有仁心的發動及義理的正當判斷。

公如晉，自郊勞至於贈賄，無失禮。晉侯謂女叔齊曰：「魯侯不亦善於禮乎？」對曰：「魯侯焉知禮！」公曰：「何為？自郊勞至於贈賄，禮無違者，何故不知？」對曰：「是儀也，不可謂禮。禮，所以守其國，行其政令、無失其民者也。」（《左傳・昭公五年》）

2.攝禮歸義：孔子所重視的禮，係以禮的本質精神（仁、義）為先，儀式為輔；禮必須符合正當性的判斷，攝禮歸義，才是禮義的表現。孔子希望人能通過具體儀式的表達，幫助人們溝通、感受其中內攝的象徵意義及情感力量，這才是禮樂之所以值得重視之處。

子曰：「君子義以為質，禮以行之，孫以出之，信以成之。君子哉。」(《論語·衛靈公》)

林放問禮之本。子曰：「大哉問。禮，與其奢也，寧儉；喪，與其易也，寧戚。」(《論語·八佾》)

3. 攝禮歸仁：仁是禮的目標，禮是仁的具現，人在生活中的視、聽、言、動，都應一一克制反省，處處循禮而行，時時扣緊仁心而不悖，若能隨時隨地都攝禮歸仁，即是仁的表現了。

顏淵問仁。子曰：「克己復禮為仁。一日克己復禮，天下歸仁焉。為仁由己，而由人乎哉？」顏淵曰：「請問其目？」子曰：「非禮勿視，非禮勿聽，非禮勿言，非禮勿動。」(《論語·顏淵》)

叁　思想的具體貢獻

一　修身之學

1. 忠恕之道：忠是盡心自處，恕是推己及人；忠恕是仁的具體實踐途徑，所以「夫子之道，忠恕而已矣！」除了盡其在我，也要能推己及人，在推己及人的同時亦須有尊重差異性的包容心。「己所不欲」當然「勿施於人」；但亦非己所欲即可施於人，還要能針對對方的需要作觀察與了解，才能使自己的善心變成適宜的善行。

子曰：「參乎！吾道一以貫之。」曾子曰：「唯。」子出。門人問

曰：「何謂也？」曾子曰：「夫子之道，忠恕而已矣！」（《論語·里仁》）

子貢問曰：「有一言而可以終身行之者乎？」子曰：「其『恕』乎！己所不欲，勿施於人。」（《論語·衛靈公》）

2. 內省與修身：修身首重行為的動機純正，故於人獨處之幽微處，尤應誠懇自我面對及內省，若自己所作所為皆能內省不疚，則可無憂無懼。

子曰：「吾與回言終日，不違如愚。退而省其私，亦足以發。回也不愚。」（《論語·為政》）

子曰：「內省不疚，夫何憂何懼。」（《論語·顏淵》）

子曰：「見賢思齊焉，見不賢而內自省也。」（《論語·里仁》）

二　正名觀念

1. 道德政治：孔子認為名分與權位務必名實相符，「名正言順」才能循名責實以推動政策使政治安定發展。所以孔子施政，首重「正名」，以此作為道德政治發展的基礎。

子路曰：「衛君待子而為政，子將奚先？」子曰：「必也正名乎！」子路曰：「有是哉，子之迂也！奚其正？」子曰：「野哉，由也！君子於其所不知，蓋闕如也。名不正，則言不順；言不順，則事不成；事不成，則禮樂不興；禮樂不興，則刑罰不中；刑罰不中，則民無所措手足。」（《論語·子路》）

齊景公問政於孔子。孔子對曰：「君君，臣臣、父父、子子。」（《論語·顏淵》）

季康子問政於孔子。孔子對曰:「政者,正也。子帥以正,孰敢
不正?」(《論語·顏淵》)

2. 「仁政德治」的貢獻與侷限:孔子從正名的基礎上,開出了儒家
往後特重「聖君賢相」在位,「仁政德治」可期的政治理想的模
式。但從泛道德化的角度,將政治的公領域問題,視為是道德的
直接延伸,恐怕未能真正觸及政治權力的核心問題。故此一由內
聖通向外王的政治主張,雖有其道德動人處,卻也有其現實的侷
限性。

三　教育化成

1. 有教無類:孔子之前,學在王官,知識為貴族專屬。至孔子開私
人講學之風,打破階級,有教無類,普及平民教育,而創「至聖
先師」之功業。孔子在思想史上「成一家之言」的地位,亦得力
於他透過教育的方式,傳播並確立他的理念,發揮其影響力。

子曰:「自行束修以上,吾未嘗無誨焉。」(《論語·述而》)

2. 因材施教:德性人格的實現,是孔子的教育目標,所以他極重視
因材施教,隨機啟發個人不同的能力與努力方向,期使人人都盡
可能地完成自我道德人格的實現。

哀公問:「弟子孰為好學?」孔子對曰:「有顏回者好學,不遷
怒,不貳過。不幸短命死矣!今也則亡。未聞好學者也。」(《論
語·雍也》)

子路問：「聞斯行諸？」子曰：「有父兄在，如之何其聞斯行
之？」冉有問：「聞斯行諸？」子曰：「聞斯行之！」公西華曰：
「由也問：『聞斯行諸？』子曰：『有父兄在。』求也問：『聞斯
行諸？』子曰：『聞斯行之！』赤也惑，敢問。」子曰：「求也
退，故進之；由也兼人，故退之。」(《論語・先進》)

四　人文精神的確立——義命有別

「義」指人自覺的價值判斷，是「應不應該」去做的應然性判斷。
「命」則是不可預知的客觀限定，往往影響到結果能不能成功，是
實然性的問題。在義命之間，人應反求諸己，但求盡人事而已。

1. 天人合德——道德與天命的融合：人的道德義理之性，是人之所
   以為人的價值所在，而天命則是天地的道德法則所在，人一生努
   力不懈地踐仁，即是不斷的將內在的義理之性省覺發用，由內而
   外與天地的道德法則合德融一的體現。

   (1) 五十而知天命的「知」，不是知識的理解，而是生命的體會
       和感受。孔子自述一生為學的心路歷程，他十五歲即有志於
       修己治人之學，一生念念在此而不厭不倦。壯年三十，益加
       確立自己人生的目標，並擇善固執地堅持應走的路。年到四
       十，見多識廣，對於各種事物的當然之理，已能逐漸了然於
       心而無迷惑；另一方面，也同時了知人對生命總是有疑有
       惑，這是正常的現象，故無需以仍有惑為惑。待年到半百，
       對於天地化育萬物及萬物存在之意義，乃在實現此一天道流
       行所賦予的生命價值，他深有體知。晚年六十，遊走四方多
       年，或譽或毀未絕於耳，此時無論冷嘲抑或熱諷，皆能聲入
       心通，對他心情的平靜已無困無擾了。行到七十，一生長路

的閱歷與淬煉，智慧已然圓熟，處處隨心所欲地立言行事，即是道德生命無入而不自得的流露。

子曰：「吾十有五而志於學，三十而立，四十而不惑，五十而知天命，六十而耳順，七十而從心所欲，不踰矩。」（《論語·為政》）

（2）畏天命的「畏」，不是心理恐懼，而是內在的一種誠敬心態。「畏天命」（道德義理天）代表人必須誠惶誠恐，且有憂患意識及自我的擔當。「畏大人」代表對於管理人民的君王（此處指聖王[5]）要有敬畏之心，人民必須接受德風的薰陶。古代「畏聖人之言」，乃因聖人所遺留下來的言論與典範，是值得尊敬與遵守的。

子曰：「君子有三畏：畏天命，畏大人，畏聖人之言。」（《論語·季氏》）
子曰：「不怨天，不尤人；下學而上達。知我者其天乎！」（《論語·憲問》）

2. 對道德的堅持：經過了義的判斷，只要是正當應為的事，不論成敗如何，都應有「知其不可而為之」的堅持。

子路宿於石門。晨門曰：「奚自？」子路曰：「自孔氏。」曰：「是知其不可而為之者與？」（《論語·憲問》）

---

5 儒家所假設的王是「聖王」，因聖而王，因為有了內在的聖德（內聖），所以才有外在的王位（外王），內聖外王而行治天下權力。

3. 對命運的感喟：生死之事與人之作為無必然之關聯，道德高下與
   人之生死壽夭無關，除了感慨，也無可奈何。

   > 伯牛有疾，子問之，自牖執其手曰：「亡之，命矣夫！斯人也而
   > 有斯疾也！斯人也而有斯疾也！」(《論語・雍也》)
   > 顏淵死，子曰：「噫！天喪予！天喪予！」(《論語・先進》

4. 對鬼神與祭祀的看法：孔子特別重視「人道」，終其一生他不停
   地思索著：人之所以為人的「道理」為何？實踐的「道路」該如
   何走？西周開始有宗教人文化的努力；到了孔子，他比西周時又
   更進一步將宗教性淡化，確立了人道精神的意義。宗教最明顯且
   與人最相關的部分就是祭祀，重視人道的孔子如何看待祭祀？

   (1) 所謂「敬鬼神」，「祭如在」，孔子仍然贊成保存祭祀的儀
       式，但重點不應是對鬼神的畏懼或索求，而是通過「祭」的
       儀式，將人內在的情感追懷作道德的轉化，以「敬」的感恩
       之心，回報天地鬼神的護祐。

       > 季路問事鬼神。子曰：「未能事人，焉能事鬼？」曰：「敢問
       > 死。」曰：「未知生，焉知死？」(《論語・先進》)

   (2) 孔子對於神道重視「敬」的態度以對，「敬」是提醒人要對
       鬼神保持情感的尊敬，但是要遠離對祂的精神依賴。人應該
       專注的是人道的努力，應時時以憂患意識自我惕勵，而實實
       在在、誠誠懇懇地擔負起人的責任，不可陷溺在鬼神之事中
       而忽略了人道的努力與關懷。

子不語怪力亂神。(《論語‧述而》)

樊遲問知,子曰:「務民之義,敬鬼神而遠之,可謂知矣。」
(《論語‧雍也》)

第三章

墨子

綱要

第三章
墨子

生平

一、姓名：墨子（翟）

二、時代：生卒年不詳，《史記・孟子荀卿列傳》僅附記云：「蓋墨翟，宋之大夫，善守禦，為節用，或曰並孔子時，或曰在其後。」今從其相關之人事推之，約生在周敬王四十一年（西元前479年），卒於周安王二十一年（西元前381年）。

三、傳略：墨子名翟，出身寒微，曾遊於魯受儒學，後自創墨學，以宗教家的苦行精神和嚴密組織以實踐其學，倡天志、兼愛、非攻諸說，以弭平戰亂為己任。其學於戰國之世影響極大，孟子云：「楊朱墨翟之言盈天下，天下之言，不歸楊則歸墨。」（《孟子・滕文公下》）《韓非子・顯學篇》則將儒、墨並稱為「世之顯學」，墨子死後，「墨離為三」，多成後世遊俠之類，至秦漢之世因政府有意壓抑之，墨學因此中衰。

四、著作：後出之墨者集成《墨子》一書，兼有墨子之學和後出之墨學，《墨子》一書，《漢書・藝文志》著錄為七十一篇，清人孫詒讓《墨子閒詁》僅有五十三篇，其中的〈經〉上下、〈經說〉上下、〈大取〉、〈小取〉等篇，言及粗淺的光學、物理、邏輯等觀念。《晉書・魯勝傳》首稱〈經〉上下、〈經說〉上下為「墨辯」。至近代，清儒與近人多推崇此學，譚戒甫的《墨辯發微》稱此為「墨家科學之寶藏，上古藝術之總匯」。

壹 三表法——墨子的思維方式與立言標準

一 第一表——本之於古者聖王之事

古代聖王之事有：發明舟車器具；為民立法以確立言行的準則；以德取天下、利天下等。墨子明顯地先將古聖先王理想化，再以古代的權威作為價值判斷的標準；最後托古、尊古以推行自己兼愛利他的思想。

二 第二表——下原察百姓耳目之實

墨子主張以人的感官經驗，判斷事物存在的真實性。墨子雖因重視經驗判斷，而能反對宿命等迷信思想，有其思想的貢獻；但忽略了感官經驗也可能有誤，有時眼見亦未必為真，耳聽亦未必可信。

三 第三表——發以為刑政，觀其中國家百姓人民之利

墨子以功利或效用的大小，作為價值判斷的標準。但也因現實的目的性太強，而過度流於實效功利，忽略人文藝術與其他價值對人生亦有其重要性。

何謂三表？子墨子言曰：有本之者，有原之者，有用之者。於何本之？上本之於古者聖王之事；於何原之？下原察百姓耳目之實；於何用之？發以為刑政，觀其中國家百姓人民之利；此所謂言有三表也。（《墨子·非命上》）

貳 天志──道德價值的權威性根源

一 義自天出

1. 義是善的、好的德性價值，而人之所以要行義，乃因這是上天
   （神格天）所賦予人的道德力量，既然「義自天出」，人自當循
   義而行，才能去亂返治。
2. 墨家的特色在於它是宗教性的積極行動的實踐學派，但其在理論
   深度上仍有所不足。雖然它的內容簡單易懂，但是像「天志」、
   「兼愛」這類較屬於宗教性的動人語言，其影響力往往超過字面
   意義的力量，而能引發群眾的集體動能，促發其奉獻的意願。

   > 子墨子曰，今天下之君子之欲為仁義者，則不可不察義之所從
   > 出。……然則義何從出？子墨子曰：義不從愚且賤者出，必自貴
   > 且知者出，……然則，孰為貴？孰為知？曰：天為貴，天為知而
   > 已矣。然則義果自天出矣。（《墨子·天志中》）
   > 天下有義則治，無義則亂。（《墨子·天志下》）

二 兼愛是天意

「天志」是人能行兼愛的道德根據，也是人們行為的最高準則；
天要人行義，人若能行義則能長治久安，若不依循天志，則遭
禍殃。

> 順天意者，兼相愛，交相利，必得賞。反天意者，別相惡，交相
> 賊，必得罰。（《墨子·天志上》）

曰：順天之意何若？曰：兼愛天下之人。(《墨子‧天志下》)

子墨子言曰：我有天志，譬若輪人之有規，匠人之有矩，輪匠執其規矩，以度天下之方圓，曰：「中者是也，不中者非也。」
(《墨子‧天志上》)

三　天能賞罰天子

天子是上天在人間的執行代表，因此人們應遵從天子的意旨，而天子的得失自有上天能予賞罰。

今天下之士君子，皆明於天子之正天下也，而不明於天之正天子也。是故古者聖人，明以此說人曰：「天子有善，天能賞之；天子有過，天能罰之。」(《墨子‧天志下》)

四　明鬼神

墨子「明鬼神」，其「天」為「宗教天」，故肯定鬼神的存在與影響。他主張為政者應對人民彰明鬼神的存在，使人不敢自私自利，而願意兼愛。鬼神雖給予人們生命道德美好的力量（愛），祂只負責監督人們，將此道德的力量運用至兼愛的正確實踐上。墨子雖「明鬼神」但並不主張「命運論」，他認為鬼神並不會預先掌握或是主宰人的命運。人的行事方式是由人自主決定，成敗榮辱、禍福夭壽受許多因素影響，與鬼神無必然的關聯。

今天下之王公大人士君子，將欲求興天下之利，除天下之害者，當若鬼神之有也，將不可不尊明也，聖王之道也。(《墨子‧明鬼下》)

雖使我有病，鬼神何遽不明？人之所得於病者多方，有得之寒暑，有得之勞苦，是猶百門而閉一門焉，則盜何遽無從入？（《墨子・公孟》）

五 「天志」在墨子學說中的地位

天志是墨子學說中的最高價值動力與規範，其建構兼愛的理想性社會的超越動力根源，與權威主義的尚同政治論，皆源於此。

昔者聖王禹湯文武，兼愛天下百姓，率以尊天事鬼，其利人多，故天福之，使立為天子，天下諸侯，皆賓事之。暴王桀紂幽厲，兼惡天下之百姓，率以詬天侮鬼，其賊人多，故天禍之，使遂失其國家，身死為僇於天下，後世子孫毀之，至今不息。（《墨子・法儀》）

叁 兼愛與非攻

一 兼愛

「兼愛」是指人與人之間普遍而無私的互愛，能普遍推行兼愛，天下才能長治久安。兼愛天下是墨子思想的中心，也是墨家不遺餘力推行的主張。梁啟超曾說：墨家有「宗教實踐的墨家」與「科學的墨家」兩種，宗教的墨家即原始墨子所主張，是有宗教性救世情懷的墨家；科學的墨家則是指後期墨學流變的其中一支。

1. 不相愛而天下亂：人與人之間的衝突，國與國之間攻伐動亂的根源都起於彼此不相愛。

嘗察亂何自起？起不相愛。臣子之不孝君父，所謂亂也。子自愛，不愛父，故虧父而自利；弟自愛，不愛兄，故虧兄而自利；臣自愛，不愛君，故虧君而自利，此所謂亂也。(《墨子‧兼愛上》)

2.「兼相愛，交相利」的可行性：

（1）墨子主張的愛是「兼愛」，兼者，兼攝、兼併，無你我之分而合為一體，是無先後，亦無親疏遠近的愛。墨子主兼愛，因為他觀察世間的亂象皆起於人不相愛，解決亂象的唯一辦法，即人與人相愛。上天賦予了每一個人愛的力量，所以只要人願意，就有其可行性。墨子將人道德力量的可能性，訴諸於外在的天神權威，此即「義自天出」。墨子論愛，即義，即利。墨子並謂先聖六王皆曾實踐兼愛之說，其說當然可行。

然而天下之士非兼者之言也，猶未止也。曰：「兼即仁矣，義矣。雖然，豈可為哉？吾譬兼之不可為也，猶挈泰山以超江河也。故兼者，直願之也，夫豈可為之物哉？」子墨子曰：「夫挈泰山以超江河，自古之及今，生民以來，未嘗有也。今若夫兼相愛，交相利，此自先聖六王者親行之。」(《墨子‧兼愛下》)

（2）兼相愛、交相利：墨子相信「愛人者人必從而愛之，利人者人必從而利之。」「兼相愛」則不難達到社會安定的目的，必是可行的主張，只在主政者的為與不為而已。

況於兼相愛、交相利，則與此異。夫愛人者，人必從而愛之，利人者，人必從而利之……此何難之有？特上弗以為政、士不以為行故也。（《墨子‧兼愛中》）

（3）愛人若己：明察禍亂之源在於不相愛，故應使天下兼相愛，使人人視人如己，才能去亂求安。

若使天下兼相愛，愛人若愛其身，猶有不孝者乎？視父兄與君若其身，惡施不孝？猶有不慈者乎？視弟子與臣若其身，惡施不慈？故不孝不慈亡有，猶有盜賊乎？故視人之室若其室，誰竊？視人身若其身，誰賊？故盜賊亡有。（《墨子‧兼愛上》）

3. 兼愛思想的侷限：墨家團體有一具有宗教性格及特質的導領人物——墨子，他具有動人的氣魄、優秀的組織動員能力，在彼亂世能吸納眾多在生死邊緣流離困頓的人，共同匯聚成一有組織、有紀律的救苦救難的實踐團體。然而，墨子兼愛的主張未涉及以下的根本討論，遂使「兼愛」之說有許多的侷限存在，故諸子多曾評議其說不可行，墨子兼愛尚同的理想多被視為僅是一烏托邦式的寓寄。

（1）首先，無法合理解釋「人為何不能相愛？」是人性本然，抑是文化或資源條件的侷限使然？

（2）其次，人是否有兼相愛的可能性？是否有實行的前提條件？

（3）再者，兼愛本亦有其實現的難度，既得利益者往往會壟斷或捍衛既有的利益，當期待他們將資源重新分配，其意願動力何來？「兼愛」除天志之外在權威性的根源外，就人自身的

內在根本動力依據為何？若只依靠外在的天志（鬼神）權威，對於某些無神論者，或只注重現世享樂者，實難以感動其人而使其有兼愛之行。

二　非攻──反戰思想

墨子既提倡人應兼相愛，當然反對國與國相互攻伐，人與人彼此殘殺，他強烈譴責戰爭是「不義」且「不利」。「非攻」乃是天志觀念的延伸，也是兼愛主張的具體要求。

1. 戰爭不義：竊盜殺人，人皆知其不義；戰爭死傷無數，尤為大不義，而人們竟然未加明辨。

> 今有一人，入人園圃，竊其桃李，眾聞則非之，上為政者得則罰之。此何也？以虧人自利也。……至殺不辜人也，扡其衣裘，取戈劍者，其不義又甚入人欄廄取人馬牛，此何故也？以其虧人愈多。苟虧人愈多，其不仁茲甚矣，罪益厚。當此，天下之君子皆知而非之，謂之不義。今至大為攻國，則弗知非；從而譽之，謂之義。此可謂知義與不義之別乎。殺一人，謂之不義，必有一死罪矣。若以此說往，殺十人，十重不義，必有十死罪矣。殺百人，百重不義，必有百死罪矣。當此，天下之君子皆知而非之，謂之不義。今至大為不義，攻國，則弗知非。從而譽之，謂之義。情不知其不義也。（《墨子・非攻上》）
> 天之意不欲大國之攻小國也，大家之亂小家也。（《墨子・天志中》）

2. 戰爭無利：戰爭就戰勝的一方而言，雖有戰勝之名與利，但就整體而言，絕對是損失大於獲利。墨子言利，是從天下普遍的整體利益考量，而非就單一或個別國家的立場評估。若非天下的公利，雖得之，亦非正道；因戰爭無利，故墨子極力主張非攻。

> 然而何為為之？曰：「我貪伐勝之名及得之利，故為之。」子墨子曰：計其所自勝，無所可用也。計其所得，反不如所喪者之多。（《墨子・非攻中》）

肆　尚同與尚賢

一　尚同──權威主義的政治論

1. 交相非而天下亂：天下之亂起於「一人一義，十人十義」，因此必須由天志選立天子政長以統一天下之思想，建立政治制度與國家組織，而後行使權力，選賢任能以治天下。

> 子墨子曰：古者民始生，未有刑政之時，蓋其語人異義；是以一人則一義，二人則二義，十人則十義。其人茲眾，其所謂義者亦茲眾。是以人是其義，以非人之義，故交相非也。……天下之亂，若禽獸然。夫明虖天下之所以亂者，生於無政長；是故選天下之賢可者，立以為天子。天子立，以其力為未足，又選擇天下之賢可者，置立之以為三公。天子三公既以立，以天下為博大，遠國異土之民，是非利害之辨，不可一二而明知；故畫分萬國，立諸侯國君。（《墨子・尚同上》）

2. 天子應統一天下思想：唯有天子是可以統一天下思想的人，天下思想如果統一，國家便會長治久安，而天子即完成了上天所交付的任務。墨子主張統一思想的權威主義。

察天子之所以治者何也？天子唯能壹同天下之義，是以天下治也。(《墨子·尚同上》)
天子又總天下之義，以尚同於天。(《墨子·尚同下》)

二　尚賢

1. 尚賢促進階級流動：墨子出身於基層，其學說亦以基層群眾為關懷對象，故主張打破階級觀念，用人不論出身貴賤唯以尚賢舉能為先。

故古者聖王之為政，列德而尚賢，雖在農與工肆之人，有能則舉之，高予之爵，重予之祿，任之以事，斷予之令……故官無常貴，而民無終賤，有能則舉之，無能則下之。(《墨子·尚賢上》)

2. 尚賢是為政之本：用賢不僅是國君為民之舉，更是順應天意之實際表現，尚賢不只重視人才的舉用，亦須充分授權以使其能發揮專長。天子用賢的三個根本重點為：爵位要高、俸祿要厚、權力要夠。高官，才能獲得人民的尊重；厚祿，人民才能信任其將清廉為公；授權，才能實際做事。

是故子墨子言曰：「得意賢士不可不舉，不得意賢士不可不舉，

　　尚欲祖述堯舜禹湯之道，將不可以不尚賢。夫尚賢者，政之本
也。」(《墨子・尚賢上》)

　　何謂三本？曰爵位不高則民不敬也，蓄祿不厚則民不信也，政令
不斷則民不畏也。故古聖王高予之爵，重予之祿，任之以事，斷
予之令，夫豈為其臣賜哉，欲其事之成也。(《墨子・尚賢中》)

伍　功利立場的文化觀

　　墨子「背周道，用夏政」，一心想「以質救文」；希望能力掃周文
實已僵化疲弊，然繁文縟節卻猶存猶用的浪費情形。墨子的〈非
禮〉、〈非樂〉，表面上是因為不符合三表法的檢證標準，故不值得施
行，然真正原因是因為這些禮樂根本無法照顧到大多數群眾的需要。
墨子不是否定藝文活動對人文精神的正面影響，而是他更關心這些活
動的實際耗費，會影響到更多群眾的基本生存所需。從這些財力耗費
中獲益的，永遠是上層階級或是財力雄厚者，窮苦人民根本無從受
惠。墨子極重視對國計民生的實質助益，凡事務求能有「興天下之
利，除天下之害」的功利實效，故其功利主義的立場鮮明。

一　非儒

1. 儒者四敝：墨子在〈非儒篇〉指出，儒者[1]有傷害天下的四大主
   張：
   （1）不明鬼神。
   （2）厚葬久喪。

1　此處的「儒者」泛指魯地廣義地受過詩書教育的人，而非專指孔子一系的儒者。

（3）重禮樂。

（4）有命之說。

2. 蔡仁厚就墨子〈非儒〉中關於儒家對天地鬼神的看法，另提出兩
點不同的駁辨：

（1）墨子批評儒者「以天為不明」：實則儒家並非以天為不明，
只是將墨家重視的意志天（人格神），轉為道德義理的形上
天而已。

（2）儒者為何不明鬼神：實則儒家之中心歸於道德實踐。盡心盡
性以體現天道，故對鬼神一層，則存而不論，敬而遠之。

二　非禮樂

墨子對儒家所提倡的禮樂制度多所非難，但往往只就禮樂的形式
抨擊，而非根本否定禮樂的精神內涵。墨家與儒家先天立場不
同，儒者著眼於上層結構的統治階級，認為要解決亂象，要從上
層結構的統治階級著手，因此努力想以禮樂陶冶其人格之成德；
墨家是兼愛的救難團體，其行動的考慮、判斷皆著眼於廣大受苦
難之群眾。儒、墨立場相異，決定了兩家對於禮樂的觀點不同，
論述的結論自然亦有所不同。

1. 節用：是墨子的政治理想之一，為使民生物質條件不受匱乏之
苦，上下都應努力生產，應節用而不能浪費，舉凡宮室、衣服、
飲食、舟車、畜私均應節用。

民有三患：飢者不得食，寒者不得衣，勞者不得息，三者，民之
巨患也。（《墨子‧非樂上》）

諸加費不加於民利者，聖王弗為。（《墨子‧節用中》）

故子墨子曰：去無用之費，聖王之道，天下之大利也。（《墨子・節用上》）

2. 節葬：主要是對儒家厚葬久喪的不滿，墨子主張節葬即可；避免死者與生者相爭資源，並鼓勵死者家屬應善用精神、體力及時間於有用的人事活動中，為節省人力、物力、財力，所以不應久喪而不事生產。

（1）墨子反對厚葬久喪的理由：喪葬之禮各地習俗不一，無論是土葬、天葬或火葬等，都只是因地制宜而約定俗成，無不可變的道理。

楚之南有炎人國者，其親戚死，朽其肉而棄之，然後埋其骨，乃成為孝子。秦之西有儀渠之國者，其親戚死，聚柴薪而焚之，燻上謂之登遐，然後成為孝子。此上以為政，下以為俗，為而不已，操而不擇，則此豈實仁義之道哉？此所謂便其習，而義其俗者也。（《墨子・節葬下》）

（2）守喪三年，在上位者疏於治國大事，在下位者怠於勞動生產，不合人情，因此墨家反對「久喪用哀」。

古者聖王制為節葬之法曰：「衣三領，足以朽肉，棺三寸，足以朽骸，堀穴深不通於泉，流不發洩則止。死者既葬，生者毋久喪用哀。」（《墨子・節用中》）

3. 非樂：墨家的非禮、非樂並不是否定禮樂有陶冶精神的功能，而是禮樂只能滿足、照顧到少數人的薰陶與需求。墨子認為這些財

力、物力若用於「三患」之民身上，實際上可以照顧到更多人，使其免於輾轉溝壑之間。因為當時很多人的生命就在生死交迫的邊緣，可是禮樂薰陶卻需要長期的涵養。墨子以功利主義的價值觀，認為貴族階層的藝文活動，過度浪費人民的錢財，所以他非難對人民的物質生活不能直接有利的禮樂活動，

> 是故子墨子之所以非樂者，非以大鐘、鳴鼓、琴瑟、竽笙之聲，以為不樂也……雖身知其安也，口知其甘也，目知其美也，耳知其樂也，然上考之不中聖王之事，下度之不中萬民之利，是故子墨子曰：「為樂非也。」（《墨子·非樂上》）

4. 非命：

（1）墨子「非命」之意，乃在鼓勵人要勤勞從事各種人生事務，不可陷溺在宿命之說而消極怠惰。天下治亂是由於人事作為，不是因為命運。

> 曰：命者，暴王所作，窮人所術，非仁者之言也。（《墨子·非命下》）

（2）以三表法驗證之，益發可知無命運的左右存在，成功且名流青史的人，是靠他自己努力而非命運所造就的。

> 自古以及今，生民以來者，亦嘗見命之物，聞命之聲者乎？則未嘗有也。（《墨子·非命中》）
> 列士桀大夫聲聞不廢，流傳至今，而天下皆曰其力也，必不能曰：我見命焉。（《墨子·非命中》）

（3）墨子雖「尊天明鬼」，但其鬼神並無對人吉凶、禍福的預先主宰力量。鬼神對人的賞罰，是依循人自己行為之義或不義而決定，並非為鬼神所能率意主宰，故墨子之「明鬼神」與其「非命」之說，可並存而不衝突。

陸 評述

一、孟子：墨子「無父」

忽略人倫親疏之別，不近人情，故孟子批評其未重視人情之常，又泯除了父子血緣的獨特性與父子間特有的聯繫性，若無視「己父」之特殊，又如何能視「人父」如「己父」？若無人倫之常道與親疏對待之別，則與「禽獸」無異。

楊朱、墨翟之言盈天下。天下之言，不歸楊則歸墨。楊氏為我，是無君也。墨氏兼愛，是無父也。無父無君，是禽獸也。（《孟子·滕文公下》）

孟子曰：「楊子取為我，拔一毛而利天下不為也。墨子兼愛，摩頂放踵利天下而為之。子莫執中，執中為近之，執中無權，猶執一也。所惡執一者，為其賊道也，舉一而廢百也。」（《孟子·盡心上》）

二、荀子：評墨子「有見於齊，無見於畸」，要求齊頭式的平等兼愛而忽略人倫尊卑，及人有不同的個性與能力和需求的差異。過於重視生活實用，而不能了解文化的重要

上功用，大儉約，而僈差等。(《荀子・非十二子》)

墨子有見於齊，無見於畸。(《荀子・天論》)

墨子蔽於用而不知文。(《荀子・解蔽》)

三、莊子：評墨子「自苦為極」，反天下之心，天下人不堪任，亦不
可為聖人之道

其生也勤，其死也薄，其道大觳。使人憂，使人悲，其行難為
也。恐其不可為聖人之道。反天下之心，天下不堪。墨子雖獨能
任，奈天下何？……使後世之墨者，多以裘褐為衣，以跂蹻為
服，日夜不休，以自苦為極。……墨翟，禽滑釐之意則是，其行
則非也……雖然，墨子真天下之好也！將求之不得也！雖枯槁不
舍也，才士也夫。(《莊子・天下》)

四、司馬談〈論六家要旨〉(見《史記・太史公自序》引)：

1. 短失：「墨者儉而難遵，是以其事不可遍循。」
2. 優長：「然其彊本節用，不可廢也。」

五、唐君毅曾評墨子是：「以義說仁」[2]

1. 兼愛：乃客觀之義道。
2. 非攻、節葬、節用、非樂：乃人民生存與經濟生活中之義道。
3. 尚同、尚賢：乃社會政治之義道。
4. 非命：乃外無限制之義道。
5. 天、鬼、神、人：又自有其交互關係中之宇宙的義道。

2　轉引自蔡仁厚：《中國哲學史大綱》(臺北市：臺灣學生書局，1988年8月)，頁24-25。

六、蔡仁厚總結唐君毅對墨家學說的看法為：[3]

　　1. 墨家主張損己利人，是絕對的「利他的義道」。其優在於個人與
　　　公共社會可以合而為一，所以只照顧社會，忽略個人。其失則
　　　在為凸顯兼愛的普遍性，而排斥個體的差別性，個體價值不再
　　　被肯定、被尊重。

　　2. 墨子背周反文，以質救文，其「質」只是乾枯質樸生命之直接呈
　　　露，而非精神實體之透顯。結果既不能潤人，又不能自潤，終不
　　　免形成文化心靈窒息與枯萎。

七、高柏園[4]論墨學思想的限制為：

　　1. 天志法儀只超越而不內在，因而流於外在的權威，缺乏主體道德
　　　的自覺與修養。

　　2. 只重視相愛互利的現實實效，忽視生命對美善的追求與嚮往。

　　3. 摩頂放踵誠乃動人的典範，然缺乏人性基礎的安頓，而流於個人
　　　生命的氣魄承擔，無法以理帥氣而可大可久。

3　蔡仁厚：《中國哲學大綱》，頁24-26。
4　王邦雄等著：《中國哲學史》（臺北市：里仁書局，2005年）上冊，頁167-170。

第四章
老子

綱要

第四章

老子

生平

一、姓名：老子（李耳）

二、時代：生卒年不詳，甚至連孔子問禮的「老子」和著《道德經》的老子是否為同一人，亦有疑問，今僅知其時約在墨子至莊子之間。

三、傳略：老子，姓李名耳，字伯陽，號聃，春秋末楚苦縣厲鄉曲仁里人，《史記・老子韓非列傳第三》記其曾為周之守藏吏，後因周室衰微，遂離周，遠至西方之關，令尹喜乞為五千言，似即今本之《老子》（《道德經》）。

四、著作：傳有《道德經》五千言，今本上篇為〈道〉、下篇為〈德〉二篇，八十一章之編目，皆為後人所為，老子傳本眾多，今本《老子》多採王弼注本。

壹　思辨方式

一　正言若反

「道」，必須由「正言若反」的角度切入，利用否定的方式，打破後天人為造作所形成的框架，人心才不會侷限於此，而看不到寬闊的自然之道。老子要把人從追求各種目標到最後自陷於框架，以為這是人生的「唯一」的侷限打破。唯有破除個人的小「唯一」，人與人之間的對立才能取消，而回歸天道自然的整全完滿，此稱之為「否定的超越」。在天寬地廣之間，一切都是「之一」，如此就無高低、優劣、勝敗的問題。一切的價值本無特定標準，老子為了勉強描述此一完滿而無限的自然之道，只好運用「正言若反」的方式打破框架，使人走出自我的侷限。

天下莫柔弱於水，而攻堅強者莫之能勝，以其無以易之。弱之勝強，柔之勝剛，天下莫不知、莫能行。是以聖人云：受國之垢，是謂社稷主；受國不祥，是為天下王。正言若反。(《老子・七十八章》)

1. 老子利用相反的語言邏輯，旨在使人脫離慣性的認知，讓人從不同的角度去對原先認知的事、物，重新思考。當天下都知道某一種美是「美」的時候，美已經被特定化、標準化了；相對於自然之道，這是不好的事情（斯惡已）。當天下都明白好之所以為「好」，大家就會去追求相同的表現，繼而造作出行善的標準，事情就不好了。此處的「不善」不是說原本的善變不善，而是此

標準引發了人心的框限或陷溺，因此就不好了（斯不善已）。另一方面，美或善一旦有了標準，也會引起更多人效法表現同樣的美、善，於是表現美、善的多樣性就窄化了，對整全的自然之道反而是一種傷害。

天下皆知美之為美，斯惡已；皆知善之為善，斯不善已。（《老子‧二章》）

2. 老子對人、事、物重新思考之後，發現尚賢的文明制度，會使人的身心陷入執著的桎梏中，痛苦因而日增。儒家不斷強調生生之德、仁義擔當；道家則不認為只有「生生之德」、「任重道遠」才是道德的表現。道家認為生老病死，成敗吉凶都是自然界的現象；人都只想追求人自以為的正面，事實上這是做不到的。只強調事物的生生之德是好的，就會忽略了生、老、衰、亡本是一體的不同階段呈現；因為過度強調，反而帶來更多更強烈的追求與失落，因此老子主張人應返回自然之道，以平常心看待一切生命的各種狀態。唯有「不尚」、「不貴」，不刻意崇尚或追求才能常保平常心。

不尚賢，使民不爭。不貴難得之貨，使民不為盜。不見可欲，使民心不亂。（《老子‧三章》）

3. 「為學日益，為道日損」──回歸自然
  （1）「為道日損」並不是指隱居自然界的出世生活，而是鼓勵人要能超越文明的束縛，才能使身心獲得自然的舒展與安頓。如果人努力地造作出各種標準化的真理，而又自以為是真理

的執行者與裁判者，往往就會變異出莫名且膨脹的優越感，不但緊緊地框限住自己，同時也想把此框架強加於人。老子並非否定一切，他所強調的是希望人不要自我設限，更不要追求或強迫他人接受如此侷限的道理。

（2）儒家忽略了自然之道的完滿，故而強調人所定義的仁義道德。儒家強調人道為主的仁義道德是好的，那是因為自然之道為人所荒廢了，才要去強調仁義道德。道家並非否定儒家的仁義道德，而是否定被人所窄化設限的道德框架。仁義是一種美善的表現，但是天地間的美善，並不是只有被定義的這一種，當把一部分的美善放大成全部時，勢必傷害了其他美善的可能。道家重視整全的生命的美善體證，勝於理性的仁義智辯。

大道廢，有仁義，智慧出，有大偽。（《老子‧十八章》）

二 何謂「道」

1. 道與語言符號的關係：道是宇宙的根源，道雖無外象、無形、無聲、無色，但它卻堅實而不受任何因素影響，它的運行原理獨立自存且永恆不滅。

有物混成，先天地生，寂兮寥兮，獨立而不改，周行而不殆，可以為天下母。吾不知其名，強字之曰道。（《老子‧二十五章》）

（1）道，指自然之道。「可道」指為了人文生活的溝通與認識的需要，而不得不對「道」略加表述。然而「道」一旦被表述

而加以運用時，就有了侷限而不復是原來整全的自然之道了。「可道」、「可名」是為了人文生活而不得已創造的，人必須制名用名以便溝通，老子並非主張不能用名，而是強調人要自我提醒「知止可以不殆」，用名應適可而止才不會迷失了。

（2）現實生活中可定義的道或名，都只是人文生活中的道或名，並不等於常道、常名。人們造出名號，本來是為了幫助自己與他人溝通對現象的認識；但既有了名號之後，人們卻往往離開了現象本身，而專向名號方面去獲得「認識」，漸漸的，人反而被名號所左右了。

道可道，非常道；名可名，非常名。（《老子·一章》）
道常無名。……始制有名，名亦既有，夫亦將知止，知止可以不殆。（《老子·三十二章》）

（3）「道」非感官經驗的直接對象，無法由視、聽、觸而直接獲得認識，亦無法言說：

視之不見名曰夷；聽之不聞名曰希；搏之不得名曰微。此三者不可致詰，故混而為一。其上不皦，其下不昧。繩繩不可名，復歸於無物。是謂無狀之狀，無物之象，是謂惚恍。迎之不見其首，隨之不見其後。（《老子·十四章》）

2. 道創生萬物：道在萬物之前而能創生萬物。

道生一，一生二，二生三，三生萬物。（《老子·四十二章》）

（1）「三」指一、天、地三者，老子認為天地是創生萬物不可或
缺的條件，但天地對於萬物只是一種持載、輔助的形式，而
非由天地直接創生萬物，萬物仍是由創生的原理「一」而
生。「二」指天地，而非陰陽。將陰陽的概念抽化為二氣，
而用以說明宇宙創生的過程，乃流行於戰國中期以後。

（2）或謂「三」指一、陰、陽三者，即一表創生之原理，由此原
理而下化成陰陽二氣，陰陽聚散變化而生萬物。

3. 道的特性，勞思光歸納道的特性：

（1）道具創生性。

（2）道超越萬物。

（3）道運行於萬物萬象之中，對現象界具有規律的支配性。

4. 道之雙重性：蔡仁厚分析其中三層次的精義

（1）┌ 無名天地之始：前句向後延伸以「顯本」，見道之「無」
　　　│ 性，無是始。
　　　└ 有名萬物之母：後句向前回返，以「見用」，顯道之
　　　　「有」性，有是母。

（2）┌ 常無欲以觀其妙：「妙」就道本身而言，此句只無不能
　　　│ 有。
　　　└ 常有欲以觀其徼：徼，向往之義，即有想實現萬物，成就
　　　　萬物的欲向；但此欲向乃根源於道，必不能離道而一往不
　　　　返，故終回歸與道合流。

（3）無與有，「兩者同出而異名，同謂之玄。玄之又玄，眾妙之
門。」玄，即是道，亦是創生萬物的根據。

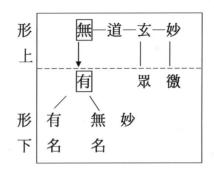

　無，名天地之始；有，名萬物之母。(《老子·一章》)

　無名，天地之始；有名，萬物之母。(《老子·一章》)

貳　中心思想──無為無不為

一　常與反

1. 老子見社會紛變，人事變化多端，於是觀變思常，希望人能了解
並依最終的常道而行。

　　故飄風不終朝，驟雨不終日。孰為此者？天地。天地尚不能久，
　　而況於人乎？(《老子·二十三章》)

2. 反者道之動：世間萬物的變化，都依恃常道的規律而運行。道的
規律，皆遵循「大、逝、遠、反」的循環而運行。在此，「反」
有兩種意義：
（1）義謂「返」，即循環往復之義，於此可見道運行之規律。

（2）義謂「反」，即現象界之種種呈現，無不是相反而相生、相反而相成。所謂：有無、難易、長短、高下、前後、強弱、興廢等等，都只是相對的概念，往往彼此消長循環。

> 吾不知其名，強字之曰道，強為之名曰大，大曰逝，逝曰遠，遠曰反。（《老子‧二十五章》）
>
> 反者道之動。（《老子‧四十章》）
>
> 故有無相生，難易相成，長短相較。高下相傾，音聲相和，前後相隨。（《老子‧二章》）
>
> 將欲歙之，必固張之；將欲弱之，必固強之；將欲廢之，必固興之；將欲取之，必固與之。（《老子‧三十六章》）

二　無為、無不為

1. 老子認為現象界的萬物，都不斷地在變逝，萬物都只是道的一部分，因此不須執著於事物的表象，亦不必積極地有為。積極有為者，往往落入執著不放的框限中，身心皆苦，因此老子再三提醒人要有「無為」、「無執」的智慧。「無為而無不為」並非對立的概念，若以對立的概念視之，會產生老子「以退為進」，表面上故做退讓，暗中卻大有心機地算計他人的誤解。

> 為者敗之，執者失之，是以聖人無為故無敗，無執故無失。（《老子‧六十四章》）
>
> 吾是以知無為之有益。（《老子‧四十三章》）
>
> 是以聖人處無為之事，行不言之教。（《老子‧二章》）

2. 由於道不可執，而「有為」往往使人陷入「有執」，因此無為無
執才是常道。以能「靜篤」而「虛極」的自覺心，觀照萬物的運
行往復，即可朗照萬象，而常保有心之清明。

致虛極，守靜篤，萬物並作，吾以觀復；夫物芸芸，各復歸其
根；歸根曰靜，是謂復命；復命曰常，知常曰明。(《老子·十六
章》)

3. 無為（心態）→無不為（實用力量）
自覺心如能不陷入表象或假象的我執，便能在實際的行動中發揮
支配的力量，而生出無不為的力量。老子提醒人內心要真正的無
為，得失心不要太重，把心放開才不會被束縛。當人越有為、有
求，心的束縛反而越大，越開展不出實踐所需要的力量。唯有把
心放空，不要過於計算得失，用無為的心態，反而更能發出無不
為的力量與各種潛在的可能。

三十輻共一轂，當其無，有車之用；埏埴以為器，當其無，有器
之用；鑿戶牖以為室，當其無，有室之用。故有之以為利，無之
以為用。(《老子·十一章》)

4. 雖無所求，但無為本身，就可以實現「有」的功用，完成
「有」。儒、道兩家在實踐方法上，大有不同。儒家採用的是
「道德的顯用」，重視如何能夠將本有的實理發用出來，成為具
體的實踐力量；而道家採用的是「虛靜的觀照」，藉由虛用的觀
照，使人獲得心靈簡單的沉澱與身心安頓。

上德無為而無不為。(《老子·三十八章》)

道常無為而無不為;侯王若能守之,萬物將自化。(《老子·三十七章》)

叁 「無為」的開展與運用:守柔不爭、小國寡民、絕聖棄智

一 守柔不爭——「以水喻道」

1. 老子認為萬物皆在「反」之中,因此強而至強,終必轉弱。唯有守柔不爭,以柔克剛才是適宜的人生態度。

2. 老子說明現象界運作的原理,在自然之道中,當人沒有執著、無為無爭的時候,此時的心柔順如水。老子「以水喻道」,提醒人處世遇事要能隨順自然之道,如同水遇曲則曲、遇方則方,隨圓亦圓。生活中,當然有許多事得承擔,關鍵是用什麼心情去做?人的痛苦常常是緣於心情的執著,而不一定是因為事情本身。老子有感於此,故以剛強易折、柔弱益生之理論世。

守柔曰強。(《老子·五十二章》)

天下之至柔,馳騁天下之至堅。(《老子·四十三章》)

天下莫柔弱於水,而攻堅強者莫之能勝。(《老子·七十八章》)

故堅強者死之徒,柔弱者生之徒,是以兵強則不勝,木強則兵。(《老子·七十六章》)

3. 不爭故無尤:在現實生活中難免有成敗,但對成敗的感慨強度,

則取決於自己的心。有為、有執越強，成敗的喜悅或失落也越強。人若能守柔不爭則無成敗之感，無成敗之執著則無怨尤。

上善若水，水善利萬物而不爭……夫唯不爭，故無尤。(《老子‧八章》)

4. 以水喻道：老子為何以水喻道？水與自然之道皆善利萬物，皆無私地付出而無特定的好惡取捨，也不刻意作為以偏私任何物類。聖人要從自然之道學習的，就是為而不爭的道理。自然之道與水皆有「為而不爭」的特性，故老子「以水寓道」。水並非曲巧而沒有原則，它最大的原則就是不爭，因為不爭，所以心態上才能保持無為、無執，如此反能做出最大的發用，生出無不為的智慧。

天之道利而不害，聖人之道為而不爭。(《老子‧八十一章》)

二 政治論──小國寡民

1. (1) 人會因為互相交流而知道彼此越多，知道得越多就可能因而產生比較，有了比較心往往就容易忌妒、競爭，就難於再隨順自然而安於原來的處境或條件，甚而因強求而發生戰爭。老子希望人能各自安於自己的環境，不要有各種頻繁的交流活動；因為物質的交流，不一定讓人的生活更豐富，但是人心卻會因而更複雜。貪念紛起，天下就難以安定，老子說：「民至老死不相往來。」他的消極無為，源自於他對人心欲望的深刻了解。

（2）老子目睹各國為了求強大，都想爭雄稱霸而戰爭，乃主張以
　　「小國寡民」的方式，各安其所，各行其是，以避免國家為
　　了獨大獨霸而引起的紛亂痛苦。

（3）老子是反戰的，他在戰爭頻仍、烽火四起，人民流離失所的
　　亂世中提出「小國寡民」的主張。在當時除七雄外，小國往
　　往被大國挾持而無法自主，老子認為如果天下均為小國，或
　　許就有自存自保的可能。此理論導致有人誤認為老子是孤僻
　　主義者。

　　小國寡民，使有什伯之器而不用，使民重死而不遠徙。雖有
　　舟輿，無所乘之；雖有甲兵，無所陳之；使民復結繩而用
　　之。甘其食，美其服，安其居，樂其俗。鄰國相望，雞犬之
　　聲相聞；民至老死，不相往來。（《老子‧八十章》）

2. 老子對戰爭主張「不得已而用之」，唯有為反侵略而捍衛自身安
　全時才可採用；干戈一動，難免有傷亡，因此縱使戰勝，亦無可
　喜之處。

　　夫佳兵者，不祥之器。物或惡之，故有道者不處。君子居則貴
　　左，用兵則貴右。兵者不祥之器，非君子之器，不得已而用之，
　　恬淡為上。勝而不美，而美之者，是樂殺人。夫樂殺人者，則不
　　可以得志於天下矣。吉事尚左，凶事尚右；偏將軍居左，上將軍
　　居右，言以喪禮處之。殺人之眾，以悲哀泣之，戰勝以喪禮處
　　之。（《老子‧三十一章》）

三　絕聖棄智──返樸歸真

有人誤以為老子此理論明顯對儒家的聖智（仁義道德）採激烈的否定論。老子「否定的超越」不只表現在其思維方法，也表現在其全部主張之中。「否定」是老子的方法，而不是最終的目的。利用否定的超越，使人思考是否還有其他的可能。老子是利用否定文明的方式，刺激人們去反思文明對人的負面影響，進而達到治療人在文明之中因過度陷入而產生的心靈痛苦。

1. 超越「形軀我」：

（1）有形的身體對人的心性自由，往往是最直接的束縛，因此返樸歸真的第一步便要先能超越形軀我。

（2）老子並非要人一切都不能享有，而是人往往容易因過度追求，而產生競爭心、分別心、貴賤感，所以要避免過度追求。「五色」，指眼睛所見的一切事物。五色原本只是自然之存在事實、外在之事物本身並無優劣的高低分別，但是人們卻加入了太多的人為價值，並由此而分出了高低貴賤。故老子主張生活的需求應去除多餘的人為造作，只取基本的生存所需即可。

> 吾所以有大患者，為吾有身，及吾無身，吾有何患？（《老子·十三章》）
>
> 五色令人目盲，五音令人耳聾，五味令人口爽，馳騁畋獵令人心發狂，難得之貨令人行妨。是以聖人為腹不為目。故去彼取此。（《老子·十二章》）

2. 超越「認知我」：

（1）老子認為文明的知識或制度，皆是違離自然之道的，因此唯有去除人為的巧智，才能重返真樸之境。

（2）有人說老子是愚民政策，其實老子對文明、知識是主張讓人民保持在素樸的自然狀態就好。老子與韓非似乎都不贊成啟發民智，但是兩者的理由卻大不相同。老子並不是愚民，他最終的目的是爲了避免人因過度的文明開發而受害。唯有讓人守住素樸自然之心，人才能夠安於自然之道。老子是為所有人著想，而韓非只從君王利益著手。韓非主張思想統一，由國家作統一之思想教育，第一步由思想統一以建構君主的絕對權威，第二步則由君主的權威與愚民政策配合，除留少數種樹、醫藥、卜筮之書外，其餘與思想啟發有關的著作則去除，最後「以吏為師」更能有效地掌控人民。韓非視人民如工具，與老子重視天道自然之整全體現，實不相同。

絕聖棄智，民利百倍；絕仁棄義，民復孝慈；絕巧棄利，盜賊無有。(《老子·十九章》)

古之善為道者，非以明民，將以愚之。民之難治，以其智多；故以智治國，國之賊；不以智治國，國之福。(《老子·六十五章》)

民多利器，國家滋昏；人多伎巧，奇物滋起。(《老子·五十七章》)

3. 超越「道德我」：老子的道德不同於儒家的道德詮釋。老子的道是自然而然的真樸之道，他認為儒家的道德、仁、義、禮，代表了自然道心的層層下墜，終而落入人為的定義框架中；因此老子主張絕仁歸道，亦即「為學日益，為道日損」。

大道廢，有仁義。(《老子‧十八章》)

故失道而後德，失德而後仁，失仁而後義，失義而後禮。夫禮者，忠信之薄而亂之首，⋯⋯是以大丈夫處其厚不居其薄，⋯⋯故去彼取此。(《老子‧三十八章》)

肆　人生智慧

一　生而不有、為而不恃，長而不宰，是謂玄德

1. 生而有，生了他卻認定他歸我所有，等於沒有生他；為而恃，為他做了一切卻恃為己恩，等於沒有為他做什麼；長而宰，帶他長大卻想由我來主宰他，他等於沒有長大。老子發現生而有、為而恃、長而宰的心態，會有相反的結果出來。所以老子提醒說：

生而不有，為而不恃，長而不宰，是謂玄德。(《老子‧十章》)

2. 不有、不恃、不宰，就是不德，亦即不受任何定義框限的、整全的「德」；而生、為、長，就是有德，亦即是萬物實際生發所獲得的力量。不德才有德，不以「生」他為德，就不求有他的福報，他不為你所有，你才完成給他的生；不以「為」他做了一切為德，就不求回報，他不虧欠你，你才存全為他所做的一切；不以「長」他為德，就不會恃對他的付出而想主宰他，他不被你主宰，你才實現了他的長成。[1]

1　王邦雄等著：《中國哲學史》(臺北市：里仁書局，2005年)，頁111。

3. ┌ 實有層的有德──生、為、長
   └ 作用層的不德──不有、不恃、不宰

生、為、長是實有層的有德，不有、不恃、不宰是作用層的不
德，道家的思想特質，就在以作用層的不德，來保存實有層的有
德。不德才有德，而有德就是上德；不失德反而無德，而無德就
是下德。所以，德分上下，有為上，無為下，問題在，如何有？
答案是，不德才有。[2]

二　天地不仁，聖人不仁[3]

1. 老子此言，後人頗多誤解，竟解為天地冷酷，利用萬物又棄絕萬
   物；聖人冷酷，利用百姓又棄絕百姓。實則聖人無常心就是聖人
   不仁，以百姓心為心，就是以百姓為芻狗。天地生萬物是無心的，
   放開萬物讓萬物自生自滅，聖人生百姓是無心的，放開百姓讓百
   姓自在自得，人與萬物因此重歸自然規律，自然之道才能彰顯。

   天地不仁，以萬物為芻狗；聖人不仁，以百姓為芻狗。(《老子‧
   五章》)
   聖人無常心，以百姓心為心。(《老子‧四十九章》)

2. ┌ 儒家重實理：生生之德
   └ 道家重虛用：無為而無不為

   儒家站在「實理」的立場，說天地有仁心，聖人有仁心，所以才

2　勞思光：《新編中國哲學史》(一)，頁111-112。
3　勞思光：《新編中國哲學史》(一)，頁112-113。

有生的動力與方向。道家站在「虛用」的角度，說天地不主宰萬
物，萬物才有自己生發的餘地；聖人不主宰百姓，百姓才有自己
生的空間。不仁無心，愛沒有執著，也沒有負累，也不會扭曲了
別人，也不會累壞了自己，沒有人犧牲，也沒有人虧欠，這樣的
愛才能天長地久。

3.
　　孟子：實有層──仁心不發用
　　老子：作用層──仁心不執著

老子的「天地不仁，聖人不仁」，與孟子所謂：「道二、仁與不仁
而已矣！」（《孟子・離婁上》）義理不同，孟子的不仁，是仁心
不發用，老子的不仁，是仁心不執著。前者是「實有層」的不
仁，後者是「作用層」的不仁，實有層的不仁是道德的墮落，作
用層的不仁是智慧的空靈。

伍　評述

一、荀子

> 老子有見於詘，無見於信。（《荀子・天論》）

二、錢穆評述老子[4]

1. 莊子是豁達豪放的人，事事不在乎。老子是謹小慎微者，步步留
   心，處處在意。
2. 總之老子是精於打算的人，正因其精於打算，遂有無為的主張。

4　錢穆：《中國思想史》（臺北市：臺灣學生書局，1988年10月），頁75-78。

3. 老子的心智表現，是最深沈而又最簡約的，此後中國的黃老之
學，變成權謀數術，陰險狠驚，也是自然的。

三、王邦雄：老子並非有企圖的陰謀論[5]

1. 有一觀念亟待澄清，老子的無為而無不為，是一體的，不可斷為
兩截。無為的本身就是無不為，人不要名不要利，就不會患得患
失，人生歲月就可以自在自得了。而不是不想做官，官做得更
大；不想搶第一，反而永遠第一；這樣的誤解，會產生老子最有
心機、最會算計的錯覺。甚至有人說老子以退為進，表面上他什
麼都不要，事實上什麼都要，無為而無不為，就此成了權謀思想
與權術的運用。

2. 老子想要在人生的困苦中，為人開發可以化解、可以破除的生命
智慧。人為總是短暫，自然才長久，人生總會毀壞，天道才是永
恆。人生只有一條出路，取消人為，回歸自然，此之謂道法自
然。

3. 孔子說：「知者樂水，仁者樂山。」（《論語·雍也》）又云：「仁
者安仁，知者利仁。」（《論語·里仁》）儒家屹立如山，可以有
道德的安立，道家靈動如水，可以有智慧的靈動，水永遠環繞
山，道家的空靈智慧，有助於實現儒家的道德理想。

5　勞思光：《新編中國哲學史》（一），頁121-122。

第五章

孟子

綱要

第五章
孟子

生平

一、姓名：孟子（軻）

二、時代：約生於周烈王四年（西元前372年），卒於周赧王二十六年
（西元前289年），時當於戰國中期。

三、傳略：孟子名軻，幼年喪父，賴其母養育成人。心慕孔子，曾遊
於魯，受業於子思門人。《史記‧孟子荀卿列傳》記其曾為卿於
齊，但未能見用。中年後，周遊列國，歷魏、齊、鄒、滕諸國，
時值戰國，兼併劇烈，孟子「行仁政」的主張，自不能為好兵爭
勝的梁（魏）惠王、齊宣王所從。此時諸學紛起，孟子排斥他學
不遺餘力，時人皆稱好辯。晚年退與萬章之徒，序詩書，作《孟
子》七篇。繼承與發揚孔子之學方面，堪稱儒學第一功臣。

四、著作：有孟子和弟子共同訂定的《孟子》七篇，計有〈梁惠
王〉、〈公孫丑〉、〈滕文公〉、〈離婁〉、〈萬章〉、〈告子〉、〈盡心〉
等七篇，今本《孟子》皆分上下，計十四卷之數。

壹 人性論——性善論與四端說

一 性善論——人禽之辨

1. 人性論旨在討論人的內在道德能力是什麼？孔子直接相信人性是普遍有道德的，所以他只說：「性相近也，習相遠也。」(《論語‧陽貨》)而未再進一步對「性」下定義。孔子重視作用層次（how）要如何發用？以及在各種際遇的順逆之間，人應如何自我面對並堅持道德的原則？孟子則是進一步追索為什麼能夠實現（what and why）？生命中是否有根本內存的道德力量？人的道德能力為什麼須必發用及如何發用？這些都是更深層的道德根源性的問題。

2. 告子以飲食、男女之自然本能定義「性」的內涵。孟子則指出告子只注意到人與牛犬之間共有的自然本能之性，而忽略人與牛犬相異之獨特性為何。

   告子曰：「生之謂性。」孟子曰：「生之謂性也，猶白之謂白與？」曰：「然。」「白羽之白也，猶白雪之白；白雪之白，猶白玉之白與？」曰：「然。」「然則犬之性猶牛之性，牛之性猶人之性與？」(《孟子‧告子上》)

3. 孟子首先辨明人與禽獸有別，性善之「性」當就人存在所獨具之道德自覺心而論，此是人所特有的本質。告子所謂自然本能，孟子認為這只是人的生命基礎，並非生命的全部。所以他說：「人之所以異於禽獸者幾希！」孟子並未反駁或偏廢人與禽獸所同有

的動物性的存在部分，但是他的重點更著重在討論「人」，因此
唯有辨析出人與禽獸不同的獨特性，才能了解何謂「人」。故孟
子與告子的理論層次，前者論道德性、後者論生物性，二人定義
不同。

人之所以異於禽獸者幾希，庶民去之，君子存之。(《孟子・離婁
下》)

二　四端說──性的內涵與特色

1. (1) 告子從生命經驗之事實，論斷性只是生命本能，不能遽以道
德之善或不善判斷之，故主張「性無善無不善」之說。

(2) 公都子指出當時對人性有：「性無善無不善」、「可善可不
善」，及「有性善有性不善」等各種說法。

(3) 孟子不否認若就事實而言，的確存在各種善或不善的狀況，
但不論行為結果善惡如何，都不是先天善質的錯，而是後天
修養的問題。

公都子曰：「告子曰：『性無善無不善也。』或曰：『性可以
為善，可以為不善，是故文武興則民好善，幽厲興則民好
暴。』或曰：『有性善，有性不善，是故以堯為君而有象，
以瞽瞍為父而有舜，以紂為兄之子且以為君，而有微子啟、
王子比干。』今曰：『性善』，然則彼皆非歟？」孟子曰：
「乃若其情則可以為善矣，乃所謂善也。若夫為不善，非才
之罪也。」(《孟子・告子上》)

2. 孟子、告子「以水喻性」

（1）告子認為人性之善惡，乃受外在環境的導向決定。

（2）孟子以水喻性，人性本質之善，猶水有就下之本性；若水搏激而漲，是外在環境的情勢使然，並非水的本性如此。

（3）孟子堅持「人性本善」應就本質而論，不應從後天的外在事實判斷。

> 告子曰：「性，猶湍水也。決諸東方則東流，決諸西方則西流。人性之無分於善不善也，猶水之無分於東西也。」（《孟子‧告子上》）
>
> 孟子曰：「人性之善也，猶水之就下也。人無有不善，水無有不下，今夫水，搏而躍之，可使過顙；激而行之，可使在山。是豈水之性哉？其勢則然也。人之可使為不善，其性亦猶是也。」（《孟子‧告子上》）

3. 仁義禮智是人之本有，此是性善之本義，孟子性善論則就先驗層次而談；告子「無善無不善」之中性觀，則就生命事實而論。

4. 善性固有且皆有，人有善端，但有些人未能充分擴充此一良知良能，故就行為歷程「不能盡其才」，始見不善者。孟子所討論的「固有」指的是「先驗本有」，凡是先驗本有，皆無法以經驗論證，只能選擇是否相信。他將一切的惡落到生之後的經驗層次去討論——認為是後天的環境或人生歷程、教養問題等所致，如此一來面對後起的惡，我們才有動力及誠意去尋找解決問題的方法。故孟子在理論上較周延。

> 惻隱之心，人皆有之；羞惡之心，人皆有之；恭敬之心，人皆有

之；是非之心，人皆有之。惻隱之心，仁也。羞惡之心，義也。
恭敬之心，禮也。是非之心，智也。仁義禮智，非由外鑠我也；
我固有之也；弗思耳矣。故曰：求則得之，舍則失之，或相倍蓰
而無算者，不能盡其才者也。（《孟子・告子上》）

5. 孔孟思想圖示：

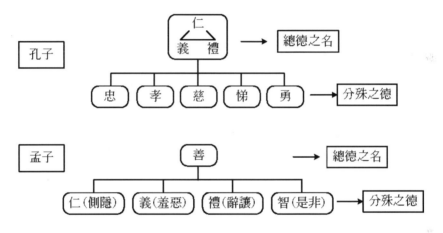

6. 孟子的心具有三層義涵：

（1）內具義：道德本心是與生俱有而不假外求的，即「我固有之
　　也」。

（2）普遍義：道德本心是所有人都本有的，「人皆有之」。由此可
　　知孟子言心性道德不但有自身內在的主觀依據，同時也指出
　　了超越性的方向。

（3）超越義：盡心便可體知善性的發用，此時即可體知與天德合
　　一的境界。

三 仁義之辨

1. 告子：仁內義外，即「行仁義」。

告子以人之甘食悅色為人性本有，仁愛之心亦是生命內有，但人行為表現如何應對取捨，則是依彼此外在的身份及相對角色決定。

告子曰：「食色，性也。仁，內也，非外也。義，外也，非內也。」孟子曰：「何以謂仁內義外也？」曰：「彼長而我長之，非有長於我也。猶彼白而我白之，從其白於外也，故謂之外也。」（《孟子‧告子上》）

2. 孟子：仁義皆內，即「仁義行」。

（1）敬兄敬叔是常理，但若是「弟在尸位」、「鄉人在賓客之位」時，則須有暫時之因時制宜的表現，即「庸敬在兄，斯須之敬在鄉人」，孟子在道德實踐時，也重視「守經從權」的應變。

（2）敬弟時，就外在而言，弟此時是居尸位，就內在而言，此刻所蘊含的是敬神之心，已不同於手足兄弟之情，以敬神之心而有敬神之舉，故曰仁義皆內。

孟季子問公都子曰：「何以謂義內也？」曰：「行吾敬，故謂之內也。」「鄉人長於伯兄一歲，則誰敬？」曰：「敬兄。」「酌則誰先？」曰：「先酌鄉人。」「所敬在此，所長在彼，果在外，非由內也。」公都子不能答，以告孟子。孟子曰：「敬叔父乎？敬弟乎？彼將曰：『敬叔父。』曰：『弟為尸，則誰敬？』彼將曰：『敬弟。』子曰：『惡在其敬叔父也？』

　　彼將曰：『在位故也。』子亦曰：『在位故也。』庸敬在兄，
　　斯須之敬在鄉人。」（《孟子‧告子上》）

貳　道德修養論

一　養氣──積極的持養工夫

1. 以道德的主宰心，支配自然生命的情意之氣，即氣由心持，以志
　帥氣。

　　夫志，氣之帥也；氣，體之充也。夫志至焉，氣次焉。故曰：持
　　其志，無暴其氣。（《孟子‧公孫丑上》）

2. 養氣是自然生命的理性化過程，充沛的理性生命能了解人的價值
　所在，而有實踐的力量。

　　「敢問夫子惡乎長？」曰：「我知言，我善養吾浩然之氣。」「敢
　　問何謂浩然之氣？」曰：「難言也。其為氣也，至大至剛，以直
　　養而無害，則塞於天地之間。其為氣也，配義與道，無是餒也。
　　是集義所生者，非義襲而取之也。行有不慊於心則餒矣。我故
　　曰：告子未嘗知義。以其外之也。」（《孟子‧公孫丑上》）

3. 知言養氣：孟子雖提及「知言養氣」，但對「知言」只說明對偏
　頗、放蕩、邪僻、逃避等錯誤的言論該如何破斥，但未指出具體
　的錯誤為何。言由心發，人最直接也最容易受到他人影響的就是

語言，故孟子本於道德仁義的關懷，希望破除四種錯誤的言論對
人心的誤導與影響，期勉人能以心知言，而有「知言養氣」之說。

「何謂知言？」曰：「詖辭知其所蔽，淫辭知其所陷，邪辭知其
所離，遁辭知其所窮。生於其心，害於其政；發於其政，害於其
事。聖人復起，必從吾言矣。」(《孟子‧公孫丑上》)

二 寡欲──消極的節制工夫

1. 養氣是一種積極的持養工夫，寡欲則是消極的節制工夫。

養心莫善於寡欲。其為人也寡欲，雖有不存焉者，寡矣。其為人
也多欲，雖有存焉者，寡矣。(《孟子‧盡心下》)

2. 若是人的心志不斷地放失而奔逐於外在的欲望世界，那麼本心良
知就會陷蔽不明。良心如果放失而不知省求，就會如斧斤伐木般
傷害到人的道德。

雖存乎人者，豈無仁義之心哉？其所以放其良心者，亦猶斧斤之
於木也。旦旦而伐之，可以為美乎？(《孟子‧告子上》)

3. 求其放心：成德的學問之道，最重要的就是「求其放心」的修養
工夫。

孟子曰：「仁，人心也。義，人路也。舍其路而弗由，放其心而
不知求，哀哉！人有雞犬放，則知求之，有放心而不知求。學問
之道無他，求其放心而已矣。」(《孟子‧告子上》)

三 盡心知性以知天與立命

1. 心性相為表裡：性是潛存的，心則是善性省覺的活動過程。孟子以孺子將入於井，眾人乍見皆會有「不忍」的反應，指出在「乍見」的瞬間，「不忍人」的一念，便是善心的發動了。在「人皆有」的這一念之善，人也因己心的擴充克盡，而與他人的善心同感共通了。在眾人善心的同感共通之間，人已然體知天地生命的生生之德，已內在於每個人的生命根源處了。

   人皆有不忍人之心。……所以謂人皆有不忍人之心者，今人乍見孺子將入於井，皆有怵惕惻隱之心；非所以內交於孺子之父母也，非所以要譽於鄉黨朋友也，非惡其聲而然也。（《孟子‧公孫丑上》）

2. 盡心知性以知天：孟子由「盡心知性知天」，揭明人若能盡心，便能體知人之所以為人的本性是什麼，能知人的本性，便能體知宇宙萬物的生發力量，與人生命裡的善性力量本是相通的。由此體知，便能確立起生命的價值根源，已然就在人自己身上了。

   盡其心者，知其性也。知其性則知天矣。存其心，養其性，所以事天也。殀壽不貳，修身以俟之，所以立命也。（《孟子‧盡心上》）

3. 立命——殀壽不貳，修身以俟：孟子秉持孔子「義命分立」的價值判斷，繼續發揚「立命」的精神。人的一生中，固然有各種生死壽夭、吉凶禍福的不可預知的命限可能發生，但生命的意義不

是從現實的成敗榮辱去決定，而是取決於人在各種考驗中，是否能確立起「盡其在我」的道德路向，豁顯道德主體的精神。

君子行法，以俟命而已矣。（《孟子‧盡心下》）

4. 人一旦「立命」，也就能「知命」，亦即體知到生命能量應全幅地在道德上安立實踐。正確地「知命」，應能了知「死有重如泰山，輕如鴻毛」之別，會珍惜有為的生命以行道德之事，而不會逞匹夫之勇或輕忽生命的安全。

莫非命也，順受其正。是故知命者，不立乎巖牆之下。盡其道而死者，正命也。桎梏死者，非正命也。（《孟子‧盡心上》）

叄　義利之辨與王霸之辨

一　義利之辨

戰國時代，禮樂壞崩，立體撐開的天下崩頹倒塌，上下混同不分，生命變成平面的存在，道德與文化的價值不被肯定。一切的生命活動，都落在現實功利的衡量上，但見物欲狂揚，才情流行。由是整個時代是兵家、縱橫家，與游士俠客縱橫來去的舞台。孟子立身斯世，對抗時代狂潮，首在重建價值觀念，肯定道德生命與文化理想，試圖扭轉整個時代的風氣，故開宗明義即標舉義利之辨的價值論，把自然生命引向道德生命，把功利實效引

向仁義價值，把軍國主義引向仁政王道。[1]

1. 義利之辨：孟子認為義即理，有普遍性；利，卻是個別特殊的利益。唯有符合道德的利益方可取，若義利衝突時，絕不可因利害義。孟子回答梁惠王問：「亦將有以利吾國乎？」的問題時，揭明了「義利之辨」的主旨，確立了「先義後利」的原則。

孟子見梁惠王。王曰：「叟！不遠千里而來，亦將有以利吾國乎？」孟子對曰：「王何必曰『利』，亦有『仁義』而已矣。王曰：『何以利吾國？』大夫曰：『何以利吾家？』士庶人曰：『何以利吾身？』上下交征利，而國危矣。萬乘之國，弒其君者，必千乘之家；千乘之國，弒其君者，必百乘之家。萬取千焉，千取百焉，不為不多矣。苟為後義而先利，不奪不饜。」(《孟子‧梁惠王上》)

二　王霸之辨

1. 辨王霸：孟子將義利之辨從個體的行為論述層次，提升到群體的政治判斷層次。以義利之辨作為王霸之分的內涵準據，希望能在權力大小，武力強弱的現實競爭外，提供另一套政治的價值判斷，即「以力假仁者霸，以德行仁者王」。

以力假仁者霸，霸必有大國；以德行仁者王，王不待大，湯以七十里，文王以百里。以力服人者，非心服也，力不贍也；以德服人者，中心悅而誠服也，如七十子之服孔子也。(《孟子‧公孫丑上》)

1　王邦雄等著：《孟子義理疏解》(臺北市：鵝湖出版社，1998年)，頁251。

人皆有不忍人之心，先王有不忍人之心，斯有不忍人之政矣。以
不忍人之心，行不忍人之政，治天下可運之掌上。(《孟子·公孫
丑上》)

2. 仁者無敵：孟子諫諭梁惠王不應好戰，而應強調擴充四端之心，
以行仁義之路；並將重仁踐義的精神推廣到政治上，以行仁政之
治。即使百里小國，只要能力行仁政德治，仁者無敵，天下民心
自會歸附。

孟子對曰：「地方百里而可以王。王如施仁政於民，省刑罰，薄
稅斂，深耕易耨；壯者以暇日修其孝悌忠信，入以事其父兄，出
以事其長上，可使制梃以撻秦楚之堅甲利兵矣。彼奪其民時，使
不得耕耨，以養其父母，父母凍餓，兄弟妻子離散。彼陷溺其
民，王往而征之，夫誰與王敵？故曰：『仁者無敵。』王請勿
疑！」(《孟子·梁惠王上》)

3. 「王之不王」是不為非不能：孟子見梁襄王，論不嗜殺人者，可
一統天下。其見齊宣王則以行王道仁政勉之，並勸齊宣王明白其
所以未能符合王道而行，即「王之不王」，乃是「不願」作為而
非「不能」作為。孟子反覆提醒宣王要有推己及人，民胞物與的
王道精神，如此則可運天下於掌上。

孟子見梁襄王，……卒然問曰：「天下惡乎定？」吾對曰：「定於
一。」「孰能一之。」對曰：「不嗜殺人者能一之。」「……誠如
是也，民歸之，由水之就下，沛然誰能禦之？」(《孟子·梁惠王
上》)

（孟子）「故王之不王，不為也，非不能也」。（宣王）曰：「不為者與不能者之形，何以異？」曰：「挾太山以超北海，語人曰我不能，是誠不能也；為長者折枝，語人曰我不能，是不為也，非不能也。故王之不王，非挾太山以超北海之類也；王之不王，是折枝之類也。老吾老，以及人之老；幼吾幼，以及人之幼；天下可運於掌。」（《孟子・梁惠王上》）

肆　政治論

一　民本思想

孟子生當戰國周室衰敝之際，衡諸當時的局勢，可知孔子「尊周」、「存周」之說已不可行，孟子的政治態度，轉而可接受另有新政權的建立。

1. 以「民心」決定政權得失的看法，代替以「天命」闡釋政權轉移的舊說。「君權神授」是古代君王解釋其政權取得的合理性、正當性的重要說法。周初以革命方式取得天下，遂以「天命靡常」唯德為依，合理化自己的統治權力。「革命」的思想於《左傳》中明載，孟子不贊成「君權神授」說，且明白表示「革命」若已是必要手段時，即可有革命行動。孟子並將大臣分為異姓之卿與同姓之卿，異姓之卿若對君王反覆勸諫無效，克盡己職後即可求去；同為皇室貴族的卿大夫，若無法勸醒犯大錯的君王，則可革命以取而代之。

萬章曰：「堯以天下與舜，有諸？」孟子曰：「否，天子不能以天

下與人。」「然則舜有天下也，孰與之？」曰：「天與之。」「天
與之者，諄諄然命之乎？」曰：「否，天不言，以行與事示之而
已矣。」（《孟子‧萬章上》）

齊宣王問卿。孟子曰：「王何卿之問也？」王曰：「卿不同乎？」
曰：「不同，有貴戚之卿，有異姓之卿。」王曰：「請問貴戚之
卿。」曰：「君有大過則諫，反覆之而不聽，則易位。」王勃然變
乎色。曰：「王勿異也。王問臣，臣不敢不以正對。」王色定，然
後請問異姓之卿。曰：「君有過則諫，反覆之而不聽，則去。」
（《孟子‧萬章下》）

2. 若是為君者無道，民心向背已明時，孟子亦贊成可以採革命的方
式推翻原來的政權。政權當以順民意、得民心為最高指標。孟子
並稱殘暴無義的君主為「獨夫」，所以革命非但不是大逆不道的
弒君行動，反而是為民除去「一獨夫」的義舉。

民為貴，社稷次之，君為輕。是故得乎丘民而為天下，得乎天子
為諸侯，得乎諸侯為大夫。（《孟子‧盡心下》）

齊宣王問曰：「湯放桀，武王伐紂，有諸？」孟子對曰：「於傳有
之。」曰：「臣弒其君，可乎？」曰：「賊仁者，謂之賊；賊義
者，謂之殘。殘賊之人，謂之一夫。聞誅一夫紂矣，未聞弒君
也。」（《孟子‧梁惠王下》）

二 仁政德治

孟子把「仁」運用到政治上時，已將孔子在道德層次上討論的
仁，轉化成具有實際施政效用的內涵了。「仁政」指具體而客觀
存在，能發揮仁政德治的理想的政治措施。

1. 養民：為民制產、不違農時、薄其稅斂。

> 無恆產而有恆心者，惟士為能；若民則無恆產，因無恆心，苟無
> 恆心，放辟邪侈，無不為已。（《孟子・梁惠王上》）
> 是故明君制民之產，必使仰足以事父母，俯足以畜妻子，樂歲終
> 身飽，凶年免於死亡。然後驅而之善……救死而恐不贍，奚暇治
> 禮義哉？（《孟子・梁惠王上》）
> 斧斤以時入山林，材木不可勝用也。……百畝之田，勿奪其時，
> 數口之家，可以無飢矣。（《孟子・梁惠王上》）
> 易其田疇，薄其稅斂，民可使富也。食之以時，用之以禮，財不
> 可勝用也。（《孟子・盡心上》）

2. 教民：經由教化可得人心的歸附。

> 善政，不如善教之得民也。善政，民畏之；善教，民愛之。善
> 政，得民財；善教，得民心。（《孟子・盡心上》）

3. 便民：應讓百姓了解施政的必要性，須站在與民同好惡，同憂樂
的立場善用民力。

> 以佚道使民，雖勞不怨。以生道殺民，雖死不怨殺者。（《孟子・
> 盡心上》）

4. 德治：認為執政者個人的德性會影響國家的治亂，仁政能否施
行，需取決於在上位者是否有仁心。孟子遂以「有德者執政」為
目標，紹述孔孟一系相承的「聖君賢相」的理想政治模式。

賢者在位，能者在職。(《孟子·公孫丑上》)

尊賢使能，俊傑在位。(《孟子·公孫丑上》)

伍　孟子評各家

一、孟子評「墨氏兼愛，是無父也」

他指出墨氏兼愛之說，實已忽略了「父」這個角色，與「一般人」之間的獨特性與差異性，如此就很難體會父子間特有的情感與責任，表面上雖主張「愛人之父如己父」，但實已泯滅了「父」的獨特意義，恐有「無父」之虞。

楊氏為我，是無君也。墨氏兼愛，是無父也。無父無君，是禽獸也。(《孟子·滕文公下》)

二、孟子評農家許行「並耕之說不可行」

農家主張人人無分階級貴賤，皆應親自耕作以自食其力，而後再以勞動所得透過以物易物的交換方式，以取得生活所需。孟子認為許行的主張，獨厚農家，而忽略了百工技藝各有所長，亦各有貢獻。正常的社會應合理地分工合作，或勞心或勞力，應各依所長貢獻己力，才是聖人治天下之道。

然則治天下獨可耕且為與？有大人之事，有小人之事。且一人之身，而百工之所為備，如必自為而後用之，是率天下而路也，故曰或勞心，或勞力。勞心者治人，勞力者治於人；治於人者食人，治人者食於人，天下之通義也。(《孟子·滕文公上》)

陸　評述

一、勞思光從思想史傳承的角度[2]，凸顯孟子的重要

1. 有效地回應孔子學說所遺留的問題，亦即「自覺心」或「主宰力」如何證立的問題。

2. 如何決定政權轉移之標準的問題。

3. 孟子言仲尼之教必廣為論辯，以折百家。孟子以保衛儒學，駁斥異說為己任，終成為儒學體系之建立者。

二、張豈之評價孟子在中國儒學史上的地位[3]

1. 繼承和發展了孔子的思想，建立了系統的儒學體系，是戰國時期儒家正統思想的主要代表。

2. 闡揚孔子思想，排斥異端學說，使儒學成為戰國時期的顯學。

3. 闡發「性與天道」問題，深化了孔子思想，為宋明理學奠定了理論基礎。

4. 繼承孔子的「德治思想」，提出「仁政」主張，豐富和發展了家的政治學說。

5. 發揮孔子的道德價值觀念，強調理想人格的培養，成為催人奮進的精神力量。

三、蔡仁厚曾就孟子理論內容分析而指出[4]，孟子一生最大的貢獻有三

2　參見勞思光：《中國哲學史》（一），頁177-184。

3　張豈之：《中國儒學思想史》（臺北市：水牛出版社，1996年），頁87-89、101-105。

4　蔡仁厚：《中國哲學史大綱》，頁27。

1. 提揭三辨，開發道德文化意識。三辨為：辨人禽、辨義利，及辨
   王霸。
2. 建立心性之學的義理規模。
3. 弘揚仁政王道的政治理想。

第六章
莊子

綱要

第六章
莊子

生平

一、姓名：莊子（周）

二、時代：約生於周烈王七年（西元前369年），卒於周赧王二十九年
（西元前286年），約和孟子同時。

三、傳略：莊子名周，宋國蒙縣人，嘗為蒙縣漆園吏，一生貧困，交
遊可考者，僅惠施等數人。其人內心通達，視富貴如「舐痔」
（《莊子・列禦寇》），貶相位如「腐鼠」（《莊子・秋水》），莊子
生當戰國亂世，生命朝不保夕，面對生死無常，莊子獨能超脫於
物外，達於至人之境，實為先秦思想家之少見者。

四、著作：《莊子》亦稱《南華經》，《漢書・藝文志》著錄為五十二
篇，今本《莊子》經郭象刪定為三十三篇，即〈內篇〉七篇、
〈外篇〉十五篇，〈雜篇〉十一篇，一般認為內篇——〈逍遙
遊〉、〈齊物論〉、〈養生主〉、〈人間世〉、〈大宗師〉、〈德充符〉、
〈應帝王〉此七篇為莊子所作，外篇、雜篇則為後學或後人所
為。其中〈天下〉一章，雖不為莊子所作，唯其述各家學說源流
甚詳，具有極高的哲學史價值。

壹 《莊子》的表達方式

一 「寓言」、「重言」、「卮言」

《莊子》書中多運用「寓言」、「重言」、「卮言」的獨特表達方式。

> 以天下為沈濁，不可與莊語，以卮言為曼衍，以重言為真，以寓言為廣。（《莊子・天下》）

二 莊子如何運用「寓言」、「重言」、「卮言」

1. 以寓言為廣：莊子往往以具濃厚文學色彩的寓言，藉以表達自己的思想。藉由神話，動物，及各種虛擬的故事主角或故事，以類比譬喻自己所欲寓寄的哲思。

2. 以重言為真：利用古人或其他權威者，代言自己的思想，如《莊子》書中即經常先將孔子道家化，再藉孔子之口說出莊子的心聲。

3. 以卮言為曼衍：

   （1）卮器是一種盛酒的容器，倒滿了酒就會傾倒，沒有酒時則仰立著；它完全隨順所盛之物而改變自己的狀態。所謂「卮言」就是無所成見，因外在環境而隨順變化的語言，不提供是非、真假的論斷。莊子欲以「卮言」去「曼衍」的，正是可體不可言的「道」。

   （2）莊子重視精神境界的體悟，而此一境界又不能以言傳曲盡其意趣，「語之所貴者，意有所隨。意之所隨者，不可以言傳也。」（《莊子・天道》）所以莊子往往以荒唐之言、謬悠之

　　說、恣縱其意，而不欲落入語文言說的陷阱中，以免使人以為談論「道」就是「得道」了。要達到自然之道的境界，自然得先去除言說的定義框限，才能隨順自然而體道、得道，此即莊子為何採「卮言」為表達方式的深意了。

貳　自然之道

一　「道」的意義及莊子論「道」的特色

1. 「道」具有形上學的意義；道是天地萬物的總原理，無所不在，既超越了時空，又超越了認識。莊子的道並非玄之又玄而不可理喻的，他強調道是可以透過個人身心靈的體驗與精神的提昇，轉化而體現達到的一種境界。

2. 莊子亦論自然之道，其意義與老子同，然同中仍有各自不同的特色。老子習慣用宇宙論的角度討論道；莊子運用本體論的方式討論道較多。這兩者並不是截然二分，因為有了宇宙才有本體，在中國哲學中最終目標要求的是兩者合一，即天人合一的和諧境界。莊子認為天地間沒有離開物的道，越是平凡卑下，道的作用越明顯；至道如此，偉大的言論也是如此。

　　東郭子問於莊子曰：「所謂道，惡乎在？」莊子曰：「無所不在。」東郭子曰：「期而後可。」莊子曰：「在螻蟻。」曰：「何其下邪？」曰：「在稊稗。」曰：「何其愈下邪？」曰：「在瓦甓。」曰：「何其愈甚邪？」曰：「在屎溺。」東郭子不應。莊子曰：「夫子之問也，固不及質。正獲之問於監市履狶也，每下愈

況。汝唯莫必,無乎逃物。至道若是,大言亦然。(《莊子·知北遊》)

二 道是萬物的根源、法則或動力

1. 「道」生天地,但是道是無形無狀,無法以感官去掌握、認識的。原文中的「非也」並非指聞到、看到、解說「道」就不是道;而是指一旦經過指涉所認識的道即已不是完整的「道」(常道),而只是「道」的一部分。

   道不可聞,聞而非也;道不可見,見而非也;道不可言,言而非也。(《莊子·知北遊》)

2. 道創生萬物,但是道並不等於宗教或神話裡創世的上帝或天神,莊子認為「天地固有常矣,日月固有明矣。」(《莊子·天道》)「固」表示本來如此,而非外力的作用,所以自然界的各種現象,都是「咸其自取」的。

   六合之外,聖人存而不論。(《莊子·齊物論》)
   夫道,有情有信,無為無形;可傳而不可受,可得而不可見;自本自根,未有天地,自古以固存;神鬼神帝,生天生地;在太極之先而不為高,在六極之下而不為深,先天地生而不為久,長於上古而不為老。(《莊子·大宗師》)

三　道的轉化與運用

1. 莊子將老子所提出的「道」，體現在生命精神的超越與遊賞。人在生活的修養層面若能臻於圓熟，內心能聚精會神而順物自然，便能切合自然之道，養生全身而無憂。

2. （1）形軀生命是有限的，以有限的生命追逐無盡的知識，只會傷害真我的生命情趣。

（2）莊子看到人生命中的兩大侷限：第一種，是形軀與精神的有限，這也是人最大的侷限。第二種，因為人會生活之中渴求貪多，然而天地的一切是無窮無盡的，人永遠也追逐不完，故永遠不滿足而有侷限感。這兩者相繼而來，會造成人們自困自苦。人要如何超越此兩者？正是莊子思想中很重要的部分。

（3）面對第一種侷限，莊子著重對生死的討論，即破生死之說；他勉人看破生死，因為生命的有限、無限，不是從壽命長短判斷，而是取決於精神主體能否超越。至於第二種侷限，莊子則提醒人在面對世間一切認知而茫茫無所適從時，惟有知止可以不殆。

吾生也有涯，而知也無涯，以有涯隨無涯，殆已。（《莊子·養生主》）

（4）「齊物論」有兩步驟，第一為齊「物論」，自然之道本來是無所不在，未曾有分野的，言論本來是沒有絕對的是非的，然而後來人們卻加上了許多意義，才有了種種的是非分別。因物論乃為人文所建構，在物論中人有言論、是非、標準，而

後就陷入各執一說所造成的痛苦。人往往先經由名號概念建構世界，故須先消弭其中的分別、對立、是非，然後提醒人把爭是非、論輸贏的辯論看淡（泯是非、薄辯議）。唯有了解所有的語言符號只是相對性而已，才能從已陷溺太深太久的人文世界跳脫出來；超越出人文世界，才能回歸到自然之道。

> 夫道未始有封，言未始有常，為是而有畛也。（《莊子‧齊物論》）

（5）「齊物論」的第二步驟為「齊物」論，「齊物」是指從大自然的角度平等看待萬物，取消人為的分別而回歸自然，亦即「萬物都應該被平等看待」（齊物）的理論，齊「物論」可視之為「齊物」論的先行基礎。

> 天下莫大於秋毫之末，而太山為小；莫壽乎殤子，而彭祖為夭。天地與我並生，而萬物與我為一。（《莊子‧齊物論》）

3. 「養生主」——庖丁解牛

追求認知只會傷生而無益，人應善於「養生」、「緣督以為經」才能保住真我。養生之道，莊子以「庖丁解牛」說明人應「依乎天理」、「因其固然」而順物自然，才能使生命在面對各種錯綜複雜的情境時，能如以刃解牛般游刃有餘，全生而不傷。

> 文惠君曰：「譆，善哉！技蓋至此乎？」庖丁釋刀對曰：「臣之所好者道也，進乎技矣。始臣之解牛之時，所見无非全牛者。三年

之後，未嘗見全牛也。方今之時，臣以神遇而不以目視，官知止而神欲行。依乎天理，批大郤，導大窾，因其固然。技經肯綮之未嘗微礙，而況大軱乎！良庖歲更刀，割也；族庖月更刀，折也。今臣之刀十九年矣，所解數千牛矣，而刀刃若新發於硎。彼節者有閒，而刀刃者无厚；以无厚入有閒，恢恢乎其於遊刃必有餘地矣；是以十九年而刀刃若新發於硎。雖然，每至於族，吾見其難為，怵然為戒，視為止，行為遲。動刀甚微，謋然已解，如土委地。提刀而立，為之四顧，為之躊躇滿志，善刀而藏之。文惠君曰：「善哉！吾聞庖丁之言，得養生焉。」（《莊子・養生主》）

4. 老莊皆以天道為主，天道位階必然在人道之上。莊子「以人為主體」，是指相對於老子多論天道而言；莊子多談人，討論的對象以人為主。莊子亦談大自然，當莊子以大自然、天籟、地籟等作比喻時，他最終的目的都是要回扣到「人此一主體如何與天地自然之道和諧為一」，故莊子的天人關係並非分立，而是以人為修養討論的主題，進而提出人要如何經由「心齋」、「坐忘」、「逍遙遊」等工夫，達到體順自然、天人和諧的境界。

叁　破生死──齊物我

一　破生死──生死如夢

1. 生命的生、老、死，其實都只是一段勞、佚、息的歷程而已。破生死，旨在勘破形軀生命的限制，而使人的心靈超越生死悲喜的

桎梏。莊子之所以直扣生死這一點，乃因「千古艱難唯一死」，
人最難以面對的就是死亡，亦因對生死有太多焦慮而束縛了心的
自由。如果能坦然以對生死，對於形軀的執著相對地就比較有可
能超越。

夫大塊載我以形，勞我以生，佚我以老，息我以死。(《莊子・大
宗師》)

2. 安時處順：對於形軀生命的死亡，人應以安時處順的態度視之，
甚至應將死亡視為是「懸解」，意即人活著有如承受被倒懸之
苦，死亡反而是讓人解除倒懸之苦。

且夫得者，時也；失者，順也，安時而處順，哀樂不能入也。此
古之所謂縣解也，而不能自解者，物有結之。(《莊子・大宗
師》)

老聃死，秦失弔之，三號而出。弟子曰：「非夫子之友邪？」
曰：「然。」「然則弔焉若此，可乎？」曰：「然。始也，吾以為
其人也，而今非也。……適來，夫子時也；適去，夫子順也。安
時而處順，哀樂不能入也。古者謂是帝之縣解。」(《莊子・養生
主》)

3. 莊子並藉一段與髑髏的夢中對話，說明「死」未必是如活著的人
所想像的恐怖，「生」也不見得像活人自以為的那麼好。

夜半，髑髏見夢曰：「子欲聞死之說乎？」莊子曰：「然。」髑髏
曰：「死，無君於上，無臣於下；亦無四時之事，從然以天地為

春秋，雖南面王樂，不能過也。」莊子不信，曰：「吾使司命復生子形，為子骨肉肌膚，反子、父母妻子閭里知識，子欲之乎？」髑髏深矉蹙頞曰：「吾安能棄南面王樂而復為人間之勞乎？」(《莊子·至樂》)

4. 生死如夢：形軀生死只是外在萬物流變的現象之一。莊子擅長利用各種故事，引導讀者在其中感同身受，莊子論述「破生死」時的思路相當精彩，他經常利用夢的解析方式切入，讓人有真／假、實／虛的時空錯置之感，甚至以夢中夢的方式，令人對生死的界限益發有迷離不定之惑，更能引發人從不同的角度感受與思索。

麗之姬，艾封人之子也。晉國之始得之也，涕泣沾襟；及其至於王所，與王同筐床，食芻豢，而後悔其泣也。予惡乎知夫死者，不悔其始之蘄生乎？夢飲酒者，旦而哭泣；夢哭泣者，旦而田獵。方其夢也，不知其夢也。夢之中又占其夢焉，覺而後知其夢也。且有大覺而後知此其大夢也，而愚者自以為覺，竊竊然知之。君乎，牧乎，固哉！丘也與汝，皆夢也；予謂汝夢，亦夢也。是其言也，其名為弔詭。(《莊子·齊物論》)

二　齊物我——萬物平等

1. 莊子強調人心應虛靜而止地發揮直覺的智慧，由此順應自然之道觀照萬物的變化，如此才不會落入種種有執有欲的世俗之情中。莊子的「無情」乃是提醒人要能超越，不要受世俗對是非好惡，甚至生死等的執著影響，不要深陷在喜怒哀樂中無法自拔而傷身，也不需要以人為的方式去增益自然的天性。

惠子謂莊子曰：「人故無情乎？」莊子曰：「然。」惠子曰：「人而無情，何以謂之人？」莊子曰：「道與之貌，天與之形，惡得不謂之人？」惠子曰：「既謂之人，惡得無情？」莊子曰：「是非吾所謂情也。吾所謂無情者，言人之不以好惡內傷其身，常因自然而不益生也。」(《莊子‧德充符》)

2. 物化：人往往容易執著於形軀我的存在，但形軀我的經驗卻未必是唯一的真實；物我之間雖有所「分」亦有所「化」，人與萬物可能只是同層的流轉變化而已，此即「物化」之義；但人在物化之間卻又渾然未覺，故易陷於執著而難以超越。

孟孫氏不知所以生，不知所以死；不知就先，不知就後；若化為物，以待其所不知之化已乎！且方將化，惡知不化哉？方將不化，惡知已化哉？吾特與汝，其夢未始覺者邪！……且汝夢為鳥而屬乎天，夢為魚而沒於淵，不識今之言者，其覺者乎，其夢者乎。(《莊子‧大宗師》)

昔者莊周夢為胡蝶，栩栩然胡蝶也。自喻適志與，不知周也。俄然覺，則蘧蘧然周也。不知周之夢為胡蝶與，胡蝶之夢為周與。周與胡蝶，則必有分矣。此之謂物化。(《莊子‧齊物論》)

3. 形軀生命的生死變化，就如晝夜的循環，亦只是萬物流變的現象之一而已。人們觀看著萬物的生死變化，有朝一日終於輪到自己面對死亡時，何需有所悲歡抗拒？

生者，假借也。假之而生生者塵垢也。死生為晝夜，且吾與子觀化，而化及我，我又何惡焉。(《莊子‧至樂》)

4.真人：莊子理想境界的人格即是「真人」，真人不會悅生惡死，
　對生死都能坦然以對，也能如實體知萬物平等，所以面對各種物
　化流轉，亦能自在接受而沒有特別的迎拒。

古之真人，不知說生，不知惡死；其出不訢，其入不距，翛然而
往，翛然而來而已矣。不忘其所始，不求其所終；受而喜之，忘
而復之，是之謂不以心損道，不以人助天，是之謂真人。(《莊
子・大宗師》)

肆　《齊物論》──泯是非、薄辯義

齊物論：1. 齊論：泯是非，薄辯議。
　　　　2. 齊物：物化──人與萬物同層流轉，平等存在。

一　泯是非

1.言論若未賦予「意義」，則只是一連串無意義的符號或聲音的組
　合而已。
　（1）老莊認為人們所使用的語言本身是有偏限的，故無法用有限
　　　的語言詮釋出放諸四海皆準的真理。語言符號只是人文表達
　　　的工具，然而人卻自陷於其中，語言符號本並無特定意義，
　　　意義是人後來所賦予的，不是自然且恆常的真理，故謂「言
　　　者有言，其所言者特未定也」。
　（2）所以任何理論，必有限制；一切理論之肯定與否定，皆無絕
　　　對性。一切理論尚非最後之真；故所謂是非，皆屬成見或
　　　偏見。

言者有言，其所言者特未定也。果有言邪？其未嘗有言邪？
其以為異於鷇音，其亦有辨乎？其亦無辨乎？（《莊子·齊物
論》）

2. 語言的意義是在封閉系統中成立的，所以任何理論上的肯定與否
定，或是非的判定，都只是個人主觀的看法而已。「泯是非」為
莊子齊物論之第一步，由於是非往往經由語言符號等論述方式呈
現，最後各家流於互相攻擊。儒、墨對於事情很容易定出是非標
準，並且藉由論述推展其各自以為是的道理，甚至將「道理之
一」上升到「唯一真理」的層次，積極說服並要求所有人都接受
這「唯一」的真理，而不能承認各家的主張也都只是眾多道理
「之一」而已。

道行之而成，物謂之而然。惡乎然，然於然；惡乎不然，不然於
不然。物固有所然，物固有所可；無物不然，無物不可。（《莊
子·齊物論》）
故有儒墨之是非，以是其所非，而非其所是。欲是其所非、而非
其所是，則莫若以明。（《莊子·齊物論》）

3. 理論皆有其正反兩面，但正反其實互為消長而流變。理論本身往
往可立可破，或有立有破；但因人往往各執著於自己的理論或觀
念才是真理，徒流於固執各自的偏見，所以無法獲得最後之真。
老莊並非要人不要使用語言，而是要注意不要陷溺於此，從而產
生是是非非，互相攻擊；故老莊提醒人們在運用語言符號的同
時，必須提升並超越到以更寬廣的自然之道去觀照。

物無非彼，物無非是。自彼則不見，自知則知之。故曰彼出於
是，是亦因彼，彼是方生之說也。雖然，方生方死，方死方生；
方可方不可，方不可方可。因是因非，因非因是。是以聖人不
由，而照之以天，亦因是也。(《莊子・齊物論》)

是亦彼也，彼亦是也。彼亦一是非，此亦一是非。(《莊子・齊物
論》)

4. 莊子提供人們如何從心的修養而達到超越的境界：在既有的文明
社會中，各種是非標準已經存在，也不容易消去；甚至社會的運
作，某些程度上仍需要借助這些規範。莊子不忘呼籲人們要能從
中超越，縱使個人無法對抗、抵制所有標準的規範，但越多的人
超越，這個框限性的傷害就越小。故莊子提出齊物論，既「齊
論」，又「齊物」；即先泯是非、薄辯議，再「齊物」。待一切的
事物、語言、標準皆能等齊而觀，則無所謂優先或優越了；「齊
論」之後，人與其他的萬物自然也能等齊而觀，就是「齊物」了。

是以聖人和之以是非而休乎天鈞，是之謂兩行。(《莊子・齊物
論》)

5. 所謂「齊物」指宇宙間形象的幻化是相對待而生的，雖是相待而
生，卻又隨物變化，故又像不相待一樣。用自然的份際調和萬
物，因任萬物的無窮變化，使壽命得以自然的窮盡。忘掉生死，
忘掉是非，遨遊於無物的境地，寄寓於無物的境界之中，這才是
聖人之道。

化聲之相待，若其不相待。和之以天倪，因之以曼衍，所以窮年
也。忘年忘義，振於無竟，故寓諸無竟。(《莊子・齊物論》)

二　薄辯議

1. 人們由於經驗認知的不同而產生言論的差異，但是一切的言論分別，只會形成對心靈自由的限制，對於真我都是多餘的束縛。

2. 辯論或知識的追求，只是語言概念的遊戲，正如「形與影競走」。語言有其必然的限制，所以認知層面的思辯活動，莊子亦不加肯定，他主張人應「處陰以休影，處靜以息跡」，息言止辯、修身守真以葆光。

孔子愀然而嘆，再拜而起曰：「丘再逐於魯，削跡於衛，伐樹於宋，圍於陳、蔡。丘不知所失，而離此四謗者何也？」客悽然變容曰：「甚矣子之難悟也！人有畏影惡跡而去之走者，舉足愈數則跡愈多，走愈疾而影不離身，自以為尚遲，疾走不休，絕力而死。不知處陰以休影，處靜以息跡，愚亦甚矣！子審仁義之間，察同異之際，觀動靜之變，適受與之度，理好惡之情，和喜怒之節，而幾於不免矣。謹脩而身，慎守其真，還以物與人，則無所累矣。今不脩之身而求之人，不亦外乎！」（《莊子‧漁父》）

3. 泯是非、薄辯議：莊子旨欲消弭一切言論所帶來的是非標準，及因而造成的對立衝突。語言符號只是有限的工具，它只是幫助人們溝通運用，千萬不要把它當成是真理或最終目標。孟子說：「余豈好辯哉！」可知當時是天下滔滔雄辯的時代。莊子看淡這一切了！因為他知道辯贏了並不代表這是正確、快樂、幸福的，但在辯論的過程中如果互揭瘡疤或人身攻擊，恐怕其中心靈的圓滿自在已被傷痕累累替代了。

既使我與若辯矣，若勝我，我不若勝，若果是也，我果非也邪？我勝若，若不吾勝，我果是也，而若果非也邪？其或是也，其或非也邪？其俱是也，其俱非也邪？我與若不能相知也。則人固受其黮闇，吾誰使正之？使同乎若者正之？既與若同矣，惡能正之？使同乎我者正之，既同乎我矣，惡能正之！使異乎我與若者正之？既異乎我與若矣，惡能正之！使同乎我與若者正之？既同乎我與若矣，惡能正之！然則我與若、與人俱不能相知也，而待彼也邪？（《莊子‧齊物論》）

伍　輕道德

一　懷疑文化道德的價值

道德的運用可正可負，道德或文化可為善人所用，亦可為惡人所用，所有的文化成就都是可正可負，因此光是道德禮教並無法保障人的安全與安寧。唯有放棄人為道德的努力，「無為而無不為」，才能達到真人的自由無待之境。

故跖之徒問於跖曰：「盜亦有道乎？」跖曰：「何適而無有道邪？夫妄意室中之藏，聖也；入先，勇也；出後，義也；知可否，知也；分均，仁也。五者不備而能成大盜者，天下未之有也。」由是觀之，善人不得聖人之道不立，跖不得聖人之道不行。天下之善人少而不善人多，則聖人之利天下也少而害天下也多。（《莊子‧胠篋》）

二 反對違失性命真情的宗法禮制

莊子說：「大仁不仁」、「至人無親」，大仁、至人是天地間無所偏私、無所桎梏的真實情感，也是最自然的道德，莊子並不反對道德本身，他所反對的是違失性命之真情的宗法禮制。仁義至此，已然成為制約人心的枷具。

仁義之端，是非之途，樊然殺亂。（《莊子·齊物論》）
堯既已黥汝以仁義。（《莊子·大宗師》）

三 竊鉤者誅，竊國者侯

道德仁義在人為的追求和扭曲下，後來幾乎成為「聖人」的假面具、「大盜」的護身符了。聖人與大盜，名異而實同，都是假借「仁義」的美名，以粉飾自身的謊言，合理化自己的惡行，仁義最後甚至被君王所盜竊，成為王權上的桂冠。

聖人不死，大盜不止……彼竊鉤者誅，竊國者為諸侯，諸侯之門而仁義存焉。（《莊子·胠篋》）

四 無用之用

莊子認為存全身心的自由，是人體現自然之道的最大意義。人的身心不應淪為追求外在名利的工具，唯有如不材的散木般，才能脫離人心造作追求的「有用之用」，而成就自然生命的「無用之用」。

散木也，以為舟則沈，以為棺槨則速腐，以為器則速毀，以為門戶則液樠，以為柱則蠹，是不材之木也，無所可用，故能若是之壽。(《莊子·人間世》)

此果不材之木也，以至於此其大也。嗟乎神人，以此不材。(《莊子·人間世》)

人皆知有用之用，而莫知無用之用也。(《莊子·人間世》)

陸　修養論──「心齋」、「坐忘」

一　心齋──虛而待物

牟宗三指出：莊子修養工夫與老子相同的，是他們都不在定義「是什麼？」而是在「如何可能？」的作用層次討論主觀的心境應如何修養，所以莊子雖不正面肯定聖智仁義的作用層效力，但也未直接否定過儒家說仁義聖智的實有層義理。[1]莊子在如何經由修養工夫的努力，以達到逍遙遊的最高心靈境界，有精彩的理論。

1. 所謂心齋，指心的齋戒，意即虛而待物。此討論心要如何對應萬物，才能使其超脫外象的物欲迷惑，保全真人之心的自由與自在，而不在物欲的漩渦流轉中迷失？

2. 心必須不受限於耳目感官經驗之知，而能虛靜地以氣待物；由耳而心，由心而氣，由外而內層層地解消掉心知的束縛。心知執取外象，構成各種是非、認知，最後人又被心知困住自己。唯有層

---

[1] 牟宗三：〈第七講、道之「作用的表象」〉，《中國哲學十九講》(臺北市：臺灣學生書局，1983年2月)，頁127-156。

層剝除外加的束縛，自耳目感官心知的種種執著中超越而出，自
我才能回歸真實與和諧。

回曰：「敢問心齋？」仲尼曰：「若一志，無聽之以耳，而聽之以
心；無聽之以心，而聽之以氣。聽止於耳，心止於符，氣也者，
虛而待物者也。唯道集虛，虛者心齋也。」（《莊子‧人間世》）
不知耳目之所宜，而遊心乎德之和。（《莊子‧德充符》）

二　坐忘──離形去知，同於大通

1. 超越感官經驗與認知歷程：虛靜之氣能與天地大化相感通，即是
   大通；達於大通之境，心便能觀照萬物而無迷障。

   仲尼蹴然曰：「何謂坐忘？」顏回曰：「墮肢體，黜聰明，離形去
   知，同於大通，此謂坐忘。」（《莊子‧大宗師》）

2. 逍遙無待之遊，要無己之功；無名、無己，就是離形；無功、無
   名就是去知，離形就是以「忘」及「化」為目標。能忘始能化，
   化有兩種意義，一指自身隨萬物的流轉變化，而不執著特定的生
   活目標，二指「觀化」，即對萬物的變化保持觀照，但自己的情
   感判斷不涉入其中。

   若夫乘天地之正，而御六氣之辨，以遊無窮者，彼且惡乎待哉！故
   曰：至人無己，神人無功，聖人無名。（《莊子‧逍遙遊》）

三　逍遙遊

道是消解、遙是遠大，消解形軀的束縛與心知的限定，生命就可以解除忌諱憂慮，人間頓成空闊無邊，何處而不可遊？逍是工夫，遙是境界，遊是人生的自在自得。[2]

北冥有魚，其名為鯤，鯤之大，不知其幾千里也。化而為鳥，其名為鵬，鵬之背，不知其幾千里也。怒而飛，其翼若垂天之雲，是鳥也，海運則將徙於南冥。南冥者，天池也。(《莊子‧逍遙遊》)

柒　評述

一、荀子

（莊子）蔽於天而不知人，……由天謂之道，盡因矣。(《荀子‧解蔽》)

二、蔡仁厚總評

道家的方向乃在「返樸歸真」，而此一方向之得失在於：忽視周文之價值，而歸於生命之真樸，以恢復自在之心境，求心境之逍遙解脫。但一往不返，求心流於孤明，雖有觀照之智慧，而不能開出客觀化之人文世界。[3]

2　王邦雄等著：《中國哲學史》上冊，頁132。
3　蔡仁厚：《中國哲學史大綱》，頁25。

第七章
惠施、公孫龍

綱要

第七章
惠施、公孫龍

生平

一、惠施

　　1. 姓名：惠施

　　2. 時代：約與莊子同時，《莊子・徐無鬼》曾述惠子之死，《戰國策》亦有述其為梁王相之事，故可略知其生卒年約在周安王二十二年（西元前380年）至周赧王五年（西元前310年）之間。

　　3. 傳略：惠施之生卒年與詳細事蹟已多不可考，相傳其為宋人，曾為梁（魏）惠王相，其人學識豐富，《莊子・天下》稱：「惠施多方，其書五車。」唯對於其學派的歸類，仍多分歧，胡適以其為墨家之別支，今可確知者，即其為一著名之辯者，而在〈天下〉篇中亦以惠施為一辯者[1]。

　　4. 著作：惠施之著作已全不傳，其思想言行散見於《莊子・天下篇》、《呂氏春秋》、《淮南子》、《荀子・不苟》、《戰國策》中，其中又以〈天下〉篇所述最為重要。

二、公孫龍

　　1. 姓名：公孫龍

　　2. 時代：生卒年不詳，《莊子・天下》記公孫龍等辯者云：「辯者

1　《莊子・天下》論惠施云：「惠施不辭而應，不慮而對，遍為萬物說，說而不休，多而無已，猶以為寡，益之以怪。以反人為實，而欲以勝人為名，是以與眾不適也」。

以此與惠施相應，終身無窮。桓團、公孫龍辯者之徒，飾人之心，易人之意，能勝人之口，不能服人之心，辯者之囿也。」可知其人當在惠施之後。

3. 傳略：公孫龍，字子秉，趙人，曾為趙公子平原君之門客。《莊子・秋水》記其與魏牟的對話云：「龍少學先王之道，長而明仁義之行；合同異，離堅白；然不然，可不可；困百家之知，窮眾口之辯：吾自以為至達已。」可知其人或有學於儒；後或從惠施之學而為名家。

4. 著作：《漢書・藝文志》著錄有《公孫龍子》十四篇，今傳本僅六篇，第一篇〈跡府〉為公孫龍子之小傳，當為後人所追記，其餘五篇，即〈白馬〉、〈指物〉、〈通變〉、〈堅白〉、〈名實〉等篇，內容多有錯簡和脫漏，甚有不可解者，唯名家之言，世罕其傳，斷簡殘什亦彌足珍貴。

壹　惠施

一　惠施與辯者

1. 與莊子往來密切，沒有著作傳世，其思想重點見於《莊子・天下》。

2. 戰國中期之後，各國陸續出現許多喜好談辯之士，或析論治國之利害關係，或以義理說服他人而縱橫捭闔，辯論技巧遂日受重視。有些往國際外交發展欲獲得榮華富貴者，受到這些思辯的影響，認為談話技巧是否高明動人足以影響他人是否採納己見。因此，遂從中研究如何表達才能精準，或如何寓托言外之意等種種言辯的可能性，從大道至小技投入者眾，滔滔雄辯之風益盛。

3. 名家基本上沒有太多複雜的人性論、修養論，因為它所留存的記錄太少，所能推測的僅為有文字記錄這些部分，不一定代表其內容僅如此而已。

二　厤物十事

1. 空間的終極概念：「大一」義為最大的「一」，「至」之義為「最」。最大表示沒有比它更大的了，此處在說明「最」的終極、頂極的概念，在概念上它是絕對的「唯一」，概念上不可能會有兩個「最」同時存在，即便看似一樣大，但在概念上若拆解至最細微，必能分析出何者是最大之「唯一」。就空間概念而言，此已是涵攝一切空間的「至大」，其外不會再有其他的空間，故謂之至大無外。同理，「至」小，就是「最」小，最小的

空間之內不能再包含更小的空間，否則它就不是「最」小的，所以至小無內，「小一」是最小且唯一的。

> 至大無外，謂之大一；至小無內，謂之小一。(《莊子・天下》)

2. 時間的流動概念：此概念莊子亦提過，莊子認為萬物流轉不息、循環變化，人須解消對「絕對」的執著，了解萬物都只是「相對」的變化。惠施此處無上下文，只能就字面義推敲，惠施從實際的觀察經驗發現，從時間的流動狀態視之，日正當中之時，即是西斜的開始。物方生方死，萬物一出生即逐漸走向死亡。由於惠施此處無上下文，故不知是否有衍生出其他概念，只知道惠施注意到時間的連續消長變化。

> 日方中方睨，物方生方死。(《莊子・天下》)

3. 點、線、面的關係：解消高度，可延展成無限的平面。無厚表示極薄，就概念而言，若將立體厚度解消至最低，而後所能延展出的平面應極廣。這些邏輯概念，以今而言算是粗淺的認識而已。

> 無厚，不可積也，其大千里。(《莊子・天下》)

4. 類與種屬的關係：第一個「異」是動詞的「異」，為比較其間之差別，第二個名詞之「同異」為經過比較之後所出現的差別。此段意為「大同」與「小同」這種種類、位階、層次的比較，他們之間所存在的差別很小，而世間所存在的最大的差異是萬事萬物畢同畢異。

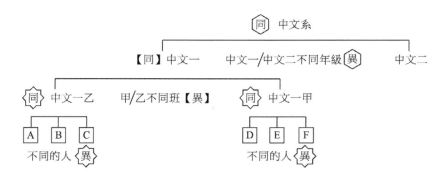

由上圖可知，越上層次的同，涵蓋面越大，這種涵蓋面越大的同謂之「大同」，被大同所統攝的謂之「小同」，「大同」與「小同」之間的差別很小，這些只是人為概念、階級制度劃分上方便所區分出來的小差別，本質並無不同，只是位階概念不同而已。就宏觀角度而言，萬物皆同，都是在某一原理之下生存、運作、發展；但如果就差別及變異的角度視之，世間沒有任何事物是相同的，故萬物畢異。

　　大同而與小同異，此之為小同異；萬物畢同畢異，此之謂大同異。（《莊子‧天下》）

5. 天地一體──形上學的推論：由合同異的觀念推衍，可以得到「氾愛萬物，天地一體」的結論。惠施的觀念以「合同異」與「天地一體」兩點最重要，統稱為「合同異」。惠施經由語言概念詮釋，消解掉同異之間的界線，最後達到了消泯分別，終至合同的目的。既然萬物皆應等同觀之，故須氾愛萬物，因為天地本來就是一體的。此與莊子「齊物論」的差別為，莊子是從生命經過修養工夫，而後達到生命的精神之體悟；惠施是從名言、概念經由理智思考而獲得的結論，兩者在思維路線與精神境界上不同。

氾愛萬物，天地一體也。(《莊子‧天下》)

6. 視覺與距離的關係：就一般而言，天高於地，山高於澤，然而就遠處視之，天與地一樣低（地平線），此表示視覺與距離之關係；就極高處往下看而言，山與澤並無高低之分，只有面積概念。此概念打破人們的視覺經驗，提供了一般事實經驗之外的另一種觀察經驗。

天與地卑，山與澤平。(《莊子‧天下》)

7. 時間的連續關係：欲到達某目的地，雖是今日到達，卻是從之前的時間即已開始往此目的地前進而來。名家喜用不同的角度，顛覆人們原本已形成的認識。「今日適越而昔來」，指出時間的連續性關係。

今日適越而昔來。(《莊子‧天下》)

8. 南方無窮而有窮：此有兩種解釋，第一是指往無限的南方走，最後就會回到北方。然而這是現代「地圓說」科學知識，不能適用於惠施的時代，且中國人之傳統觀念為「天圓地方」，不能反以現代天文觀念解之。第二是指空間之南方是無窮的，若有人往無窮的南方前進，因人之壽命時間有限，故最後仍有窮盡之時。由於此並無上下文，故無法知道其所指為何意義，只能就字面上作可能的推測，望文生義。

南方無窮而有窮。(《莊子‧天下》)

9. 無限空間的概念：就地理位置而言，越是南方，燕是北方，彼此似乎沒有交集，惠施此理論建構在「空間無窮」的概念，在概念上就無限空間而言，任何點均可成為中央（因為任何一點到任何地方均無限無窮），也就無中央之概念，故燕之北，越之南均可為中央。

我知天下之中央，燕之北，越之南是也。（《莊子‧天下》）

10. 連環可解也：無上下文，不知為何義。

連環可解也。（《莊子‧天下》）

貳　公孫龍

一　白馬論──白馬非馬

馬是共名，白馬是單名。「白馬」具有兩種特質，第一、具有馬之形體，第二、加上顏色「白」之指定。所謂的「馬」，只要求其物類形體而已，顏色則可以五顏六色。至於「白」馬只是馬的一種而已，「馬」是全稱，可以概稱各種種類及類形的馬，所以白馬「不等於」所有的馬，部分不等於全部，部分只是全部之一。

問：白馬非馬，可乎？
答：可。
問：何哉？

答：馬者所以命形也，白者所以命色也。命色者非命形也，故
曰，白馬非馬。〈白馬論〉

二　堅白論

1. 堅、白、石為三——實體與屬性的關係。堅與白均為屬性之一，
   這兩種屬性被認識的途徑不同，「堅」經由觸覺認識，「白」經由
   視覺認識，公孫龍說「堅白相離」，是因為白與堅在被認識的途
   徑，是可以分離而存在的。但堅、白這兩種屬性均不可以與
   「石」相離，因為此兩種屬性均必須附在「石」的實體上才能存
   在，離開實體，屬性不可能被認識，所以說：「堅、白、石，
   三，可乎？不可。」。

   問：堅、白、石，三，可乎？
   答：不可。
   問：二，可乎？
   答：可。
   問：何哉？
   答：無堅得白，其舉也二，無白得堅，其舉也二。〈堅白論〉

2. 堅白相離——屬性各自獨立：視覺看到石之白色，觸覺摸到石之
   堅硬；白色與堅硬是兩種不相影響的性質。此段在說明視覺無法
   得知觸覺屬性，觸覺亦無法得知視覺屬性。然而視不得堅，拊不
   得白時，其屬性仍存在，所以墨辯提出了「堅白相盈」的概念。
   「堅白相離」是指屬性可獨立相離而被認識，而「堅白相盈」是
   指屬性可同時相容的存在。就認識論的角度，堅與白是被獨立認
   識的；從存在論的角度，屬性是同時存在的。甚至同一石頭，可

能不止具有堅與白兩種屬性而已，或許存在更多其他的不同屬性。

> 視不得其所堅，而得其所白者，無堅也；拊（撫）不得其所白，
> 而得其所堅，得其堅也無白也。〈堅白論〉

三　名實論

1. 公孫龍論名實，由物以定實，由實以定位；「物」是客觀的存
   在，「實」是主觀的稱謂，物與稱謂相宜而無太過或不及，即是
   「位」。

   > 天地與其所產焉，物也。物以物其所物，而不過焉，實也。實以
   > 實其所實，不曠焉，位也。〈名實論〉

2. 「實」若離其所定之位即是出位，出位就不正，所以必須實正名
   定，名實相符才是正其所位。公孫龍論「正名實」，由物定實，
   由實定位，由位定正，是由客觀面的邏輯直接推演而成，與孔子
   以人倫尊卑為主的「正名」論不同。

   > 出其所位，非位。位其所位焉，正也。以其所正，正其所不正，
   > 定其所正。〈名實論〉

3. 公孫龍雖盛讚古之明王能審察其名實，又能謹慎其所謂，故能得
   事理之正，而天下以治，此其所以為明王也。牟宗三指出，公孫
   龍之歸讚明王，與其名理本質並不相關，只是提及明王以壯聲勢
   而已。名家的本質意義，乃在其進一步而為名理之談也。由現實

之因緣解放,而為一般化、抽象化之名實,純名理地談之,不為
政教方面之名實所限,此則更顯「理智之俊逸」。[2]

至矣哉!古之明王!審其名實,慎其所謂。至矣哉!古之明王!
〈名實論〉

叄　惠施與公孫龍的比較

一　相同的部分

1. 兩人都是戰國時代著名的辯者,皆精於「名」、「實」之辯。
2. 兩人的名實之辯,對於中國古代邏輯思想的發展有其影響力。

二　異趣的部分

1. 惠施
   （1）比較強調「實」（具體事物）方面的相對性和變動性,因此
   提出了「合同異」的論點。
   （2）著重了解和討論事物（實）性質的相對性,針對宇宙事物,
   同中看異,異中求同,最後達到與萬物和諧的思維境界。
2. 公孫龍
   （1）比較強調「名」（抽象概念）方面的相對性和不變性,因而
   提出了「離堅白」的論點。

2　牟宗三:〈公孫龍之名理〉,《名家與荀子》,收載《牟宗三先生全集》（臺北市:聯
經出版公司,2003年）第二冊。

（2）著重了解和討論概念（名）的精準指涉，強調事物與事物之間，或事物與概念間的分別，具有精細的邏輯析辨精神，提高人們對事物準確的認識能力。

肆　評述

一、莊子：莊子對惠施既惜且悲

1. 「辯者以此與惠施相應，終身無窮。桓團、公孫龍辯者之徒，飾人之心，易人之意；能勝人之口，不能服人之心，辯者之囿也。惠施日以其知，與人辯，特與天下之辯者為怪，此其柢也。然惠施之口談，自以為最賢，曰：『天地其壯乎！』施存雄而無術。」（《莊子·天下》）

2. 「雖然，臣之質死久矣！自夫子之死也，吾無以為質矣。吾無與言之矣！」（《莊子·徐無鬼》）

二、荀子

1. 「惠子蔽於辭而不知實。」（《荀子·解蔽》）

2. 惠施、鄧析：「好治怪說，玩琦辭，甚察而不惠，辯而無用，多事而寡功。」（《荀子·非十二子》）

三、司馬談〈論六家要旨〉

名家苛察繳繞，使人不得反其意，專決於名而失人情，故曰使人儉而善失真。若夫控名責實，參伍不失，此不可不察也。

四、牟宗三

分疏孟子、莊子及辯者（公孫龍）之性理、玄理與名理之特色[3]：

1. 孟子亦處於天下雄辯的時代，但他不參與其中。孟子之靈魂是性理，其根柢是儒家，能大暢性理（心性、性命天道），而不能開闢名理。

2. 莊子根本無名辯之興趣，他置身於滔滔之外，只冷眼旁觀，道聽塗說而拾取辯者之口實以抒發別義。莊子之靈魂是玄理，其根柢是道家，能大暢玄理，而不能開闢名理。

3. 名家辯名實，定彼此，獨能開闢「純名理域」。雖不及孟莊之成熟，然亦有價值，公孫龍尤其著者也。惜乎孔、老為之前；孟莊為之後，故「名理域」在中國遂枯萎不振。

---

3 同前註。

第八章
荀　子

綱要

第八章
荀子

生平

一、姓名：荀子（況）

二、時代：約生於趙惠文王元年（西元前298年），卒於趙悼襄王七年（西元前238年）[1]。

三、傳略：荀子名況，一名卿[2]，戰國末趙人，《史記・孟子荀卿列傳》所記年五十遊學於齊稷下學宮，三為祭酒。後因被讒，而適楚依春申君，春申君以之為蘭陵令，春申君死後見廢，遂終老於楚。綜觀荀子一生，雖未居高位，但設帳授徒，亦開楚蘭陵一代學風，《韓非子・顯學篇》稱：「孔子死後，儒分為八，有孟氏之儒，有孫（荀）氏之儒。」可見其對當代之影響。

四、著作：《漢書・藝文志》載《荀子》三十二篇[3]，今本《荀子》為唐楊倞所訂之二十卷本，另有王先謙《荀子集解》，採集諸說，最為精審，多為後學所用。

1　據王先謙《荀子集解》所訂之年表，趙惠文王元年建歲癸亥，當周赧王十七年，秦昭王九年；趙悼襄王七年亦建歲癸亥，時周已滅，當秦王政九年。惟《史記》未詳其生卒，此僅為推論而已。

2　《史記・孟子荀卿列傳》司馬貞〈索隱〉於荀子名氏下稱：「名況，卿者，時人相尊而號為卿也。」漢人因避宣帝（劉詢）諱，故亦稱「孫卿」。

3　《漢書・藝文志》記其為三十二篇，宋王應麟《困學記聞》考其為三十二篇。

壹　天人之分

一　自然天

1. 荀子的「天」指自然界本即存在，且自然而然地運行的物理性質的天，而不是有意志、有人格或神格的天，亦非道德義理之天，這是他論天獨到之處。

2. 荀子論天的觀念，雖受到道家的影響，但兩者的態度仍有不同。他特重將天道與人道分論，以凸顯人道的地位和責任。

（1）道家：法自然，天具形而上的特性。

（2）荀子：人不法自然，但仍需利用自然。「天人之分」，重視的目標是人道的禮義成德教化。聖人對於大自然如何發揮其「天功」的神奇妙用，毋須好奇探索「其所以然」；至於在天的「常道」「常數」循環下所形成的現象，則必須「知其然」並加以掌握運用。

四時代御，陰陽大化，風雨博施，萬物各得其和以生，各得其養以成，不見其事而見其功，夫是之謂神。皆知其所以成，莫知其無形，夫是之謂天功。唯聖人為不求知天。……天不為人之惡寒也而輟冬，地不為人之惡遼遠也而輟廣。……天有常道矣，地有常數矣。（《荀子‧天論》）

3. 蔡仁厚對於荀子獨特的天生人成的思想，有精簡的結構表示意：

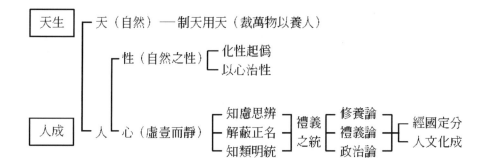

二　天人之分

人事的吉凶禍福，往往由人的行為所影響或決定，而與天的意志無關，人應了解「天行有常」，天只是自然的規律而已，沒有主觀的好惡分別心。天是天，人是人，人事的成敗須由人自己反省檢討是否對應得宜所致，「應之以治則吉，應之以亂則凶」。

> 天行有常，不為堯存，不為桀亡。應之以治則吉，應之以亂則凶。彊本而節用，則天不能貧；養備而動時，則天不能病；脩道而不貳，則天不能禍……受時與治世同，而殃禍與治世異，不可以怨天，其道然也。故明於天人之分，則可謂至人矣。(《荀子‧天論》)

三　不與天爭職

天地的一切都是自然的，例如日升日落、風雨陰晴等，人們「不為而成，不求而得」。人不必去窮究天的功能、現象或精妙，只須隨順應變即可，亦不必為天而思慮費心，此即「不與天爭職」。

不為而成，不求而得，夫是之謂天職。如是者，雖深，其人不加
慮焉；雖大，不加能焉；雖精，不加察焉。夫是之謂不與天爭
職。(《荀子‧天論》)

四　天生人成

聖人應能明於天人之分，天人之分既明，人對於天就不需再有不
必要的畏懼或讚頌。人要以人的理智思考，配合實際環境的需
要，順應自然的實況，並積極地以人的智能去利用或改造自然界
的事物，以提供人們的生活所需，此即聖人要能制天用天，亦即
「天生人成」之理。

大天而思之，孰與物畜而制之！從天而頌之，孰與制天命而用
之！望時而待之，孰與應時而使之！因物而多之，孰能騁能而化
之！思物而物之，孰與理物而勿失之也！願於物之所以生，孰
與有物之所以成！故錯人而思天，則失萬物之情。(《荀子‧天
論》)

五　祭天事天

1. 荀子以天地、先祖和君師為禮之三本，亦即人道生活得以成立的
三個本源，對生命的根源人應有敬重及感念之情，祭天事天所表
達的正是這種「報本返始」之情。

禮有三本：天地者，生之本也；先祖者，類之本也；君師者，治
之本也。無天地，惡生？無先祖，惡出？無君師，惡治？三者偏

亡，焉無安人。故禮，上事天，下事地，尊先祖而隆君師。是禮
之三本也。（《荀子・禮論》）

2. 神道設教：為報本返始，荀子並不反對祭天事天，而且進一步將
宗教的祭祀儀式轉化成以「神道設教」的目的，冀由此途以發揮
人文化成之功。在整套「神道設教」的系統中，君子應該要明白
聖人的用心，其目地乃在將人文教化融入風俗中，若是連君子也
跟著百姓相信鬼神，那就大不妙了。

祭者、志意思慕之情也……苟非聖人，莫之能知也。聖人明知
之，士君子安行之，官人以為守，百姓以成俗；其在君子以為人
道也，其在百姓以為鬼事也。（《荀子・禮論》）
日月食而救之，天旱而雩，卜筮然後決大事，非以為得求也，以
文之也。故君子以為文，而百姓以為神。以為文則吉，以為神則
凶也。（《荀子・天論》）

貳　人性論

一　性惡論

1. 何謂「性」：荀子所謂的「性」，乃指人生而本有的感官本能及生
理欲望，是與動物所同具的「不可學、不可事」的部分。他從自
然事實的層次論性，與孟子所論的本質性的先驗道德，分屬不同
的層次。
2. 性偽之分：就荀子一貫「天生人成」的思路，他將自然之性視為
天生自然，而人要如何才能使「不可學、不可事」的本能，不流

於人欲之惡？他提出去惡成善的可能性，就在「可學而能、可事而成」的禮義師法上，荀子稱之為「偽」。所謂「性偽之分」，即指「性」如本質原料，「偽」是人為加工，須由後天的努力教化先天的本性，才可能有道德的完成。

> 凡性者，天之就也；不可學，不可事。禮義者，聖人之所生也，人之所學而能，所事而成者也。不可學，不可事而在人者，謂之性。可學而能、可事而成之在人者，謂之偽，是性、偽之分也。（《荀子·性惡》）

二 化性起偽

1. 荀子強調教化對人的影響，此點與孔孟之說尚契合；但荀子認為教化是以禮義師法的外在力量，去節抑人的動物性欲望以避免流於惡，而不是助人擴充內心本有之善，此與孟子的善性本具的思想有根本的歧異。

> 今人之性惡，必將待師法然後正，得禮義然後治。（《荀子·性惡》）

2. 荀子由師法教化的功用，以解釋化性起偽的道德動力根源時，道德的依據即已由孔孟的內在自律，轉而趨向外在他律的權威主義了。

> 人之性惡，其善者偽也。今人之性，生而有好利焉，順是，故爭奪生而辭讓亡焉。生而有疾惡焉，順是，故殘賊生而忠信亡焉。

生而有耳目之欲，有好聲色焉，順是，故淫亂生而禮義文理亡焉。然則從人之性，順人之情，必出於爭奪，合於犯分亂理，而歸於暴。故必將有師法之化，禮義之道，然後出於辭讓，合於文理，而歸於治。用此觀之，然則人之性惡明矣。其善者偽也。（《荀子·性惡》）

三 性惡論之侷限

荀子性惡論思想不夠周延嚴謹，學說本身的衝突缺失不少，茲列如下：

1. 荀子只承認人的動物性，而否定孟子道德的本善性；卻又以「性」、「偽」區別自然生命本能與社會文化的影響。若人性是「不可學」、「不可事」，那麼如何能以「可學而能，可事而成」的「偽」去改造根本的「性」？若欲以後天的教化「化性起偽」，其生命內在的可能性為何？

2. 若禮義是生於「聖人之偽」，再究根源，「聖人之偽」從何而來？聖人如何能在自然本性外，另有以後天的人為努力去加工以改善人的行為的動力或自覺？

   問者曰：「人之性惡，則禮義惡生？」應之曰：凡禮義者，是生於聖人之偽，非故生於人之性也。故陶人埏埴而為器，然則器生於陶人之偽，非故生於人之性也。（《荀子·性惡》）

3. 聖人之性與凡人之性相同，則最初的文化創造或道德根源皆無處著根，如此荀子的道德將陷於無根的困境。

凡人之性者，堯、舜之與桀、跖，其性一也，君子之與小人，其
性一也。(《荀子‧性惡》)

凡禮義者，是生於聖人之偽，非故生於人之性也。(《荀子‧性
惡》)

4. 荀子將化性起偽的可能依據，就人本身須依靠知識的學習累積以
   變化自己的心性，就外在則靠禮義的客觀規範，如此內外並進即
   可化性起偽。綜觀荀子的人性論，其成德的最終依據已落到能積
   思慮，習偽故的「心」，他強調「真積力久則入」，相信只要由外
   在禮義師法的教化，規範久了就能產生習慣成自然的化成結果。

性不知禮義，故思慮而求知之也。(《荀子‧性惡》)

聖人積思慮，習偽故，以生禮義而起法度。(《荀子‧性惡》)

故聖人化性而起偽，偽起而生禮義。(《荀子‧性惡》)

5. 荀子未順著孟子性善論的路線發展，反而提出「性惡論」的觀
   點，強調以師法教化起化性起偽之功的重要，最後並將道德價值
   的根源訴諸尊君隆禮的權威要求，而悖離了孔孟以來儒家重視道
   德的自主、自律的思想主流，因此被視為是「儒家的歧出者」。

叁　心論──虛壹而靜

荀子解釋「積偽化性」之所以可能，乃是由於「心」之能擇能
動。究竟荀子所論的「心」內涵如何？定位如何？

一 心是認知心

1. 荀子認為心具有能思考、能判斷的能力，而且是「形之君，神明之主」，就此觀點而言，荀子之「心」與孟子具四端之善「性」似乎只是同實異名，但事實卻不然。

   心者，形之君也，而神明之主也。出令而無所受令。自禁也，自使也，自奪也，自取也，自行也，自止也。故口可劫而使墨云，形可劫而使詘申，心不可劫而使易意；是之則受，非之則辭。（《荀子・解蔽》）

2. 荀子論心，特別重視心的知慮作用，強調心能自由判斷選擇，但卻未注意其認知心，並不能根本地從內在自主地產生道德的動力，必待禮義師法施教而後可，如此則心只能觀理，但心不能生理。

   情然而心為之擇謂之慮，心慮而能為之動謂之偽。（《荀子・正名》）

二 認知心與自覺心之比較

1. 荀子認為人能認知人道的責任，乃是由於心的作用。但是荀子論心，其心只是如澄澈清明的湖面，在平靜無波時方能清楚地映照外物而已，並不具道德主體的根本動力。因其「理在心外」，故與孔孟所重視的人自做主宰的道德主體之說有異。荀子論心與道的關係——槃水之喻，反而比較接近道家所說的悠遊觀賞的「心」。

故人心譬如槃水，正錯而勿動，則湛濁在下，而清明在上，則足以見鬚眉而察理矣。微風過之，湛濁動乎下，清明亂於上，則不可以得大形之正也。心亦如是矣，故導之以理，養之以清，物莫之傾，則足以定是非，決嫌疑矣。(《荀子·解蔽》)

2. 荀子與孟子對心的歧異在於對人性的看法不同：

（1）孟子：心即是性，心、性是人之所以為人的價值所在，亦是人的道德主宰根據，心兼具有價值判斷與認知選擇的能力，能知善知惡，好善去惡，故孟子主張由心的省覺來主導人的行為。孟子以仁識心，其心是自覺心，透顯的是「德性之體」。

（2）荀子：心有認知選擇的能力，能知善知惡；但未涉及道德的主宰與自覺的討論，只主張「虛壹而靜」。荀子特重認知心，心乃是其思想中由「惡」通向「善」的可能途徑。「以智識心」，其心重視認知心的層面，所透顯的是「知性之體」。

人何以知道？曰：心。心何以知？曰：虛壹而靜。……人生而有知，知而有志。志也者，臧也；然而有所謂虛；不以所已臧害所將受，謂之虛……虛壹而靜，謂之大清明。(《荀子·解蔽》)

3. 荀子「以心治性」，但認知心僅能根據外在禮義師法所提供的道理而判斷選擇，卻無法更進一步判斷這些禮義師法本身是否合理、合道？可見，認知心雖然對外在客觀的事物能慮能擇，但無法有根本內省的能力，故「心」做為主宰的能力，既不完全內具，亦不充分自主。

凡觀物有疑，中心不定，則外物不清。吾慮不清，未可定然否
也。(《荀子・解蔽》)

肆　隆禮與尊君

荀子將心的功能定位在虛壹而靜，容受鑑照，遂使人往善發展的
能動性與可變性，失去內在於人自身的依據，此是荀子心論的侷限。
荀子因而向外開展出尊君隆禮之說。

一　隆禮

禮的內涵發展到孔子時，即已兼指制度儀式與道德精神兩者。但
荀子因採性惡論的立場，而謂必待禮義師法之治，人才能化性起
偽而成善，因此他論禮偏重在制度的客觀規範性，期以之發揮節
制人欲的效果。

1. 禮的起源：禮起源於先王制定，以持養人欲並平衡供給與需求的
   關係，期能由此而節欲息爭。

   禮起於何也？曰：人生而有欲，欲而不得，則不能無求。求而無
   度量分界，則不能不爭；爭則亂，亂則窮。先王惡其亂也，故制
   禮義以分之，以養人之欲，給人之求；使欲必不窮乎物，物必不
   屈於欲，兩者相持而長；是禮之所起也。(《荀子・禮論》)

2. 禮的發用：禮在實踐的過程中，必須考慮彼此的尊卑貴賤關係，
   財物多寡，人力多少等現實條件的配合，務使文理與情用的搭配

繁簡得宜，才是理想的行「禮」。禮雖然有客觀的規範性，但無確定一致的強制性，故仍保有個人必須因時因地制宜的彈性空間。

> 禮者，以財物為用，以貴賤為文，以多少為異，以隆殺為要。文理繁，情用省，是禮之隆也。文理省，情用繁，是禮之殺也。文理情用相為內外表裏，並行而雜，是禮之中流也。（《荀子・禮論》）

3. 唯有依循最高的禮制規範，才能切合人事行止之宜，「法禮足禮」才是行為得宜的人。「無方之民」與「有方之士」的區別，即在於是否能法禮、足禮。

> 禮者，人道之極也。然而不法禮，不足禮，謂之無方之民；法禮，足禮，謂之有方之士。（《荀子・禮論》）

4. 禮治：或有以「禮治」為荀子學說的核心概念，茲以一簡表圖示「禮」與其各觀念的系統關係：

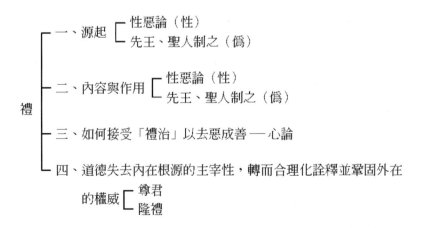

二　尊君

1. 禮是人道的最高理想，而君王是實行禮治以平息爭亂的人，因此應給予其尊崇的地位，人民應接受國君的禮制規範，國家才能息爭平亂，長治久安。

   禮有三本：天地者，生之本也；先祖者，類之本也；君師者，治之本也。（《荀子·禮論》）
   君者，民之原也。原清則流清；原濁則流濁。（《荀子·君道》）

2. 荀子雖正轉向權威主義，但並未正式言「法」；荀子的本義仍是重人輕法。法須賴人而行；與法家全憑君主法術勢之權力統治，強制要求百姓遵守，凡事端賴賞罰二柄，仍有所不同。

   有亂君，無亂國。有治人，無治法。羿之法非亡也，而羿也不世中。禹之法猶存，而夏不世王。故法不能獨立，類不能自行。得其人則存，失其人則亡。法者，治之端也。君子者，法之原也。（《荀子·君道》）

3. 法後王：荀子雖倡法後王，但亦肯定先王之功。先王、後王並無本質的差異，只是「先王」時距較遠，其法略而難詳，後王距今較近，且先王之法也被後王所承，文物燦然明備，規範、組織可見可徵，故荀子著重法後王。

4. 荀子思想反映出明顯的剛健樸實、尚理智、重經驗、要求群體生活秩序井然的特色，所以重視遵循百王所統類歸納政教法度，由是而開展他「尊君王」、「隆禮義」的外王之道。

是先王之道，忠臣孝子之極也。（《荀子·禮論》）

儒者法先王，隆禮義，謹乎臣子而致貴其上者也。（《荀子·儒效》）

法後王，一制度，隆禮義而殺詩書……是雅儒者也。（《荀子·儒效》）

伍　評述

牟宗三[4]

1. 荀子之性與「天」全成被治之形下的自然的天與性，只知君師能造禮義，而不知能造能習禮義之「心」，即是禮義之所從出。荀子將心導向客觀的心一往而不返，表現為明辨之理智。

2. （1）荀子重群、重分、重義、隆禮義而殺詩書、知統類而一制度，皆是其客觀精神之精彩具現。

   （2）孟子主仁義內在，而向主體精神與絕對精神（天地精神）方面發展，客觀精神則不足。（此為後來理學家之通性）

3. 荀子不解孟子無傷也，後人觀之則正見其相反相成。無知性活動之積極建構性，不能語於形上的心之充實；無形上的心以為本，則知性成就不能有最後歸宿，此所謂孟荀之相反相成之綜合也。

4. 荀子何以為別支？荀子視天為一「被治之天」，而孔孟視天為「能治之天」，荀子所說之性與天道，乃指人欲與自然現象。孟子視性與天道有其能治之主動力，亦有其被治之需要；能治的一面曰「天」，被治的一面曰「人」，此天即是禮義之本心所具。經

4　牟宗三：〈荀學大略〉，《才性與玄理》，收載《牟宗三先生全集》第二冊。

　　此心之豁顯，荀子之「禮義之統」方有根本，而後才能天人合德。天與性不為被治的對象，才能以此「能治之天」，治荀子所謂需「被治之天」。由此人即以自己之天，而治其自己之人，此則統體透出之學，故又比荀子為高也，此所以後來理學家皆宗孔孟，而視荀子為別支也。

第九章

韓非

綱要

第九章
韓非

生平

一、姓名：韓非

二、時代：生於周赧王三十五年（西元前280年），卒於秦王政十四年
　　（西元前233年）。

三、傳略：韓非，戰國末韓國公子，曾從荀子學，與李斯同門，喜刑
　　名之學。在韓非之前，法家有重法、重勢、重術三派，韓非則不
　　主一說，以為三者皆為帝王之具，不可偏廢。韓國處四戰之地，
　　國勢又弱，韓非為求強國，數上其說於韓王，因其人口吃，韓王
　　亦非明主，故其說不用。韓非有志未伸，退而作〈孤憤〉、〈五
　　蠹〉、〈說難〉等十萬餘言。秦王政觀其說而嘆未能見其人，後韓
　　非使秦，秦王未及用，李斯素嫉其才，遂與姚賈謀，下韓非於獄
　　而鴆之。綜觀韓非一生，雖未能親踐其說，然秦人承其論，依法
　　術刑政而定六國。後世尊之為法家之集大成者。

四、著作：《漢書‧藝文志》著錄其書有五十五篇，與今本《韓非
　　子》同，唯〈初見秦〉、〈存韓〉二篇，前者述滅韓之易，後者又
　　稱存韓之善，內容多似戰國策士之言說，恐為後人託韓非名而增
　　入。

壹　集法家大成：法、術、勢兼備

　　政治是以處理權力問題為中心的，法家以外的各家，對這個問題都沒有切入核心。儒家提倡「仁政德治」的政治論，重視的是道德的延伸，而非現實的權力運作。墨家的尚同主張，不過是烏托邦式的政治構想。道家的無為之治，也只是因任自然的理想的一部分，無法建構國家政治的運作。只有法家，尤其是韓非，他從現實主義的觀點出發，主要的重點在於從權力的角度直搗政治核心，才能將政治與道德分論，劃道德於政治領域之外，確立了政治的獨特領域。致力於政治的實質內涵法、術、勢的專有討論，奠定了中國政治哲學的基礎。

　　法勢術三者的關係：

1. 勢（權力）是第一優先，亦是政治的核心力量，不可或缺。
2. 術是發揮權勢的謀略或特殊方式。
3. 狹義的法只是術用之一而已，廣義的「法」則是法、術、勢三者的總稱，語義指涉之廣狹，不可不辨。

一　法

1. 商鞅論「法」
    （1）不法古、因時而變：先知者的眼光勢必超越時代，所以要成就大事業的君王，必須有大格局的承擔，要有不謀於眾與因時制宜的創制。

　　　　論至德者不和於俗，成大功者不謀於眾。是以聖人苟可以強國，不法其故；苟可以利民，不循其禮。（《史記·商君列

傳》卷六十八）

三代不同禮而王，五伯不同法而霸。智者作法，愚者制焉；賢者更禮，不肖者拘焉。（《史記‧商君列傳》卷六十八）

禮法以時而定，制令各順其宜，兵甲器備各便其用，臣故曰：治世不一道，便國不必法古。（《商君書‧更法》）

（2）法令應有一致性：唯有壹賞、壹刑、壹教才能令臣民知所適從，並達到預期的效率與效益。

聖人之為國也：壹賞，壹刑，壹教。壹賞則兵無敵，壹刑則令行，壹教則下聽上。（《商君書‧賞刑》）

2. 韓非論法，師法商鞅最多。君王對法度執行力的強弱，會直接影響國家的強弱。

公孫鞅為法，⋯⋯法者，憲令著於官府，賞罰必於民心，賞存乎慎法，而罰加乎姦令者也：此人臣之所師也。（《韓非子‧定法》）

國無常強，無常弱。奉法者強，則國強；奉法者弱，則國弱。（《韓非子‧有度》）

3. 韓非論「法」的特色：
（1）成文法：法令必須以書面形式，明文公布，務使眾所周知。

法者，編著之圖籍，設之於官府，而布之於百姓者也。⋯⋯故法莫如顯。（《韓非子‧難三》）

（2）安定性：法令須有其一致性與穩定性，賞要「厚而信」，罰要「重而必」，不可朝令夕改。

> 是以賞莫如厚而信，使民利之；罰莫如重而必，使民畏之；法莫如一而固，使民知之。（《韓非子‧五蠹》）

（3）公平性：法令應具公平性，法令的效力及於所有人。「法不阿貴」，法律之前，人人平等，不因階層不同而有差別待遇。

> 法不阿貴，繩不撓曲。法之所加，智者弗能辭，勇者弗敢爭。刑過不避大臣，賞善不遺匹夫。故矯上之失，詰下之邪，治亂決繆，絀羨齊非，一民之軌，莫如法。（《韓非子‧有度》）

二　術

1. 申不害用「術」：

（1）申不害之術本於黃老，主刑名而重視因任授官，循名責實。此處的刑名，廣義的解釋為制度、規範、法令等義。法令的施用須先有制度規範可循，才能循名責實，依法辦理。

> 今申不害言術，……術者，因任而授官，循名而責實，操殺生之柄，課群臣之能者也，此人主之所執也。（《韓非子‧定法》）

（2）申不害建議君主要表現得清靜無為的樣子，唯有如此才能避開臣下的揣測迎合、餌誘迷惑或欺瞞利用等。

> 申子曰：「上明見，人備之；其不明見，人惑之。其知見，
> 人飾之，不知見，人匿之。其無欲見，人司之；其有欲見，
> 人餌之。故曰：吾無從知之，惟無為可以規之。」（《韓非
> 子‧外儲說右上》）

2. 韓非檢討申不害用術的得失：總結申不害用術的經驗，提出其失
乃在「徒術而無法」，故難成大業。申不害輔佐韓昭侯，因當時
韓國國勢弱小，只能在強國之間求生存，故不得不善用各種謀略
的操作，其應變的彈性往往比原則性強。法術勢三者的實際運
用，以何者為主、何者為輔，這與國家實力強弱大有關係。申不
害的「術」用，雖努力營造出對管理者最有利的統治氣氛，但是
整個客觀法規不統一，最後臣民仍沒有共同的目標。韓非認為統
治要有術有法，臣民才有客觀的法規可循。韓非於是加強法的比
重，重新架構法、術、勢的理論。

> 申不害，韓昭侯之佐也。韓者，晉之別國也。……申不害不擅其
> 法，不一其憲令，則姦多。故利在故法前令，則道之；利在新法
> 後令，則道之。新故相反，前後相悖，則申不害雖十使昭侯用
> 術，而姦臣猶有所諉其辭矣。故託萬乘之勁韓，十七年而不至於
> 霸王者，雖用術於上，法不勤飾於官之患也。（《韓非子‧定法》）

3. 韓非用「術」的特色
　（1）用術：國家如車，權力是馬，馬是國家前進的動力，君王駕
　　　　馭著奔馳的權力馬車，必須具備高超的駕馭術，才能身心安
　　　　樂地順利統治天下。君王要用心操術，才更能凸顯君王的
　　　　威勢。

人主者不操術，則威勢輕，而臣擅名。(《韓非子‧外儲說右下》)

故國者，君之車也；勢者，君之馬也。無術以御之，身雖勞，猶不免亂。有術以御之，身處佚樂之地，又致帝王之功也。(《韓非子‧外儲說右下》)

(2) 御臣：君王的表現，必須無為且莫測高深，勿為臣下測知，才不會被臣下瞞蔽利用。一般人可能因人際的利害關係，而不得不對個人的好惡做某個程度的自我控制，但很難完全沒有好惡之私。更何況是大權在握、唯我獨尊的君王，很難要求君王做到時時小心翼翼，處處防備別人對他的觀察及利用。但可反見韓非對人極度的不信任。

術者，藏之於胸中，以偶眾端，而潛御群臣者也。(《韓非子‧難三》)

隔塞而不通，周密而不見。(《韓非子‧八經》)

去好去惡，群臣見素。群臣見素，則大君不蔽矣。(《韓非子‧二柄》)

人主之道，靜退以為寶。(《韓非子‧主道》)

(3) 防杜八姦：君主須明察臣下為非作歹的八種途徑，並應有防止克治之道。韓非一針見血地指出君主易受臣下蒙蔽，臣下亦由此而衍生為非作歹的八種狀況，他論「八姦」之所生，清楚具體；但其論防治八姦之道，卻不得其法。韓非只是指出君王身邊易有此八種姦邪萌生，所以君主要妥當處理，公私分明，即可解決問題。韓非看到問題，但他解決不了問

題，因為他沒有進一步探討八姦之「所以生」，實乃源於君
王種種的情欲之私，要君王做到「娛其色而不行其謁，不使
私請」，只能期待具有聖人人格的君王了。韓非太相信制度
的客觀性，反而忽略了君王的情欲主觀性往往可能與制度的
客觀性期待相牴觸。

	八姦	防治之道
一曰同床	貴夫人，愛孺子，便僻好色，此人主之所惑也。託於燕處之虞，乘醉飽之時，而求其所欲，此必聽之術也。為人臣者內事之以金玉，使惑其主，此之謂同床。	明君之於內也，娛其色而不行其謁，不使私請。
二曰在旁	優笑侏儒，左右近習，此人主未命而唯唯，未使而諾諾，先意承旨，觀貌察色以先主心者也。此皆俱進俱退，皆應皆對，一辭同軌以移主心者也。為人臣者內事之以金玉玩好，外為之行不法，使之化其主，此之謂在旁。	其於左右也，使其身必責其言，不使益辭。
三曰父兄	側室公子，人主之所親愛也，大臣廷吏，人主之所與度計也，此皆盡力畢議，人主之所必聽也。為人臣者事公子側室以音聲子女，收大臣廷吏以辭言，處約言事事成則進爵益祿，以勸其心使犯其主，此之謂父兄。	其於父兄大臣也，聽其言也必使以罰任於後，不令妄舉。
四曰養殃	人主樂美宮室臺池、好飾子女狗馬以娛其心，此人主之殃也。為人臣者盡民力以美宮室臺池，重賦歛以飾子女狗馬，以娛其主而亂其心，從其所欲，而樹私利其間，此謂養殃。	其於觀樂玩好也，必令之有所出，不使擅進不使擅退，群臣虞其意。
五曰民萌	為人臣者散公財以說民人，行小惠以取百姓，使朝廷市井皆勸譽己，以塞其主而成其所欲，此之謂民萌。	其於德施也，縱禁財，發墳倉，利於民者，必出於君，不使人臣私其德。

	八姦	防治之道
六曰流行	人主者，固壅其言談，希於聽論議，易移以辯說。為人臣者求諸侯之辯士，養國中之能說者，使之以語其私，為巧文之言，流行之辭，示之以利勢，懼之以患害，施屬虛辭以壞其主，此之謂流行。	其於說議也，稱譽者所善，毀疵者所惡，必實其能、察其過，不使群臣相為語。
七曰威強	君人者，以群臣百姓為威強者也。群臣百姓之所善則君善之，非群臣百姓之所善則君不善之。為人臣者，聚帶劍之客，養必死之士以彰其威，明為己者必利，不為己者必死，以恐其群臣百姓而行其私，此之謂威強。	其於勇力之士也，軍旅之功無踰賞，邑鬥之勇無赦罪，不使群臣行私財。
八曰四方	君人者，國小則事大國，兵弱則畏強兵，大國之所索，小國必聽，強兵之所加，弱兵必服。為人臣者，重賦斂，盡府庫，虛其國以事大國，而用其威求誘其君；甚者舉兵以聚邊境而制斂於內，薄者數內大使以震其君，使之恐懼，此之謂四方。	其於諸侯之求索也，法則聽之，不法則距之。

三　勢

人君必須儘可能地掌握最大的權力。韓非認為人主要維持權勢，必須兼顧二柄的具體技術，與虛靜的運作原則。

1. 慎到重「勢」

　堯為匹夫，不能使其鄰家，至南面而王，則令行禁止。由此觀之，賢不足以服不肖，而勢位足以屈賢矣。(《慎子・威德》)

2. 韓非重「勢」的應用：重視二柄（勢）與虛靜（術）的綜合運用，以在政治運作中發揮實際的效果。

（1）二柄

①二柄：指刑、德；刑即是罰，德即是賞；賞、罰謂之二柄。權力是君王之所以為君王而君臨天下，位尊於眾的憑藉。君主一定要善於運用賞罰二柄以導制臣民。

萬乘之主、千乘之君所以制天下而征諸侯者，以其威勢也。（《韓非子・人主》）
勢者，勝眾之資也。（《韓非子・八經》）
明主之所導制其臣者，二柄而已矣。二柄者，刑德也。何謂刑德？曰：殺戮之謂刑，慶賞之謂德。（《韓非子・二柄》）

②能確行賞罰二柄，使群臣畏誅罰而利慶賞，正是人主掌握實質權力的關鍵。

為人臣者，畏誅罰而利慶賞，故人主自用其刑德，則群臣畏其威而歸其利矣。（《韓非子・二柄》）

③人主若無行賞罰的實權，則人主之權力實已喪失，君王甚至可能受制於臣下。

夫虎之所以能服狗者，爪牙也。使虎釋其爪牙，而使狗用之，則虎反服於狗矣。人主者，以刑德制臣者也。今君人者釋其刑德，而使臣用之，則君反制於臣矣。（《韓非子・二柄》）

④韓非嚴苛地主張以賞罰控管臣民，如果遇到對於賞譽也
　無動於心，罰毀也無所畏懼的人，那就只好誅除了。由
　此可見法家統治的極限與侷限，正如老子所言：「民不
　畏死，奈何以死懼之。」（《老子・七十四章》）

> 賞之譽之不勸，罰之毀之不畏，四者加焉不變，則其除
> 之。（《韓非子・外儲說右上》）

（2）虛靜
　①無為而無不為：法令制定確立後，人主既能虛靜自守，
　　又能有靜觀之明，如此便可使上下皆各處其宜，無為而
　　無不為，不再積極競爭或改變，使上下都能循著既定的
　　軌道運作。君王把持這套制度的運作，而不再任加干預。

> 夫物者有所宜，材者有所施。各處其宜，故上下無為。使
> 雞司夜，令狸執鼠，皆用其能，上乃無事。上有所長，事
> 乃不方。矜而好能，下之所欺。辯惠好生，下因其材，上
> 下易用，國故不治。（《韓非子・揚權》）
> 用一之道，以名為首，名正物定。名倚物徙。故聖人執一
> 以靜，使名自命，令事自定。（《韓非子・揚權》）

　②❶人主若能虛靜以觀，便能「聖人執一以靜」，遵行「守
　　　成理，因自然」之道。
　　❷韓非所謂「守成理、因自然」，並非是老子「道法自
　　　然」之原義的運用，而是將法術勢總構成的廣義的
　　　「法」，視為是人群生活中應遵守的自然之道，所以人
　　　順應法而行，禍福皆生乎法。

❸老子的道是天地之道，韓非的道是君主人為制定的法術之道，此中差異不可不察。虛靜之術在老子是取消人為、回歸天地的生命智慧；在韓非已變相成為是君主以退為進的政治權謀之術，兩者相去實遠。

古之全大體者，望天地，觀江海，因山谷，日月所照，四時所行，雲布風動，不以智累心，不以私累己，寄治亂於法術，託是非於賞罰，屬輕重於權術。……不吹毛而求小疵，不洗垢而察難知。不引繩之外，不推繩之內，不急法之外，不緩法之內。守成理，因自然。禍福生乎道法，而不出乎愛惡。榮辱之責在乎己，而不在乎人。故至安之世，法如朝露，純樸不散；心無結怨，口無煩言。(《韓非子・大體》)

貳 韓非與儒家、道家、墨家的關係

一 韓非與儒家

1. 人性論：受荀子「性惡」論的影響，主張「人性好利自為」，韓非以利為人的驅動力。

2. 韓非對於人性主張「中性觀」，謂好利惡害乃是人之常情，此處並不涉及道德與否的判斷，僅是一中性事實而已。論善惡應從行為或結果論，為了好利而做了不道德之事，或是因為惡害而先傷害別人，後起的行為才有善惡可言。一開始「好利惡害」的本然動力，不適合由此直接論斷善惡。這也是為何從告子、荀子到韓

非論人性時，提及人生而自然有的耳目感官、飲食男女等需求，人好利惡害等皆只能算是「中性觀」而已。因為不能直接從生理本能這一點論人善惡，欲評價善惡必須從後面所衍生的具體行為才能討論。

3. 荀子重視禮義師法以「化性起偽」，期由「他律」逐漸「習慣成自然」，而節制人的欲望行為；韓非則主張以法、術、勢直接權威管制、控制人民。

4. 韓非偏激地認為父母子女之間，亦不免「用計算之心以相待也」；社會上固然有少數「產女殺之」的病態悲劇，但絕大多數的父母，仍是含莘茹苦地撫養女兒長大成人，韓非只以事實觀察所得的一部分，當成立論基礎的全部，不但以偏概全，而且難以解釋事實上仍存在的更多道德行為，由是而有稱韓非為一「病理學家」非「生理學家」之說。

且父母之於子也，產男則相賀，產女則殺之。此俱出父母之懷祍，然男子受賀，女子殺之者，慮其後便，計之長利也。故父母之於子也，猶用計算之心以相待也，而況無父子之澤乎？（《韓非子・六反篇》）

5. 勞思光說：「韓非受荀子影響而完全否定道德文化，故韓非亦完全否定人性的道德可能。」然觀諸《韓非子》所載，韓非並未完全否定人可能有道德，或有人可能有道德。韓非曾提到：「為治者用眾而舍寡，故不務德而務法」（《韓非子・顯學》），他認為不是沒有善人，可是善人少而不善者眾，針對大多數需要被管理的群眾，於是「用眾舍寡」，訂定管理他們的規範。至於本來即善的人，善者自善不需要管，故不納入作為統治、規範管理時的考

慮對象。故韓非未曾完全否定道德的可能性，只是他更關心其他現實的政治問題。

> 夫垂泣不欲刑者，仁也；然而不可不刑者，法也。(《韓非子‧五蠹》)

二　韓非與道家

1. 襲取道家「靜觀的智慧」，將道家「無為而無不為」之說，轉化成駕御臣下的權術陰謀論，巧妙地移花接木以利用道家的學說。
2. 與道家並無本質的相容性，僅可視為是道家學說流弊所在，而為韓非所扭曲利用。
   （1）道家「去私抱樸」是去除侯王個人私心、成見標準，回歸且循守素樸的自然之道；韓非「去私抱法」轉化為君臣均去除個人好惡，一切擁抱法制而行，但法制是完全依君主的需要而制定的，故擁抱法制對君主當然有利。中主守「法」而治，此處的法為廣義詞，即法術勢合而為一之「法」。
   （2）道家的「非仁義」是指打破仁義的框限；韓非的「非」仁義是否定仁義的治理方式，認為要求人們主動行仁義是相當不可能的，唯有以賞罰方式才能使人知所進退。
   （3）以下是韓非將道家思想轉化的簡表：

道家原義	韓非轉化義
無為而治	中主守法而治
去私抱樸	去私抱法
非仁義	非仁義、必賞罰

三 韓非與墨家

1. 墨子主張權威主義與思想統一：「天志」、「尚同」，要求人民層層服從，上同乎天子，而天子又上同於天志，以「天志」為最高權威，並主張君主應統一思想，以免「一人一義，十人十義」。

2. 韓非主張「言無兩貴，法無兩適」：言行應以法為唯一標準，務求思想統一以利君主統治，思想統一最後的權威是歸諸君主，而不是天。當時軍國主義極權政治之流行，已是時勢所趨，思想統一的主張，有其現實的背景需求。

3. 墨子主張尚同、天志，而且以天志（天神）作為人道德的根源以及群體生活、政治管理的絕對權威的要求，他主張要壹同天下之義才能治，認為有統一天下思想之必要。韓非亦有此想思，認為「言無兩貴，法無兩適」，只有君主的語言與主張是最高貴無敵的，君主制定的法律其適用性也必須絕對的明確，不能有模稜兩可的狀態。

墨子	韓非
天子總同天下之義	言無兩貴、法無兩適
節用、思省	耕戰思想

叁 韓非思想之侷限

一、韓非的人生價值觀過於偏狹，忽略精神層次的意義。他將複雜的群眾管理，化約成賞罰二柄的控制，若人民不勸、不畏，則走向「除之」的最後手段，易流於嚴而少恩的苛暴。

二、中主抱法處勢則可治的主張，強調法制的完整性比君主個人能力
　　的高低更重要，君主依法而行的政治設計才是最可行的。實際上
　　此說仍有其運作上的困難，因為制度如何設立完全操之在君王，
　　且整個制度的設計並沒有制衡君主權力的部分。再者以君主為政
　　治立論的對象及目的，失之偏狹，政治是管理眾人的事，所以政
　　治不能只重視管理者，也要看到多數被管理者的存在。

三、韓非為提供富國強兵之策，主張耕戰並重，以尊君利上為要，輕
　　忽各種人文教化或文化活動的重要，遂使國家陷於嚴而少恩的冷
　　酷氛圍。

肆　評述

司馬談評法家

　　法家不別親疏，不殊貴賤，一斷於法，則親親尊尊之恩絕矣。可
　　以行一時之計，而不可長用也，故曰：嚴而少恩。若尊主卑臣，
　　明分職不得相逾越，雖百家弗能改也。(《史記・太史公自序》)

第十章
兩漢思想概述

綱要

第十章
兩漢思想概述

壹　黃老之學興起及盛行的背景

　　秦漢之際隨著大一統帝國的確立，學術的發展也在政治定於一的歷程中，同時因語言的融合、文字的統一及各種思想的交流激盪，逐漸從學術的爭鳴對立，走向思想的兼容並蓄。此一時期重要的典籍代表，如《呂氏春秋》、《淮南子》，及與秦漢儒者密切相關的《易傳》、《禮記》等，無不呈現了學術兼容的特色，書中往往博採眾家之說，或融合、或綜合、或混合，然皆不復是戰國時期各持己見、相非不已的情況，而呈現秦漢學術多元包容的特色。

一　何謂黃老之學

1. 黃老之學的興起背景：黃老之學是道家後學與法家合流而發展的一支思想，又稱黃老道家，流行於漢初六十年間。黃老之學又稱「刑名法術之學」，即以黃老為名，宣示政府基礎立場，在久戰之後，就經濟、人口、外交等各方面的措施，先採取消極的作為以利恢復國力。在具體的內政方面，各種制度法令的運用則一仍秦舊，沿襲其統治的方法架構。因為秦朝已有相當的統治基礎，此時如果貿然全面更改制度，反而勞心勞民。

2. 老子以後道家的不同發展
   (1)《莊子》：重視生命的體證，由修養工夫之超越以達逍遙遊的境界。

（2）**黃老道家**：強調政治的運用，以掌握現實的成敗、得失、禍福、吉凶的規則為目標。

（3）**魏晉玄學**：轉為哲學的思辨，開展出對形上道體及有無、自然與名教等概念群組之思辨探索。

（4）**東漢末道教的興起**：以老子為名，結合民間信仰，發展煉丹養身、呼吸吐納等道教主張。

二　漢初黃老之學盛行的主要原因

1. 適應時代人心的需要

（1）黃老學說是以「清靜無為」為名，而以「刑名法術」為用。對於久困於秦代苛法及長期兵亂的人民來說，有穩定人心的作用，故黃老學說能適應當時人心內在的需求。

（2）「清靜無為」，此處的清靜是指整個治國的立場與未來的政策大方向，盡量避免主動積極的政策，尤其是公共建設以及外交部分，盡量採取低調避戰的和平政策。由於秦末至漢初八年的鏖戰（推翻秦朝與楚漢相爭），國力早已疲弊不堪，人心亦已厭戰，故漢初採取清靜無為的政策。至於內政及制度規範的要求，大部分舊沿襲秦朝舊有的制度規範，以百姓所熟悉的方式安定下來。

2. 適合統治者現實的需要

（1）歷史方面：由於暴秦覆亡的教訓，「居馬上得之，寧可以馬上治之乎」（《史記・酈生陸賈列傳》卷九十七），故實行消級的安定政策，與民休息。

（2）經濟方面：由於漢初社會久歷戰亂，殘破不堪，必須減輕人民的負擔，以抒民困。

（3）政治方面：統治者既有秦亡國祚短促之鑑，秦朝因為擴張太快，國與國之間的文化、利益、認知尚未相容，對秦亦未有向心力，統治根基尚未穩定，所以只要有任何被統一的國家積極反動，國際間的平衡便可能迅速瓦解。因此漢朝的統治必須改變政策，藉著施行黃老學說，恩威並施、剛柔並濟，以求鞏固政權並維持長治久安。

3. 符合戰國以來學術思想發展的趨勢

（1）自戰國末年起，隨著政治趨於統一，思想上也傾向混一。先秦之後沒有所謂純粹的哪一家，思想發展的方向往往擇選一家思想為主，而思考如何與其他家的思想配套綜合。

（2）秦相呂不韋曾召集才智之士編輯《呂氏春秋》，其中包含儒、道、墨、法、名、農等派的主張，成雜家之學。

（3）黃老學說融合道法，兼採儒墨，以及陰陽思想：

①在哲學上，強調天道、自然、無為、尚柔、守雌等概念。其基本概念仍是以「道」為主，道運行於萬物之中，是萬物生長、發展及變化的依循規律。表現於人間，則是君王據道以創制的法制，以作為人民行為進退的準則。但是黃老之學並未肯定君主擁有無上的權威，法亦不是絕對的權威；君主行法以治民，但不應忘卻仁政愛民才是為政的目標，於此結合了道、法、儒等家的概念。

②在政治上則站在道家立場，將法治與德治思想相結合，這與漢初的文化學術環境及政治需要，基本上是一致的。

（4）黃老道家是以道家為名，以法家為用，而兼採儒、墨、名、陰陽等家之說。

（5）至於武帝時儒術獨尊，被獨尊的儒術亦非純儒家。漢宣帝即
明言：「漢家自有制度，本以霸王道雜之。」（《漢書‧元帝
紀》卷九）揭明了武帝以儒家經術治國，所採是以「儒家為
名，法家為用」，而兼及陰陽家、道家等各學派之思想精華
而成。

三　黃老學派的起源為何？

1. 黃老學說的起源：據《史記》所載，黃老學說大約產生於戰國中
期，從齊國的稷下學宮最先流行。
    （1）《史記‧孟子荀卿列傳》（卷十四）：「慎到，趙人；田駢、
    接子，齊人；環淵，楚人。皆學黃老道德之術。」
    （2）戰國中期以來，齊趙之地，盛言黃老。
2. 司馬遷《史記》將老、莊、申、韓合傳：司馬遷的《史記》將
老、莊、申、韓放在同一列傳，代表司馬遷所討論的道家為「黃
老道家」，不是純粹的老莊思想，此為道家在秦漢之際的第二期
發展。雖以老莊為名，但是其中老莊的思想已經雜入大量法家的
法、術、勢的觀念與運用，黃老學說乃道家後學向法家轉化而產
生的一派思想，故老莊申韓同列一傳，所凸顯的是「老莊為名，
申韓為用」，於此即可見黃老之學的內涵。
    （1）司馬遷說：「申子之學，本於黃老，而主刑名。」

    又說：「韓非喜刑名法術之學，而歸本於黃老。」（《史記‧
    老子韓非列傳》卷六十三）

    （2）可見法家人物，如申不害、韓非等亦治黃老學說。戰國中期
    以後，黃老學說即是法家雜揉道家的主要思潮。

3. 黃老之學的作品

（1）「黃」指黃帝，「老」指老子。先秦著作中，並無「黃老」之稱。「黃老」並稱，最早見於漢代《史記》一書。

（2）老子乃道家學派的創始者，著有《道德經》。一九七三年長沙馬王堆三號墓出土了《老子》的漢代手抄本。

①其中包括《經法》、《十大經》、《稱》、《道原》四篇古佚書，共一萬一千多字。

②唐蘭先生考定此四篇古佚書，即是班固《漢書·藝文志》著錄的《黃帝四經》。

③《黃帝四經》是戰國時人託於黃帝而著的書，後世不傳。在戰國中期之前，所看到的都是託名於堯、舜、禹、湯，未見黃帝，關於黃帝的文獻記載、稱謂，以及傳說，皆見於戰國晚期之後。

④《黃帝四經》與《老子》合抄在一起，具有重要意義，可視為西漢時人所盛稱的「黃老學說」的重要典籍。

四　黃老思想的內涵

1. 黃老之學的特色：黃老學派以《老子》思想為基礎，吸收各家學說，結合《黃帝四經》，致力於探討人類社會的政治得失，天人關係及各種成敗禍福的問題，形成獨特的政治思想體系。司馬談討論黃老之學的內涵特色為：

道家使人精神專一，動合無形，贍足萬物。其為術也，因陰陽之大順，采儒墨之善，撮名法之要，與時遷移，應物變化，立俗施事，無所不宜，指約而易操，事少而功多。（《史記·太史公自序》卷一百三十）

2. 黃老帛書的思想大要：

（1）論天：天即是自然，是無意志、無目的性的自然規律。天的
　　　特色，在於它是無私而恆常的自然規律；人當效法天地的
　　　無私。

　　　天地無私，四時不息。（《經法・國次》）
　　　參之於天地，兼覆載而無私也。（《經法・六分》）

（2）強調貴柔守雌的思想：雖重視貴柔靜退之道，但往往同時寓
　　　含積極的政治目的，例如：建議君王「以貴下賤」，但其目
　　　的是以退為進而「有天下」。

　　　大菫（庭）之有天下也，安徐正靜，柔節先定。（《十大經・
　　　順道》）
　　　以強下弱，何國不克；以貴下賤，何人不得。（《經法・四
　　　度》）

（3）重視陰陽的相反相成：發揮老子有無相生相成，陰陽亦是相
　　　生相成的道理；注意事物的對立、轉化與可能的合成，以此
　　　觀點，而觀察人事的各種作為與變化。

　　　陰陽備物，化變乃生。（《十大經・果童》）
　　　作爭者凶，不爭亦無以成功。（《十大經・姓爭》）

（4）刑名法術之學：一般多稱黃老道家，乃刑名法術之學。先秦
　　　名家重名實邏輯概念之辨析；法家則將形名與法術結合，作

為法治循名責實的依據。黃老道家則結合名、法之長，一方面討論名實關係，認為「形先於名，名生於形」，因此務須名實相符。另一方面，形名之學積極辨析名實關係，乃是在為政治統治提供刑名施用的基礎，因此黃老的形名之學又被強調為刑名法術之學，政治意味濃厚。

> 有物將來，其刑（形）先之。建以其刑（形），名以其名。（《稱》）
> 刑名立，則黑白之分已，故執道者之觀於天下也，無執也，無處也，無為也，無私也。（《經法·道法》）

（5）刑德相輔：儒家主張仁政德治，法家重視賞罰法治。黃老道家則以道家清靜無為為名，而以法儒兩家之刑德相輔並用。

> 天德皇皇，非刑不行。繆繆天刑，非德必傾。刑德相養，逆順若成。（《十大經·姓爭》）

（6）重德輕刑：刑德雖是相輔為用，然黃老道家還是不斷主張客觀的政治施用次序，仍應盡可能先德後刑、重德輕刑。

> 三時成功，一時刑殺　天地之道也。（《經法·論約》）
> 先德後刑，順於天。（《十大經·觀》）

3. 道、儒、法互補的政治配套施用：以道家立場為基礎，結合儒家德治，法家法制。
　（1）道表現於萬物之中，則成為萬物變化的規律；表現於人間，則成為制度。

（2）不盲目肯定君主的無上權威，也不贊同法家主張的君主以勢
　　　位權謀來駕馭天下，統治百姓，它強調君主應禮賢下士。

（3）以德治為基礎，任賢使能，實施法制，執行刑律，以達到節
　　　用富民的目的，正是漢初的政治趨向和目標。

貳　經學發展與今古文之爭

一　獨尊儒術

1. 孔子與六經的關係[1]：中國經書形成的主要外緣因素，有地理環
境、氏族結構、農業社會、動盪時局等；至於經學內涵的形成則
與堯舜禪讓（政治理想）、天神信仰（民間宗教）等有關，再加
上中國的特殊民族性，以及孔子有心的編輯，才發展出中國特有
的經學。

2. 漢代經學的興起：秦始皇才成定制，漢景帝以後，博士一職才專
指研究經學的經師而言。

3. 表彰六經、獨尊儒術：董仲舒在天人三策中，向武帝提出獨尊六
藝的建議：「春秋大一統者，天地之常經，古今之通誼也。今師
異道，人異論，百家殊方，指意不同，是以上亡以持一統，法制
數變；下不知所守。臣愚以為諸不在六藝之科、孔子之術者，皆
絕其道，勿使並進。」（《漢書・董仲舒傳》卷五十六）
董仲舒主張：「不在六藝之科孔子之術者，皆絕其道，勿使並
進。」積極表彰六經、獨尊儒術，由於學術、政治與各方面條件
已水到渠成，董仲舒此一建議獲得採行。從此以後，中國學術文

1　參見本書〈第二章、孔子〉。

化便走向以六經為主的思想類型，使後學者有所遵循，其影響既深且遠。

二　漢代經學特色

1. 西漢重師法、重微言大義：西漢經學，講求師法，重微言大義。武帝以後，立經學十四博士，都是今文學，一般稱為「官學」，當時古文經只流傳於民間，稱之為「私學」。哀平之際，社會習尚特殊，一般士人喜談陰陽災異，圖緯讖候，而有所謂「緯書」，當時稱為「內學」，六經卻反被稱為「外學」。

2. 東漢古文學重章句訓詁：東漢古文學大興，說經偏重於章句訓詁，到了鄭玄注經多達百餘萬言，又兼容今古文之說，成一家之言，於是把中國經學帶到另一境界。

3. 漢代經學之得失：「自漢京以後，垂二千年，儒者沿波，學凡六變：其初專門授受，遞稟師承，非惟訓詁相傳，莫敢同異；即篇章字句，亦恪守所聞，其學篤實謹嚴，及其弊也拘。」（《四庫全書總目・經部總敘》卷一）

三　《春秋》、《孝經》之通經致用的思想史意義

孔子為素王，與孔子作《春秋》、作《孝經》，為漢制法，這是三位一體的論證。漢人認為匹夫而有聖人之德的孔子，聖德而當王，不只是應為天下王，而實已成王於春秋。漢人之推王孔子，乃先確認《春秋》一書為孔子所作，再把它予以聖法化，經典化，以它為一切施政之最高根據，孔子便有了王者的權威，於是真正的君王也應依《春秋》行事，而使其原有的權威更具有合理性。

1. 孔子作《春秋》：

（1）西漢公羊學家為了凸顯《春秋》的地位應高於其他典籍，所以特別用心扣緊孔子親自撰作《春秋》之事，並極力強調「西狩獲麟」的天啟事蹟，一方面使《春秋》獲得至高無上的經典地位；另一方面也藉此表述孔子在世衰道微之際，創作《春秋》的心路歷程。有關西狩獲麟的事蹟：

> 麟者，仁獸也。有王者則至，無王者則不至。有以告者曰：「有麋而角者。」孔子曰：「孰為來哉！孰為來哉！」反袂拭面，涕沾袍。顏淵死，子曰：「噫！天喪予！」子路死，子曰：「噫！天祝予！」西狩獲麟，孔子曰：「吾道窮矣！」（《公羊傳·哀公十四年》卷二十八）

（2）孔子作《春秋》的意義：對於孔子作《春秋》的歷史使命，「就是教人如何撥亂反正、使世界由亂世亂制逐漸邁向昇平。對於現實世界，一定是批判的，所以它要『退天子，貶諸侯，譏世卿，討大夫』。譴責不義，贊美道德，以確定未來社會應循的方向。《春秋》褒貶之義，即在於此。」[2]

（3）《春秋》斷獄，緣飾以儒術：漢人之所以極言孔子作《春秋》，究其旨乃在推行「為漢制法」之說，以說明漢政權之興乃是歷史運數中的必然，亦即早在三百年前，聖人孔子因其聖德通天，早已預知漢德當起，故在其道不得行時，即已將王者之道寓諸《春秋》，以待後起之漢了。經過這樣的詮

---

2 龔鵬程：〈儒家的聖典詮釋學〉，《儒學反思錄》（臺北市：臺灣學生書局，2001年），頁108-109。

釋，孔子既已為漢制法，那麼漢代政權的取得，自有其歷史
的必然性。另一方面，《春秋》既是漢代的立國聖典，依經
治國自有其合理性。所以漢儒在實際論政或施政的過程中，
無不充分地援引經術，且巧妙地各自詮釋經義以遂行統治者
的本意，此謂之以儒術「緣飾」或「潤飾」吏事，而運用得
最普遍的，就是以「春秋斷獄」。

2. 孔子作《孝經》：

（1）孝道觀的轉化：先秦的重點在於「敬」或慈這種自然情感的
　　　流露，但是，經過秦漢大一統帝國的政治操作後，卻逐漸以
　　　「順」取代敬的內涵，以鞏固帝國意識型態的需要。

（2）「父權」的性質：是由血緣性縱貫軸所滋生的一種權力[3]，
　　　這種血緣性的關係，主要是父子，代表了根源與生長的縱貫
　　　孝慈關係，中國人便在這種縱貫軸下，產生彼此連續、生命
　　　感通互動，而自然取得一個各自的次序與份位。[4]

（3）疑《孝經》是漢人偽托：熊十力批評漢儒：「《孝經》當是漢
　　　人偽托，最早亦是六國孝治派之儒所造，其義自是根據《儀
　　　禮》與二戴記，何休〈公羊解詁序〉，以《孝經》與《春
　　　秋》並重，蓋漢人利用孝治派之論，以定孔子為一尊，而擁
　　　護統治。」[5]

3　所謂「血緣性的縱貫軸」，就社會學切面來看，所強調的是以家族裡的「父子」關
　　係，作為一切人類構造的基礎性原則，以及由此衍生一套對世界固定的理解與詮釋
　　方式，它視自己的生命通於父母，乃至祖先，甚至歸到整個天地，而自己的生命之
　　未來則及於後來之子孫，乃至所有人類；它是經由「父子」這一縱貫的關係，使其
　　生命通死生幽冥，通往古今來。見林安梧：《儒學與中國傳統社會之哲學省察：以
　　「血緣性縱貫軸」為核心的理解與詮釋》（臺北市：幼獅文化公司，1996年），頁116。
4　林安梧：《儒學與中國傳統社會之哲學省察：以「血緣性縱貫軸」為核心的理解與
　　詮釋》，頁117。
5　熊十力：《原儒・附錄》（臺北市：明文書局，1988年），頁544。

（4）移孝作忠：後之帝王者「孝治天下」與「移孝作忠」等孝
條，皆緣《孝經》而立。王權無不企圖將「孝」的板塊移入
「忠」的版圖，以消泯忠孝的本質界限，並吸納「移孝作
忠」的親情力量轉化為政治力量，這就是漢代所特重的移孝
作忠的孝道觀。「子曰：君子之事親孝，故忠可移於君；事
兄悌，故順可移於長；居家理，故治可移於官。是以行成於
內，而名立於後世矣。」（《孝經・廣揚名章第十四》）所謂
「移孝」乃是期待知識份子經過孝道長期的教化，而產生某
些價值觀念的內化及行為準則的確立，而後由國家考試或其
他的舉孝廉等認可機制，對這種人格養成的成果予以判定，
一旦通過認可便可獲得祿位，此時不但是個人身份由家庭轉
向朝廷，同時也是長期養成的孝順能力在公領域向君上展現
其「忠順」程度的時候，此即移孝作忠。其中重點不在強調
公私身份的轉換，而在表現事父、事君「卑順」態度的一
致性。

四　劉歆與古文經的關係[6]

1. 言孔壁古文經，首見於《漢書》，其說出自劉歆。
2. 班固《漢書》亦根據劉歆之說，云河間獻王德，得古文經典。
3. 整理《左傳》，並力倡其學，始於劉歆。
4. 引起今古文的爭議：劉歆〈移讓太常博士書〉激烈指陳今文學者
   窮畢生之力以分析文字，不但言辭煩碎，且「罷老不能究一

6　李威熊：《中國經學發展史論》（臺北市：文史哲出版社，1988年12月）上冊，頁130-
134。

藝」；因私懷嫉而打壓古文逸禮、左氏春秋及古文尚書三學，抱殘守缺而不能有從善服義的學術公心。此書內容言辭激動，益發激化了今古文學者的對立。

> 往者綴學之士不思廢絕之闕，苟因陋就寡，分文析字，煩言碎辭，學者罷老且不能究一藝。信口說而背傳記，是末師而非往古，至於國家將有大事，辟雍封禪巡狩之儀，則幽冥而莫知其原。猶欲抱殘守缺，挾恐見破之私意，而無從善服義之公心，或懷嫉妒，不考情實，雷同相從，隨聲是非，抑此三學（逸禮、左氏春秋、古文尚書），以尚書為不備，謂左氏為不傳春秋，豈不哀哉。（嚴可均校輯《全上古三代秦漢三國六朝文》）

5. 培植古文學班底：劉歆為維護古文經的完整性及其價值，極力抨擊今文學者，然用語過激，故觸忤了當時的執政大臣。今文學為維護既得的「博士」利益而反對古文，因此不能令人心服。王莽掌權以後，劉歆擔任國師，培養了一些古文班底，聲勢浩大，為日後古文學奠定了重要的基礎。迨光武帝中興漢室，雖然反對王莽的措施，但其建國的根本思想，卻出自劉歆的古文學術，於是東漢古文學便一躍而成為當時的學術重心。

五　今古文比較──茲轉載一表，以示今古文學之差異[7]

今文學	古文學
1.崇奉孔子	1.崇奉周公
2.尊孔子為受命之素王	2.尊孔子為先師
3.視孔子為哲學家、政治家、教育家	3.視孔子為史學家
4.以孔子為託古改制	4.以孔子為信而好古，述而不作
5.以六經為孔子所作	5.以六經為古代史料
6.以春秋公羊傳為主	6.以周禮為主
7.為經學派	7.為史學派
8.經的傳授多可考	8.經的傳授不大可考
9.西漢皆立於學官	9.西漢多行於民間
10.盛行於西漢	10.盛行於東漢
11.斥古文經為劉歆偽造之作	11.斥今文經傳為秦火殘缺之餘
12.今存儀禮、公羊、穀梁及小戴禮記、大戴禮記、韓詩外傳	12.今存毛詩、周禮、左傳

叄　讖緯思想

　　經學之所以能成為官學，與其充分發揮「通經致用」的政治實用傾向有極重要的關係。學術雖然可以發揮對政治的影響力，然而政治對學術的影響力更是直接而巨大，兩者常常互為因果。西漢的經學具濃厚的天人感應、災異譴告等思想，這些超越經驗之外的神秘思想，卻具政治指導性的作用，迅速與已存在的讖緯合流，共同擴大「通經

7　臺灣商務印書館編審部：《經今古文學》（臺北市：臺灣商務印書館，1967年），頁12-13。

致用」的可詮釋及政治運作範圍，此即西漢末經學與讖緯學並進的概
況。西漢末，王莽以讖緯符命之操作，而篡漢家天下。東漢光武帝劉
秀，亦以讖緯符命而終結新莽，復興漢室。王莽、劉秀對讖緯的重視
及運用，源自其對政治力明顯而強大的影響，讖緯學遂成東漢最重要
的學術主流。

一 何謂讖緯

1. 讖與緯的關係：讖與緯兩者的實質關係，歷來學者有肯定說與反
   對說的爭議。反對派主張讖緯有別，指出緯乃配經書之作，與妄
   誕而托古聖賢所作之讖，內容大不相同。綜合讖緯有別之說的重
   點乃在緯是依經而論，內容是聖人配經而論之言，甚至是孔子微
   言大義之所在；至於讖多被視為是「詭為隱語，預決吉凶」，妄
   誕不經的駁雜之作，不可與緯等倫齊觀。

   > 儒者多稱讖緯，其實讖自讖，緯自緯，非一類也。讖者詭為隱
   > 語，預決吉凶。……緯者經之支流，衍及旁義。……蓋秦漢以來
   > 去聖日遠，儒者推闡論說各自成書，與經原不相比附。……則緯
   > 與讖別，前人固已分析之。後人連類而譏，非其實也。（《四庫全
   > 書總目·易類六》，卷六附錄〈易緯坤靈圖〉）

2. 讖緯名異實同說：至於近世學者則多主張讖緯字源釋義雖異，但
   兩者的實質內容近似，並無本質的不同，

   > 讖，是預言。緯，是對經而立的。……這兩種在名稱上好像不
   > 同，其實內容並沒有什麼大分別。實在說來，不過讖是先起之

名，緯是後起的罷了。……因為有圖、有書、有讖、有緯，所以
這些書的總稱，或是「圖書」，或是「圖讖」，或是「讖緯」，或
是「讖記」，或是「緯書」，又因為《尚書緯》中有十數種為《中
候》，亦總稱為「緯候」。[8]

3. 今之通說：由於讖緯幽隱譎奇，不易理解，加上見存之書，殘整
不齊，才會造成歷來學者屈此申彼，流於一端，徒增困擾；其實
讖緯諸書名殊實同。[9]此說已廣為現代學者所接受。「緯書」之專
名源起於鄭玄：以「緯書」為專稱之名，由漢末鄭玄首言，鄭玄
之前無緯書之名。

「緯書」一名，實由漢末鄭玄首言。鄭玄避黨錮之禍，閉門注解
圖讖，始名光武圖讖為「緯」，又歸諸孔子親撰，以提升其地
位；惟尚未區分八十一卷有『緯、讖』之別。鄭玄之前絕無「緯
書」傳世，亦無「配經」之書命名曰：『緯』者，《隋書・經籍
志》採鄭玄「孔子親撰緯書」之語，更作曲說，乃謂「孔子既敘
六經，……別立緯及讖，以遺來世」。[10]

二　讖緯之興起及發展的背景

1. 讖緯的內容範圍：漢儒重視經書，但因受鄒衍陰陽家的影響，社
會上陰陽災異之說十分流行，緯書便是針對經書而言的時代產

8　顧頡剛：第十九章〈讖緯的造作〉，《秦漢的方士與儒生》（上海市：上海古籍出版
　　社，2005年），頁92-93。

9　此說參見陳槃：《古讖緯研討及其書錄解題》（臺北市：國立編譯館，1991年）一書。

10　黃復山：《東漢讖緯學新探》（臺北市：臺灣學生書局，2000年），頁5-6。

物，與當時陰陽五行、天命等思想有密切的關係。它可以說是經
學的旁支，由此可看出兩漢經學發展的另外一面。所謂緯書有廣
狹二義；廣義而言，緯書是混讖及其他術數之書，如「圖」、
「候」等；狹義而言，緯書則指《詩》、《書》、《禮》、《樂》、
《易》、《春秋》、《孝經》七緯而說。緯學使當時經師解經也蒙上
神秘、迷信的色彩，這是兩漢經學發展很特殊的現象。

2. 興起與流行的時間：讖緯的名稱都非常怪異，有些乃針對經書而
發。其成書時間，後人說法頗不一致，有人說書成西漢末期，有
人則主張成於東漢。推測讖緯發展的概況，災異、符命等讖緯之
說，在戰國、漢初可能早已有之。在經過一段長時期的醞釀後，
到了西漢末年才盛行開來，王莽便是利用讖緯之說而篡奪天下的。

3. 讖緯與陰陽五行：陰陽是指天地間化生萬物之氣，五行即指土木
金火水。開始將陰陽、五行合而為一的，可能是燕齊方士之流，
或陰陽學家經過對自然時空的觀察後加以歸納，而自成一套學
說，用此來範圍天地間的萬物萬事，盛行於戰國。劉邦建國之
後，此說更為風靡。在景帝、武帝朝，董仲舒治公羊春秋，即參
以陰陽，為儒者所推崇。《漢書·五行志》也說：「孝武時，夏侯
始昌通經，善推五行傳，以傳族子夏侯勝，下及許商，皆以教所
賢弟子。」且越往後迷信的色彩越濃，兩漢讖緯也可說是陰陽五
行學說的另一種表現方式。王莽藉此篡了漢家天下，光武帝亦由
此而中興漢室，東漢此風尤熾。

4. 東漢讖緯學益盛：

（1）東漢光武帝以〈赤伏符〉受命而有天下，其於讖緯更是深信
不疑。五經之義皆以讖決，所以當時經師說經，很難避免緯
書的影響，像賈逵、馬融、曹褒等大儒亦不能免，賈逵曾以
此興左氏，曹褒以此定漢禮。其中研究緯書最有成績的，要

算是經學大師鄭玄。所以研究兩漢經學，絕不能忽視緯書對經學所產生的影響。

（2）古文學者亦常以緯解經，例如，馬融平素喜歡研究圖緯，即深受讖緯的影響。讖緯在當時來說是顯學，當時又稱之為「內學」；上自朝廷，下至民間，普遍流行。迷信讖緯，固然是時代風尚，但讖緯諸說也並非全無可取，如《論語・為政》：「殷因於夏禮。」何晏《論語集解》引馬氏曰：「所因，謂三綱五常也。」「三綱」之說即出自《禮緯含文嘉》，此乃名教所尊，即是緯書之說融合於儒家解經之例。

融素驕貴，玄在門下，三年不得見，乃使高業弟子傳授於玄，玄日夜尋誦，未嘗怠倦，會融集諸生考論圖緯，聞玄善算，乃召見於樓上，玄因從質諸疑義，問畢辭歸。（《後漢書・鄭玄傳》卷三十五）

第十一章
董仲舒

綱要

第十一章
董仲舒

生平

一、姓名：董仲舒

二、時代：生於漢文帝元年（西元前179年），卒於漢武帝太初元年（西元前104年）。

三、傳略：董仲舒，西漢儒生，廣川人氏（今河北），幼治《春秋》，以公羊學知名，後遍學諸經，景帝時為博士，治學甚勤，《漢書・董仲舒傳》稱：「蓋三年不窺園。」武帝時，詔賢良文學之人前後百數，以賢良對策進，其〈天人三策〉勸武帝崇教化，抑豪門，獨尊儒術，以儒治代秦法，武帝從之，後遷江都相，事於武帝庶兄易王。王素驕暴，亦服其言，仲舒喜言災異以範今，後因主父偃讒，幾死，後出為膠西王相，以病歸，著述以終。其人雖為儒生，唯其說多有鄒衍之陰陽學色彩。勸武帝罷黜百家，獨尊儒術，使儒學取得中國之正統地位，對中國學術影響極為深遠，仲舒為求儒學獨尊，不免曲說以阿諛主上，但以時代背景而論，其人苦心造詣以存儒學，亦有其功矣。

四、著作：董仲舒著作計有奏疏一百二十餘篇，除《漢書・董仲舒傳》所錄之賢良對策三篇，尚有《春秋繁露》十七卷，《春秋決獄》等（清人有輯本凡十三條），餘皆亡佚。

壹 陰陽五行

一 「陰陽」釋義

1. 原始意義：陰：自然界中無陽光照射處。例如：背光處、夜晚等。

   陽：自然界中有陽光照射處。例如：向光處、白天等。

2. 春秋時期，以陰陽觀念廣泛應用在解釋自然現象，例如以氣候寒暖論陰陽，此時陰陽與人事吉凶尚無關係。

3. 先秦時代——「陰陽」觀念的發展：

   （1）道家《老子》：提出陰陽不僅是氣，更是萬物所普遍具有的屬性，陰陽交合而萬物生。

   （2）《周易·繫辭上》：「一陰一陽之謂道」，把陰陽提升為是宇宙間生發的根本規律和最高原則。

   （3）《呂氏春秋·知分》：「凡人物者，陰陽之化也。陰陽者，造乎天而成者。」這種通過陰陽二氣的作用以說明宇宙演化，萬物生成的觀點，影響了後來漢代以宇宙論為中心的思想方向。

二 「五行」釋義

1. 五行的起源

   （1）顧頡剛：起源於對星曆的考定，指五星的運行。

   （2）郭沫若：起源於地理方位的考察。

   （3）大陸學者：起源於農業生產的程序。

2. 五行的關係：比相生，五行序列中相鄰的屬性相生；間相勝，五
行序列中間隔的屬性相剋。人事物間皆存在相生相剋的關係。

（1）比相生　　　　　（2）間相勝

三 「陰陽五行」思想的發展

1. 鄒衍是第一個將陰陽五行結合而論的

（1）鄒衍是陰陽五行家的代表人物（約西元前305至西元前240
年），齊國人。其說包含天文、地理、歷史三大部分。他善
於談論天文，可從開天闢地以來的自然天文過程，一直追溯
到天地未生之前，而有「談天衍」之稱。

（2）鄒衍的地理學說就是有名的「大、小九州」說。

（3）鄒衍的歷史學說「五德終始」，是一種神秘的歷史循環觀，
他以五德相勝的關係，解釋帝王的改朝換代。新王朝的出現
乃是「奉天承運」而興，所以事先必有祥瑞符應，新王受符
命，應天意，即可改正朔、易服色而為新受命之君王。鄒衍
的「五德終始」說，對中國歷代政治應用在解釋政權的轉移
上，有其長久而深遠的影響。現存關於鄒衍「五德終始」
說，見於《呂氏春秋》所引錄：

凡帝王之將興也，天必先見祥乎下民。黃帝之時，天先見大
螾大螻。黃帝曰：「土氣勝」。土氣勝，故其色尚黃，其事則
土。及禹之時，天先見草木秋冬不殺。禹曰：「木氣勝」。木

氣勝,故其色尚青,其事則木。及湯之時,天先見金刃生於水。湯曰:「金氣勝」。金氣勝,故其色尚白,其事則金。及文王之時,天先見火,赤鳥銜丹書集於周社。文王曰:「火氣勝」。火氣勝,故其色尚赤,其事則火。代火者必將水。天且先見水氣勝。水氣勝,故其色尚黑,其事則水。水氣至而不知備,數將徙於土。(《呂氏春秋‧應同》卷十三)

(4) 鄒衍的思想特色往往是「必先驗小物」,取得立論的合理基礎後,才開始往更大的地理、歷史、天文等方面推論,最後終於超出一般人的知識經驗,而無法對其「至於無垠」的各種說法加以驗證。然其善於運用類推的邏輯,突破傳統觀念的限制,而另闢奇想的天地,建立「閎大不經」的陰陽思想體系,實是極具特色的思想天才。

其語閎大不經,必先驗小物,推而大之,至於無垠。先序今以上至黃帝,學者所共術,大并世盛衰,因載其禨祥制度;推而遠之,至天地未生,窈冥不可考而原也。先列中國名山大川,通谷禽獸,水土所殖,物類所珍,因而推之及海外,人所不能睹。稱引天地剖判以來,五德轉移,治各有宜,而符應若茲。(《史記‧孟子荀卿列傳》)

2. 《呂氏春秋‧十二紀》在天人相應的基礎上,更進一步將陰陽、五行、天文、曆算、及政治的理想,組構成完整的系統,為天地自然的變化及人世的政治、社會、經濟活動等,提供無所不包的詮釋體系,在此宇宙論系統中,自然與人類的結構、活動、變化均受陰陽五行的支配,此說直接而有力地影響了漢代思想。

貳　天人關係

一　陰陽循環、五行相生相剋

1. 董仲舒以陰陽五行的運行，解釋天地自然的循環。

（1）方位圖　　　　　（2）節令圖　　　　　（3）生長圖

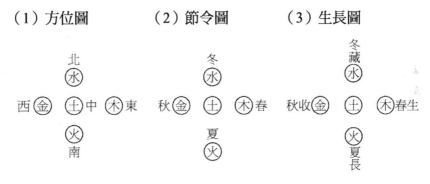

天有五行，一曰木、二曰火、三曰土、四曰金、五曰水。木，五行之始也；水，五行之終也；土，五行之中也。此其天次之序也。木生火，火生土，土生金，金生水，水生木，此其父子也。……常因其父以使其子，天之道也。（《春秋繁露·五行之義》卷十一）

2. 四時變化主要由「陽」氣決定，「陰」只是一種輔助的力量。

天地之氣，合而為一，分為陰陽，判為四時，列為五行。（《春秋繁露·五行相生》卷十三）

陰者，陽之助也，陽者，歲之主也。（《春秋繁露·天辨在人》卷十一）

3. 陰陽五行的宇宙論，本即帶有神秘難以理解的色彩，董仲舒採此立場論天，又把先秦儒家後期對自然天的看法，轉向宗教的神格天。董仲舒受陰陽五行論天的影響，天的概念又走回了神格天，強調人法天，天的位階高於人。在天人感應系統裡，漢代採君權神授說，金木水火土有五位相應的天帝，這五位天帝之子依序輪替為人間之帝王，以解釋政權轉移的問題。漢代一直努力地要將政權興衰與轉移納入「五德終始」的系統，較不重視內在理性與精神之自覺，對儒家所強調的人文精神的自主，是一大挫折。

二 五德終始與孔子「為漢制法」

1. 漢代尊孔子為「素王」，屬於水德，為玄帝之子。但因孔子出生的時代與五德終始的順序不能符應，故他雖有「王者之德」，卻無法有「王者之位」。漢代公羊學家由此造出大量讖緯，解釋孔子提早出生四百年，雖不能如實地應帝王之位，但「聖人不空生」，降生必有使命。

2. 孔子的使命就是「為漢制法」，制定了五部憲法，就是所謂的「五經」，此一附會的詮釋既合理化了漢帝國有預言之符，是奉天承運而起的帝國；另一方面由於劉邦為平民出身，會使人懷疑其內在是否有充分的聖德人格，故藉孔子聖人的地位「為漢制法」，使「道勢合一」，作為解釋政權取得的合理性。

孔子作《春秋》，先正王而繫萬事，見素王之文焉。（《漢書·董仲舒傳》卷五十六）

三　公羊學與孔子「素王」說

1. 先秦經學在東方有兩大系統，一為魯學，一為齊學，魯學是從孔子以下而子思、孟子的系統，是篤實尚文的路線；齊學重恢弘奇妙，能接受變法革新，本即是與政治實用路線相結合而發展的學術。

2. 董仲舒屬於齊學系統的公羊學派，公羊學本即好恢奇，孔子「素王」名號就是出於此，公羊學者喜將經典意義重新詮釋，以發揮政治之致用。好恢奇的齊學，與孔、孟之魯學有別。陰陽五行始於齊國鄒衍，董仲舒之齊學大量吸收陰陽五行思想，結合學術與政治建立天人感應思想的體系，就學術的發展有其內在理路與外在環境影響的雙重合理性。

叁　天人感應

一　天有十端

在構成天的十端中，除了天地、陰陽、五行之外，還有人。人具有與天地共同化成萬物的特殊地位，人與天的構造相同，是天人能相應的可能性之根據。

何謂天之端？曰：天有十端，十端而止矣，天為一端，地為一端，陰為一端，陽為一端，火為一端，金為一端，木為一端，水為一端，土為一端，人為一端，凡十端而畢，天之數也。（《春秋繁露・官制象天》卷七）

二　人副天數

1. 人偶天地：董仲舒把人的身體構造與天相比附，認為凡是人身所有的，天也有，因此天人本是同類，而天的位階高於且尊於人。在天人相應中，天是主位，人處於被動而應學習、效法天的客位。天有十端，而人身體的一切都是符合天的結構，與天的構造互相搭配，「人副天數」，即天、人間採形象的對應關係，把人與天地自然作搭配解釋，「身猶天也」目的在於合理化人與天同類，故能相動，「數與之相參，故命與之相連。」

天地之精，所以生物者，莫貴於人，人受命乎天也，故超然有倚。物疢疾莫能為仁義，唯人獨能為仁義；物疢疾莫能偶天地，唯人獨能偶天地。……是故人之身首坌而員，象天容地也；髮象星辰也；耳目戾戾，象日月也；鼻口呼吸，象風氣也；胸中達知，象神明也；腹飽實虛，象百物也；……天地之符，陰陽之副，常設於身，身猶天也，數與之相參，故命與之相連也。（《春秋繁露·人副天數》卷十三）

2. 受命於天：董仲舒人副天數，意在使人有感於「受命於天」的尊貴，而能切行仁義以符天意。

三　天人相應

1. 董仲舒以人副天數及同類相動的說法，說明天人感應的合理性基礎。

> 王者配天，謂其道。天有四時，王有四政，四政若四時，通類
> 也，天人所同有也。(《春秋繁露・四時之副》卷十三)

2. 董仲舒進一步將天化為神，能夠向下施惠百姓，所以天是值得人
　　效法的。董仲舒的天，是神格化的天，對人具有主宰的力量。君
　　主的政治設置，也應依循「天垂象，聖人則之」的規範，君主的
　　統治及人間的言行及價值也都應依天意而行。此一具有意志且能
　　賞罰天子的天帝，與墨子的天志法儀的「天」是相同意義的天。
　　但在董仲舒則又更進一步導入對天國整個系統的架構及運作的說
　　明，並以此天上的理想模式，作為人間政治組織及管理的依據。

> 天高其位而下其施，藏其形而見其光。高其位，所以為尊也；下
> 其施，所以為仁也；藏其形，所以為神；見其光，所以為明。故
> 位尊而施仁，藏神而見其光者，天之行也。(《春秋繁露・離合
> 根》卷六)

四　政治論

1. 政治
　(1) 官制象天：董仲舒認為人副天數，主張天垂象，聖人效之。
　　　　因此對於政治制度的具體組織，也效法天有四時，十二節氣
　　　　等自然現象而設立，甚至將人間某些特定的官職與天上的五
　　　　行也一一對應設立，這就是「官制象天」。

> 先王因人之氣而分其變，以為四選；是故三公之位，聖人之
> 選也；三卿之位，君子之選也；三大夫之位，善人之選也；

三士之位，正直之選也。分人之變，以為四選，選立三臣，
如天之分歲之變，以為四時。時有三節也，天以四時之選，
與十二節相合而成就歲；王以四位之選，與十二臣相砥礪而
致極。道必極於其所致，然後能得天地之美也。(《春秋繁
露・官制象天》卷七)

（2）重德輕刑：天意是仁愛百姓及萬物的，因為天能施惠百姓，
所以值得百姓尊敬。人主受命於天，應順應天意仁心，在政
治上應重德輕刑。

春者，天之所以生也，仁者，君之所以愛也。夏者，天之所
以長也，德者，君之所以養也；霜者，天之所以殺也；刑
者，君之之所以罰也。(《漢書・董仲舒傳》卷五十六)
為人主者，法天之行，是故內深藏所以為神，外博觀所以為
明也，任群賢所以為受成，乃不自勞於事，所以為尊也。泛
愛群生，不以喜怒賞罰，所以為仁也。(《春秋繁露・離合
根》卷六)

2. 經濟

（1）不與民爭利：富貴之家的財富，多來自與民爭利，因此人主
在經濟政策上應加以管理。

身寵而載高位，家溫而食厚祿，因乘富貴之資力，以與民爭
利於下，民安能如之哉？是故眾其奴婢，多其牛羊，廣其田
宅，博其產業，畜其積委，務此而亡已，以迫蹴民，民日削
月朘，寖以大窮。(《漢書・董仲舒傳》卷五十六)

（2）限田政策：董仲舒具體提出應限制私有田地的數量，以避免
　　　土地的壟斷，造成貧富懸殊的現象。

　　　富者田連阡陌，貧者無立錐之地。（《漢書‧食貨志》卷二十
　　　四上）

（3）開放鹽鐵
（4）減賦稅，輕徭役

五　災異譴告

1. 董仲舒一方面將專制君主的地位，推高到是承天之命、受命之符
　而得。另一方面又說天將以災異譴告或祥瑞的方式，回應天子的
　作為是否符合天意。此明顯是企圖以災異說，制衡至高無上的君
　權。
2. 「災異」之說：
　（1）漢代以前「災異」只是一般語義，並非專稱。
　（2）漢代學者在天人相應系統中，則將災異視為具獨特意義的
　　　　專稱。
3. 董仲舒認為天會依照人事作為的好壞，而予以賞罰。尤其是天子
　若違背天意行事，天便會以災異示警。

　　　春秋之中，視前世已行之事，以觀天人相與之際，甚可畏也。國
　　　家將有失道之敗，而天迺先出災害以譴告之，不知自省，又出怪
　　　異以驚懼之，尚不知變，而傷敗迺至。以此見天心之仁愛人君，
　　　而欲止其亂也。自非大亡道之世者，天盡欲扶持而全安之。（《漢
　　　書‧董仲舒傳》卷五十六）

4. 董仲舒認為小的禍害叫作災，若是人君見到災禍仍不知自省改過，天便會以更大的異常現象再次警告君主，若是人君仍執迷不悟，殃咎乃至。

天地之物，有不常之變者，謂之異，小者謂之災。災常先至，而異乃隨之。災者，天之譴也；異者，天之威也。譴之而不知，乃畏之以威。……凡災異之本，盡生於國家之失。國家之失乃始萌芽，而天出災害以譴告之。譴告之而不知變，乃見怪異以驚駭之。驚駭之尚不知畏恐，其殃咎乃至。以此見天意之仁，而不欲害人也。（《春秋繁露·必仁且智》卷八）

天　　先出災害　　再出怪異
　　　（天之譴）　　（天之威）
　　　　　↓　　　　　↓　　　　　　　　　　　　　天意之仁
人君→國家失道→不知省變→尚不知變，傷敗乃至→　不欲害人

5. 察天變而救之：賢明的君主，應以戒慎恐懼「畏而不惡」的態度，謹察災異是否出現。人君應從災異之微徵，慎察政治的疏失過錯，以及時補救政治之失，才能長治久安。

見天意者之於災異也，畏之而不惡也，以為天欲振吾過救吾失，故以此報我也。《春秋》之法，上變古易常，應是而有天災者謂幸國。（《春秋繁露·必仁且知》卷八）
楚莊王以天不見災，地不見孽，則禱之於山川曰：「天其將亡予耶？不說吾過，極吾罪也。」以此觀之，天災之應過而至也，異之顯明可畏也。此乃天之所欲救也。《春秋》之所獨幸也，莊王

所以禱而請也。聖主賢君尚樂受忠臣之諫，而況受天譴也。(《春秋繁露·必仁且知》卷八)

6. 董仲舒由類之相感言災異，使人起敬畏之心而不敢背逆天道，此猶是天人感應之消極義。積極的意義是在察身以知天，人時時察覺己身與天同者，而期能合乎天道之用，便可使天道貫通到政治與人生，此方是天人感應之積極義。但董仲舒只以災異示警提撕人君，以聖王古道限制君權，卻不從心性之原以開發君德，不教人君納諫以聽取民意，實乃先秦儒家思想之一大轉折。[1]

肆　人性論

一　性三品

1. 性與情：┌ 性：生之自然之資，身兩有仁貪之性。
　　　　　　└ 心：栣眾惡於內，弗使得發於外者。
性之中有仁的成分，所以人有為善的可能，但性之中亦具有貪性，所以不是天生即善，須經過後天的教化，用「心」去禁制並轉化天生的情欲，而後才能盡善。

栣眾惡於內，弗使得發於外者，心也，故心之為名栣也。人之受氣苟無惡者，心何栣哉？吾以心之名得人之誠，人之誠有貪有仁，仁貪之氣兩在於身。身之名取諸天，天兩有陰陽之施，身亦兩有仁貪之性；天有陰陽禁，身有情欲栣，與天道一也。(《春秋繁露·深察名號》卷十)

1　蔡仁厚：《中國哲學史大綱》，頁90-91。

2. 性三品：是漢代人性論之通說，董仲舒亦將人性分為三品，所謂
「性三品」即指聖人之性，中民之性和斗筲之性。聖人和斗筲都
不適合作為人性論的普遍對象；他認為討論人性，應就多數的中
民之性而論，中民之性，就如待孵之卵，必須經過教化的歷程才
能善。

> 聖人之性，不可以名性。斗筲之性，又不可以名性。名性者，中
> 民之性。中民之性如繭如卵，卵待覆二十日而後能為雛，繭待繅
> 以湆湯而後能為絲，性待漸於教訓而後能為善。善，教訓之所然
> 也，非質樸之所能至也。（《春秋繁露・實性》卷十）

3. （1）性本善與性未善：董仲舒認為孟子人性本善的說法，是以人
和禽獸的自然本性相比較所得的低標準結果。若衡諸現實的
情形，聖人之性是至善，斗筲之性則難移，然大部分的人，
都屬於待教化而為善的中民之性。
（2）孟子未言「性已善」：董仲舒謂孟子主張「性已善」，應是董
氏之誤解。孟子主張「性本善」，而非「性已善」；孟子雖一
再強調並信任「仁義禮智」是人所固有，但他也正視人有善
質而不能盡其才，或因生存考驗過於嚴苛而難以兼顧禮義道
德等不善的事實。董仲舒評孟子：「質於禽獸之所為，故曰
性已善」（《春秋繁露・深察名號》），董仲舒此論斷明顯地誤
解了孟子本意。

> 質於禽獸之性，則萬民之性善矣；質於人道之善，則民性弗
> 及也。萬民之性，善於禽獸者，許之；聖人之所謂善者，弗
> 許。吾質之命性者，異孟子。孟子下質於禽獸之所為，故曰

性已善；吾上質於聖人之所為，故謂性未善，善過性，聖人過善。（《春秋繁露‧深察名號》卷十）

二　教化論

1. 性與善：董仲舒以禾比喻天生質樸之性，而以米比喻受教化之後的善性，認為善就跟米一樣，必須經過後天外在的教化才能完成。

   性比于禾，善比于米。米出禾中，而禾未可全為米也。善出性中，而性未可全為善也。善與米，人之所繼於天而成於外，非在天所為之內也。（《春秋繁露‧深察名號》卷十）

2. 王承天意教民為善：董仲舒謂性是「繼於天而成於外」，這是他重視教化的基礎。他認為善性是受後天教化而成的，而君王即是秉受天意來教化萬民的人。

   性如繭、如卵，卵待覆而為雛，繭待繅而為絲，性待教而為善，此之謂真天。天生民性，有善質而未能善，於是為之立王以善之，此天意也。（《春秋繁露‧深察名號》卷十）

3. 強調君主的教化權：董仲舒的人性論主張性三品，其特色在於將教化權歸於君王。他解釋人性有善質，但僅是潛在的資質而已；人不能依靠自己而主動成善，一定要由王者教化方可，如此便將人倫教化、人性成德的責任，全部付諸於專制君主之手。將「王者」與「教化」等同，由君主頒布《孝經》，強調以孝治天下。使君主在教育以及任官考核上已有絕對的權力，再加上三綱觀念

的結合，「君王」被推至前所未有的最高位，人的道德來自於
天，但是人的道德完成卻一定要來自於王之教化。

> 民受未能善之性於天，而退受成性之教於王，王承天意以成民之
> 性為任者也。今案其真質而謂民性已善者，是失天意而去王任
> 也。萬民之性苟已善，則王者受命尚何任也？（《春秋繁露・深
> 察名號》卷十）

4. 荀子論性，強調人必須接受禮樂教化的人為改造，而主動力仍在
   人自身。但董仲舒則以王承天意，教民為善，而將人受教向善的
   主導地位交給專制的君主，這對儒家強調人文自主性的精神無疑
   是一大打擊。

伍　倫常觀念

一　三綱之說

以君臣、夫婦、父子為三綱，以陰陽尊卑的觀念，比附解釋雙方
的對待關係。此說不但鞏固了政治上的君權，同時也將家庭人倫
中的父子、夫妻關係，納入政治意識型態的改造範圍。

> 是故仁義制度之數，盡取之天。天為君而覆露之，地為臣而持載
> 之；陽為夫而生之，陰為婦而助之；春為父而生之，夏為子而養
> 之；秋為死而棺之，冬為痛而喪之；王道之三綱，可求於天。
> （《春秋繁露・基義》卷十二）

二　陽尊陰卑

臣、子、婦不得專起，不得分功；一切的判斷和行為，都應服從君、父、夫的意見，行事有功都應歸功於君、父、夫。董仲舒的「三綱說」，雖有利於專制的統治政權，建立起強而有力的君權、父權的權威社會，卻破壞儒家君君、父父、子子的和諧互動關係，使家庭倫理亦套入森嚴不可逾越的尊卑框架。其中君、父的權威，益使漢文化下的父子呈現緊張的關係，而男女兩性亦失其平等對待的善意。

君臣父子夫婦之義，皆取諸陰陽之道。君為陽，臣為陰；父為陽，子為陰；夫為陽，妻為陰。陰道無所獨行，其始也不得專起，其終也不得分功，有所兼之義。是故臣兼功於君，子兼功於父，妻兼功於夫，陰兼功於陽，地兼功於天。(《春秋繁露・基義》卷十二)

陸　〈天人三策〉要義

一　儒術獨尊

董仲舒一方面提倡建學校，推廣教化，並積極興太學以培養賢吏，期能以受過仁義禮樂教化的賢才，發揮安邦定國之效。另一方面則積極鼓吹統一學術思想，主張儒學獨尊，期使專制政權與儒家仁政結合並進。此一「儒學獨尊」之策，終使儒家由內聖通向外王的理想，獲得現實政治的支持，成為後來漢帝國政治意識

型態的根柢。然而強調思想的統一以促成專制政權的鞏固，是從荀子尊君隆禮，到韓非以君王法術勢總成為政治關懷的路線；卻不是孔孟仁政德治本來的理想政治模式。尤其為合理化專制集權的統治，而將人倫、道德、教化等相關課題亦皆以君王為最高依歸，而失落了道德的自主性，此亦人文發展的一大曲折。

> 春秋大一統者，天地之常經，古今之通誼也。今師異道，人異論，百家殊方，指意不同，是以上亡以持一統，法制數變，下不知所守……諸不在六藝之科，孔子之術者，皆絕其道，勿使並進，邪辟之說滅息，然後統紀可一，而法度可明，民知所從矣。（《漢書·董仲舒傳》卷五十六）

二　教育與養才：三策並非單獨分立，理論過程是環環相扣的

1. 〈第一策〉：強調以仁義禮樂之教化治國。

> 是故南面而治天下，莫不以教化為大務。立太學以教於國，設庠序以化於邑。漸民以仁，摩民以誼（即「義」），節民以禮；故其刑罰甚輕而禁不犯者，教化行而習俗美也。（《漢書·董仲舒傳》卷五十六）

2. 〈第二策〉：求賢與養士並進

第二策的重點在於：「求賢」和「養士」，養士，則必須重視太學教育。朝廷制法訂律，也許用意甚美，條文甚詳。但政令的推行，則有賴地方官吏的能力與素質，因為他們是直接與人民接觸

的，會直接而明顯地影響到施政的成效。所以要推行仁義禮樂之政，首要在「求才」，其次「用才」，使之擔任最適當的任務，發揮其長才，才可能收到教化百姓的效果。賢德才能之士亦需如琢磨美玉般，經過長期培養而成的。除了求賢、用賢，更需「養士」，才不致無賢可用。

夫不素養士而欲求賢，譬猶不琢玉而求文采也。故養士之大者，莫大乎太學；太學者，賢士之所關也，教化之本原也。今以一郡一國之眾，對亡（無）應書者，是王道往往而絕也。臣愿陛下興太學，置明師，以養天下之士，數考問以盡其材，則英俊宜可得矣。今之郡守、縣令，民之師帥，所使承流而宣化也；故師帥不賢，則主德不宣，恩澤不流。今吏既亡教訓於下，或不承用主上之法，暴虐百姓，與姦為市，貧窮孤弱，冤苦失職，甚不稱陛下之意。是以陰陽錯繆，氛氣棄塞，群生寡遂，黎民未濟，皆長吏不明，使至於此也。（《漢書·董仲舒傳》卷五十六）

3.〈第三策〉：再度強調教化的重要

強調人在萬物中的特殊地位，並重申教化的重要，人不是天生就能行仁義，所以君主亟需設立各級學校以教化人民，使人民安於處善，樂於循禮而皆成君子。

天令之謂命，命非聖人不行；質樸之謂性，性非教化不成；人欲之謂情，情非度制不節。是故王者上謹於承天意，以順命也；下務明教化民，以成性也；正法度之宜，別上下之序，以防欲也；脩此三者，而大本舉矣。（《漢書·董仲舒傳》卷五十六）

柒 春秋學──三統說

「新王」建立新朝代，就是新奉「天命」，所以必須「改正」以接承「大統」；改正朔、易服色是天人感應思想下，表示對天子受命於天的慎重。「三統說」並不是歷史轉變的動力，只是表示「新王受命」的事實而已，不同於五行相生相剋的歷史觀。

一 改正朔

夏商周曆法中之正月，分別為建子、建丑、建寅，故曰三正。每一個新的朝代必須重新以子（十一月）丑（農曆十二月）寅（農曆正月）中的某月為歲首。

臣聞制度文采玄黃之飾，所以明尊卑，異貴賤，而勸有德也。故《春秋》受命所先制者，改正朔、易服色，所以應天也。（《漢書·董仲舒傳》卷五十六）

二 易服色

建子：尚赤─正赤統。
建丑：尚白─正白統。
建寅：尚黑─正黑統。

捌　評述

一、錢穆

荀卿是儒家之逆轉。儒家所重在於人之情性，荀卿則抑低人性，來尊聖法王。鄒衍是道家之逆轉。道家所重在於天地自然之法象，鄒衍則在自然法家之後面尋出五位有意志有人格之天帝。荀卿、鄒衍各走極端，而董仲舒則想綜合此兩家。於是天並非自然，並非法象，而確然為有人格、有意志的天帝。在地上代表此天帝的則為王者，此將轉退到春秋以前之素樸觀念。董仲舒又想抑低王者地位來讓給聖人，於是孔子成為素王，春秋成為漢制法之書。[2]

二、蔡仁厚

董仲舒「貶天子，退諸侯，討大夫——屈君以從天」，董仲舒之說雖不免有牽強比附之處，然其托《春秋》以更化改制之用心，亦應予以敬重。[3]

2　錢穆：《中國思想史》，頁113。
3　蔡仁厚：《中國哲學史大綱》，頁86。

第十二章

王充

綱要

一、人性論──性成命定

　　1. 用氣為性

　　2. 三品說

　　3. 「性成命定」說的侷限

　　4. 王充、孟、荀論「性」之的比較

二、命運觀

　　1. 命與性分立

　　2. 反對漢代之三命說

第十二章
王充

生平

一、姓名：王充

二、時代：生於東漢光武帝建武三年（西元27年），約卒於和帝永元八年（西元96年）。

三、傳略：王充，字仲任，會稽上虞人（今浙江上虞縣），充六歲進學，稟賦聰慧，二十二歲時，位至縣掾功曹，後歷任都尉、郡功曹，因諫爭與上不合，引去。《後漢書‧王充傳‧卷四十九》記其曾至京師，受業太學，師事扶風班彪[1]。然其學多不類當時重

1　《論衡‧自紀篇》和《後漢書》多記王充從學於班彪事，一是、王充年十八時即見班彪父子，二是、二十八歲時曾遊太學師事班彪，黃暉《論衡校釋》：「班固年十三，王充見之，拊其背謂彪曰：『此兒必記漢事。』（此時為光武建武二十年，王充十八歲）見謝承書《後漢書‧班彪列傳附班固傳》注；司馬彪書；《北堂書抄》卷六二引；王仲任撫班固背曰：『此兒必為天下知名。』（《抱朴子》）（《意林》引，今本脫。）（黃暉）按：班固生於建武八年，（西元二十三年。）固年十三，則為建武二十年，時仲任十八歲，長孟堅五歲，據理，不得以「兒」稱固。且是時仲任仍在鄉里，未與彪晤，此不足信。」又按：《後漢書‧班彪列傳》云：「（光武）帝雅聞彪才，因召入見，舉司隸茂才，拜徐令，以病免。後數應三公之命，輒去。……彪復辟司徒玉況府。」〈光武帝紀〉：「（建武二十三年）玉況為司徒。」則（班彪）叔皮於建武二十三年已在洛。但其時，仲任方二十一二，窮居鄉里。彪傳又云：「後察司徒廉，為望都長，吏民愛之，建武三十年，年五十二，卒官。」是叔皮晚年，已離洛之官。則仲任師事叔皮，必在其二十三、四歲以後，二十七、八歲以前。徐復觀：《兩漢思想史》則以為王充之學多不同於漢代太學學風，以為王充入太學從學班彪一事不可信。

經術、說讖緯的學風，言行亦多不見容於當世。三十三歲時返家，發憤著述《論衡》一書，《後漢書》本傳記其事云：「後歸鄉里，屏居教授。……充好論說，始若詭異，終有實理。以為俗儒守文，多失其真，乃閉門潛思，絕慶弔之禮，戶牖牆壁，各置刀筆，著論衡八十五篇，二十餘萬言。」王充一生仕途不順，至六十歲，揚州刺史董勤辟為從事，後又遷為治中，僅一年餘又罷官，從此終老於家，綜觀王氏一生，雖未能顯達於當世，後世對其說則評價甚高，《抱朴子》、《北堂書抄》、《太平御覽》皆稱其為「一代英偉。」

四、著作：除了八十五篇的《論衡》以外，據王充《後漢書》本傳云：「年漸七十，志力衰耗，乃作《養性書》十六篇，裁節嗜欲，頤神自守。」後者今已不傳，僅《論衡》一書傳世，今本《論衡》亦為八十五篇。

壹 疾虛妄

一 疾虛妄

1. 治學態度：王充主張為學應勇於懷疑、批評並有求證的精神。他對於漢儒重「師法」、守「專經」，以至於「好信師而是古」的博士學術傳統非常不滿。漢代對於典籍的解釋、知識的傳授都由博士的權威壟斷。國家亦利用「利祿之途」，將教育與用人都由行政系統整體結合控制，因此大多數人便向權威妥協了。許多讀書人對於經典不是毫無疑義，而是敢不敢懷疑的問題。兼之漢代從小教育孝順服從的觀念，由服從父母、老師，最後服從主考官、君王，這是一個要求順從的專制體制，「一條鞭」教育久了，自我反而會將奴性視為是道德，一開始是不敢懷疑，到最後可能真的就喪失思辨的能力了。

   世儒學者，好信師而是古，以為賢聖所言皆無非；專經講習，不知難問。夫聖賢下筆造文，用意詳審，尚未可謂盡得實。況倉卒吐言，安能皆是？不能皆是，時人不知難；或是而意沉難見，時人不知問。案聖賢之言，上下多相違；其文，前後多相伐者；世之學者，不能知也。(《論衡‧問孔篇》卷九)

2. 學術目的：王充在代表作品《論衡》中，明言他的學術目的在於「疾虛妄」。世俗之書真偽不辨，實虛不分，王充因此出而著書，希望能銓輕重之言，立真偽之平，以正是非。

詩三百，一言以蔽之，曰思無邪。論衡篇以十數，亦一言也，曰
疾虛妄。（《論衡·佚文篇》卷二十）

今論衡就世俗之書，訂其真偽，辨其實虛。（《論衡·對作篇》卷
二十九）

是故論衡之造也，起眾書並失實，虛妄之言勝真美也。故虛妄之
語不黜，則華文不見息。華文放流，則實事不見用。故論衡者所
以銓輕重之言，立真偽之平，非苟調文飾辭，為奇偉之觀也。其
本皆起人間有非，故盡思極心，以譏世俗……若夫九虛三增，論
死訂鬼，世俗所久惑，人所不能覺也。……冀悟迷惑之心，使知
虛實之分。實虛之分定，而華偽之文滅。華偽之文滅，則純誠之
化，日以孳矣。（《論衡·對作篇》卷二十九）

3. 思想意義：王充在東漢僅是一支流思想，但其思想意義乃在其對
   整個漢代天人思想為主流的反動。王充的理論有很強的針對性，
   其目的在於反動、瓦解天人感應的系統。王充對古代與漢代、古
   書及東漢讖緯、天人感應、災異祥瑞等說皆有所批判。在此反動
   中，王充並未反對孔子素王說，他所反對的是東漢時把素王孔子
   的形象過度扭曲，連身形長相也神奇得不像正常人，不但長相有
   諸多異表，同時亦有各種符命預言賦予其重大的使命，對這些附
   會孔子之說，王充均不以為然。

4. 王充求知態度的侷限：王充偏理智的求知態度，不適用於文學、
   藝術等方面，文學藝術的真實、道德的真實、與知識的真實，未
   必是同層面的問題，但王充有時批評過度，造成不少誤解。在王
   充的生命中，似乎缺乏藝術感、幽默感；不僅文獻中凡稍帶有藝
   術氣氛的陳述，他都不能感受，例如〈語增〉、〈儒增〉、〈藝增〉
   諸篇中所爭辯的問題，皆屬於這一類。並且稍帶偶然性的，幽默

性的記錄，他也不能理解。例如〈問孔篇〉對《語論》：「子之武城，聞弦歌之聲」的故事，提出了問難；但他全沒有注意到孔子「殺雞焉用牛刀」的話，是在「莞爾而笑曰」的情形下所說的，是在歡欣中帶點幽默的話。[2]《論衡》中此類例子不少。

二　方法的運用──實證精神的傾向

1. 考之以心：對於耳目感官所接觸到的經驗，尚須以心知加以綜合分析判斷，不可遽論為是。

> 夫論不留精澄意，苟以外效立事是非，信聞見於外，不詮訂於內，是用耳目論，不以心意議也。夫以耳目論，則以虛象為言。虛象效，則以實事為非。是故論是非者，不徒耳目，必開心意。（《論衡‧薄葬篇》卷二十三）

2. 效之以事：對於事實應考察前後，並對事情的因果加以驗證以明其效。

> 凡天下之事，不可增損。考察前後，效驗自列。自列則是非之實，有所定矣。（《論衡‧語增篇》卷七）
> 事莫明於有效，論莫定於有證。（《論衡‧薄葬篇》卷二十三）

3. 推論：在「考之以心，效之以事」的方法之外，另採用「揆端推類」的類推方法，或見微知著的觀察法，藉以了解事情的虛實真偽。並借助以往的經驗以處理將來類似的情況。

2　徐復觀：《兩漢思想史》（臺北市：臺灣學生書局，1976年）卷二，頁593。

凡聖人見禍福也，亦揆端推類，原始見終。(《論衡‧實知篇》卷二十六)

放象事類以見禍，推原往驗以處來事。(《論衡‧實知篇》卷二十六)

4. 方法論的侷限：王充所提出的「考察前後」，即是在行為與結果的因果系列中，加以推演，以推定某歷史問題之真偽。這是「效之以事」的方法，向歷史方面的轉用。這本來是正確的方法，但歷史的因果系列不同於自然的因果系列，所以這套方法不能直接運用。自然的因果關係單純，容易認定何者是因，何者是果。歷史則有遠因、近因、直接之因、間接之因、附加之因、疑似之因、橫入而偶然之因；所以確定某果是出於某因，乃極困難之事，但是王充往往把歷史問題都單純化了。[3]

貳 天道觀

一 天道自然

王充有自覺地對漢代天人感應之說提出反動，其天道自然之說受老子及荀子的天道觀影響，但又不同於老、荀之說。老子雖為自然天，但老子特重「人法天」，人要放開一切人為，盡可能地回歸且遵循自然之道，其最終訴求為超越人為，法自然而行。荀子雖將天回歸自然，但是荀子以人道為主，天只是一自然物質，無意志且無法左右他人，人最重要是要回到人的生活能力的運用。

3　徐復觀：《兩漢思想史》卷二，頁599。

荀子重視「天生人成」，即人如何了解自然以運用自然資源而生活，並在生活中成就人文的關懷，以成為一實踐道德禮義之人。

1. 天道自然無為：王充認為天之道，亦即天道的性格，應是自然無為的。

自然無為，天之道也。（《論衡・初稟篇》卷三）

夫天道，自然也，無為。如譴告人，是有為，非自然也。黃老之家，論說天道，得其實矣。（《論衡・譴告篇》卷十四）

2. 萬物共一元氣：天道是自然無為的，而天之生萬物乃施氣而成萬物。萬物皆由「元氣」所生成，萬物種類的差別，是由於各自秉受元氣的厚薄精粗不一所致。

俱稟元氣，或獨為人，或為禽獸。（《論衡・幸偶篇》卷二）

人未生，在元氣之中。既死復歸元氣。（《論衡・論死篇》卷二十）

諸物在天地之間也，猶子在母腹中也；母懷子氣，十月而生……自然成腹中乎？母為之也？偶人千萬，不名為人者，何也？鼻口耳目，非性自然也。（《論衡・自然篇》卷十八）

夫婦人之乳（生）子也，子含元氣而出。元氣，天地之精微也。（《論衡・四諱篇》卷二十三）

3. 氣化宇宙論：萬物是天地偶然合氣生成，萬物的生成死滅則是氣的聚散變化所造成的，都只是自然現象，而不是天有意識的作為。天對於萬物並無任何刻意之有為，因此天與人或萬物都是各不相涉的。

> 天之動行也,施氣也。體動氣乃出,物乃生矣。猶人動氣也,體
> 動氣乃出,子亦生也。夫人之施氣也,非欲以生子,氣施而子自
> 生矣。天動不欲以生物,而物自生;此則自然也。施氣不欲為
> 物,而物自為,此則無為也。(《論衡・自然篇》卷十八)

4.「天人相應」說之反動:

(1) 王充認為天人本不相涉,因此「人副天數」之說,並無合理
　　成立的依據。他提出天道是自然無為的,其本無口目之欲,
　　對於世間萬物亦無所求索;欲以此現象界的具體觀察經驗,
　　推翻董仲舒「人副天數」之說。

> 如天瑞為故,自然焉在?無為何居?何以知天之自然也?以
> 天無口目也。案有為者,口目之類也。口欲食而目欲視,有
> 嗜欲於內,發之於外,口目求之,得以為利欲之為也。今無
> 口目之欲,於物無所求索,夫何為乎?何以知天無口目也?
> 以地知之。地以土為體,土本無口目。天地,夫婦也,地體
> 無口目,亦知天無口目也。(《論衡・自然篇》卷十八)

(2) 王充天道觀的目的,在於否定「天人相應」之說,及漢代流
　　行的災異說。其天道觀的結論是為,天人不相知,天人不相
　　感;亦即「人不能以行感天,天亦不隨行而應人」。

> 或言天使之(指麒麟鳳凰)所為也。夫巨大之天,使細小之
> 物,言語不通,情指不達,何能使物?物亦不為天使。(《論
> 衡・指瑞篇》卷十七)
> 人不能以行感天,天亦不隨行而應人。(《論衡・明雩篇》卷
> 十五)

5. 氣化論的侷限：王充亦採氣化宇宙論，他說萬物皆共一元氣所生所成，但人有聰愚美醜之分，是因為父母合氣時稟氣精粗厚薄不同所致。王充的侷限在於他的理論是為了反對天人感應，而一味強調自然義、物質義的「氣」。他否定有意志的鬼神，強調人乃自然之氣所成，卻又主張性成命定，導致其理論產生駁雜與矛盾。

叁　性命論──性成命定

一　人性論──性成命定

1. 用氣為性：性之善惡，皆本於同一元氣而成。

（1）人性的善惡，決定於稟氣的厚薄。

> 用氣為性，性成命定。(《論衡·無形篇》卷二)
>
> 稟氣有厚泊，故性有善惡也……人受五常，含五臟，皆具於身。稟之泊少，故其操行不及善人，猶酒或厚或泊也……人之善惡，共一元氣。氣有少多，故性有賢愚。(《論衡·率性篇》卷二)

（2）王充的命運論，認為人的貧富貴賤，受命之時即已由命運所決定；所謂「性猶命也」，指人的善惡亦由受氣時厚泊之性所既定，「性善者，不教而自善。性惡者，教而終不善。」

> 人生受性，則受命矣。性、命俱稟，同時俱得。非先稟性，後乃受命也。(《論衡·初稟篇》卷三)

夫物不求而自生，則人亦有不求貴而貴者矣；人情有不教而
自善者，有教而終不善者矣，夫性猶命也。（《論衡・命祿
篇》 卷一）

2. 三品說：性分上、中、下
（1）王充將孟子以下的人性論，分為三等。（《論衡・本性篇》）

孟軻	人性善	中人以上
揚雄	人性善惡混	中人
孫卿（荀子）	人性惡	中人以下

（2）性與教化的關係：王充「用氣為性」，「性成命定」的觀念
中，性是否有因教化而改變的可能？王充認定人性與教化的
關係，只能侷限在三品的等第中改善，但「高不可下，下不
可高」，所以仍無法根本跨越先天材質的三品極限。聖賢乃
生而為聖賢，不是人人可努力而成的。

論人之性，定有善有惡。其善者，固自善矣；其惡者，故可
教告率勉，使之為善……善漸於惡，惡化於善，成為性
行。……性惡之人，亦不稟天善性，得聖人之教，志行變
化。（《論衡・率性篇》卷二）
人性有善有惡，猶人才有高有下也，高不可下，下不可
高……（中人）若反經合道，可以為教。盡性之理，則未
也。（《論衡・本性篇》卷三）

3.「性成命定」說的侷限
（1）「性成命定」中提到「命運天注定」之說，此已超越經驗的

範圍，無法驗證。相信與否，但憑個人。然而關於「人性論」的問題，王充卻說是人在母胎中即善惡已定，善惡可分上、中、下之三品等第。性三品是固定不移的，「高不可下，下不可高」，太上不用教，太下不必教，目標只在教育中人。但即使是中人之資，教化也只能改善或提升其善的表現，卻不能改變其天生根本的品第。中人可以掉到中人之最低，也可到達到中人之最高，可是無法到達聖人，但也不會墜至下等。性是固定的（性成），此說很容易打擊人們行善、修養、實踐的動力。

（2）性是屬於內在的，善惡要發於行為才能具體得知，王充直接將人的稟氣作善惡分別，這種將人性善惡分等第的標準何在？由誰來分判？分等第之人自己屬於第幾品，有何資格論斷他人？

（3）孔孟荀論人性，均先預設適用於所有人的普遍性，才不會有分等第的標準問題。所以將人性分等第的說法，基本上對於人而言是不公平的，對於提倡教化也將失去鼓舞人心的力量。因為分判的標準本身就是問題，實際上的區分也難有公論以服人。

4. 王充、孟、荀論「性」之比較：王充認為中人以上，可能是孟子所說的性善之人；一般人之中絕大多數是中人；中人以下，則可能是荀子所說的性惡之人。王充對荀子的理解並不正確，荀子並未說人性本惡，且荀子並非針對少數人說性惡，而是針對所有人都有的自然嗜欲之性，這種欲望之性很容易流於惡。但王充是將社會上所有人分為三等（孟荀是針對普遍的人），三人對於性的定義與看法都不同。

二　命運觀

1. 命與性分立
   （1）王充所謂「命」，指人生際遇貴賤貧富的「命」，與人性本質善惡的「性」並不相關。故性善之人，或命吉、或命凶；性惡之人，亦可能或命吉、或命凶。善惡與命運吉凶無關聯性。

   > 故夫臨事知愚，操行清濁，性與才也。仕宦貴賤，治產貧富，命與時也。（《論衡·命祿篇》卷一）
   > 夫性與命異，或性善而命凶，或性惡而命吉。操行善惡者，性也；禍福吉凶者，命也。（《論衡·命義篇》卷二）

   （2）命所包涵的內容，包括人一生的生死壽夭、貧賤富貴等。

   > 凡人遇偶及遭累害，皆由命也。有死生壽夭之命，亦有貴賤貧富之命。（《論衡·命祿篇》卷一）

2. 反對漢代之三命說
   （1）王充在〈命義說〉中提到漢代「說命有三，一曰正命、二曰隨命、三曰遭命」，漢代三命說的內容分別如下：
   ①正命：謂本稟之自得吉也。
   ②隨命：戮力操行而吉福至，縱情施欲而凶禍到。（此說仍可見人之自主性與際遇的關係。）
   ③遭命：行善待惡，非所冀望。逢遭於外，而得凶禍。
   （2）王充不贊同「隨命」的看法，他認為正命、遭命皆是命定不可改，而隨命卻使人的努力與際遇結果間仍有關聯性，若承認「隨命」則與其他二命牴觸。

使命吉之人，雖不行善，未必無福；凶命之人，雖勉操行，
未必無禍。……言隨命則無遭命，言遭命則無隨命。儒者三
命之說，竟何所定？（《論衡·命義篇》卷二）

（3）骨相法：王充認為人稟氣的厚薄，會決定人一生的貧富、貴
　　　賤、壽夭，而命運的徵候都已表現在人的體型骨骼上，所以
　　　只要通過體相骨法觀察判斷，即可知其稟氣及命運會如何了。

人曰命難知。命甚易知。知之何用？用之骨體。人命稟於
天，則有表候見於體……表候者，骨法之謂也。（《論衡·骨
相篇》卷三）
人有壽夭之相，亦有貧富貴賤之相，俱見於體，故壽命脩
短，皆稟於天；骨法善惡，皆見於體。（《論衡·命義篇》卷
二）

第十三章
魏晉玄學概述

綱要

第十三章
魏晉玄學概述

壹　玄學的興起、發展與影響

一　玄學之興起

1. 政治社會衰頹：

   從東漢中期起，皇室即受困於外戚與宦官之間的鬥爭。東漢自宣帝以後，國勢開始走弱，兼之幼主即位，國事往往由太后與外戚掌管。待皇帝長大欲奪回權力，復與宦官合作剷除外戚，宦官與外戚的鬥爭就此陷入惡性循環。

2. 清議轉為清談：

   東漢兩次黨錮之禍，起於太學生批評時政（清議），朝廷採取鎮壓手段，遂導致後來的知識份子不敢批評時政，由清議漸漸變成清談。清談的第一階段是「月旦人物」，論者迴避敏感的政治議題，僅討論某人的氣質、體態、命相等與政治無關的主觀品評。魏晉品評人物最常用的辭是「氣象」、「風致」等。重視人的整體，包括氣度、心胸、格局的綜合呈現。月旦人物久了，逐漸從個別的品評中，歸納出涵蓋面較廣的抽象標準。這些品人理論，收錄在劉劭的《人物志》。品評人物目的在於如何鑑定人才，以作為選材任官的標準，屬於才性派。清談的第二階段才逐漸發展到哲學思辯，也就是魏晉玄學的名理派。

3. 官學衰私學盛：

魏晉南北朝時，因為國家處在戰亂之中，無法像兩漢一樣由國家推動並鞏固官方儒學的發展。政府雖然仍持續教育人才，但相對於全盛時期，在師資、經費等各方面都比較差。魏晉南北朝是家學、家訓最發達的時代，當外在的官學教育體系衰微時，世家大族反而擁有各方面較優良的條件，例如有財力、能力延攬最好的師資，教育家族子弟。魏晉三百多年世家大族地位財富能夠長期不墜，並非只靠一時的權勢，還要有代代有好人才才能延續家族的影響力。家族的子弟需要靠良好的教育才能培養成人才，所以世家大族非常重視子弟的教育。世家大族聚居於塢堡，塢堡是漢魏南北朝時一種防衛性的建築，又稱塢壁，擁有私人武力能捍衛塢堡安全。世家子弟既有優秀的師資，又能在相對安全的環境安心受教，所以整個魏晉南北朝，門閥之內的經學發展水準優於官學。

4. 內儒外道以應世：

魏晉玄學並非所有人都只專注於《老》《莊》《易》三玄，他們很多是採「內儒外道」的方式，而求於亂世能全身遠禍。儒學教育重視各種人倫道德、責任承擔及各方面的對應進退、及具體事物的學習，學習範圍相當廣泛，屬於入世承擔的通學，這是世家子弟的基礎必修課程。然而，世家子弟時有聚會，在私交場合之中進行各種訊息交流，由於門閥之間互有競爭，因此儘可能不讓子弟透露自家的企圖心，以免引起彼此之間或當權者的猜忌，所以在外會盡量表現出道家的一面，表現得越無為越超越，越不容易出錯或觸犯他人。所謂「內儒外道」的應世智慧，就是在門閥之內，子弟積極研究儒學；在外則談玄，作為社交應對的話題，這是相對安全的處世方式。至於最理想的人格，則是儒道的綜合呈

現，以被玄學化、道家化的儒家聖人為典範，如孔子、堯等，不排除用有儒家入世的名位、責任，但內心的境界則強調超越現實而順其自然，此即「外儒內道」的聖人觀。

二　玄學之發展

1. 對天人感應思想的反動：對天人感應思想的反動，並非只有王充，在揚雄時即已提出，到王充時更加明確。從揚雄、王充至東漢末的崔寔、王符、仲長統，他們紛紛走向了社會改革，提倡外王事業。

2. 揚雄《太玄》重探道家思想：東漢揚雄的《太玄》，有自覺地擺落了兩漢的天人感應理論，以道家思想為基礎，建立了與老莊思想相近的自然觀，並以之與先秦儒家的天道思想溝通，此轉變成為魏晉玄學的先聲。

3. 擺脫漢代經訓、讖緯的限制：魏晉之際的學者，逐漸擺脫漢代經學的束縛，章句訓詁的繁瑣，陰陽讖緯的荒誕。

   自漢京以後垂二千年，儒者沿波，學凡六變。其初專門授受，遞稟師承，非惟詁訓相傳，莫敢同異；即篇章字句，亦恪守所聞。其學篤實謹嚴，及其弊也拘。王弼、王肅，稍持異議。（《四庫全書總目‧經部總敘》卷一）

4. 名理思想蓬勃發展：名理思想重探有無、自然與名教、會通孔老等問題，名理哲辯蓬勃發展。

三　玄學之影響

魏晉玄學雖然有興趣探討生命本源的問題，但仍無法提出身心如何安頓的圓滿解釋，生命的終極歸宿問題，最後仍有待宗教之力。魏晉南北朝，連年戰亂，生命無常無寄，此一動盪不安的背景，更有利於佛教傳入並迅速傳播。因為有了前期魏晉玄學開風氣的努力與基礎，才能為後來般若學的傳入，提供了很好的思維方法的理論橋樑。促使人從具體世界的關懷轉向形上抽象的探討，生命從實際生活的開展轉向了對生命的根源為何，與如何轉化才能超越的探索。

貳　何謂玄學

一　玄學的意義及內容

1.「玄」的本義，黑而有赤色；引申義為幽遠，此觀念最早見於《老子》：「玄之又玄，眾妙之門。」是指對生命及思想意識之遠冥幽深境界的探索。
2. 魏晉名士尚玄遠，「玄遠」在當時有二義：
　（1）阮籍言及「玄遠」：指其遠離世俗事務；所指為政治人倫方面。
　（2）荀粲「尚玄遠」：指遠離具體事物；所指屬於超言絕象的形而上問題。
　總之，玄學已發展到以討論天地萬物存在的根據問題作為中心課題，努力要為政治人倫找一形而上學的根據，從而進入本體論問題的探究。

3. 玄學：以老莊的學說思想為內容，以名家的思辯方式為手段，嘗試調和儒道，遂發展成為魏晉的「玄學」。

（1）依據的典籍：主要以「三玄」為主——《周易》、《老子》、《莊子》。

（2）清談的內容、典籍論題

	內容分類	談論典籍	主要論題
一	哲理	三玄： （《周易》、《老子》、《莊子》）	「有、無」、「一、多」、「才、性」、「言、意」、「自然、名教」
二	經義	《詩》、《書》、《禮》、《春秋》、《論語》、《孝經》	「天道」、「性命」
三	品藻人物	《世說新語》36門	評記人的才德學識
四	物典	佛教經論	儒道釋的異同

二　各期代表人物與主要課題

	正始時期	竹林七賢	元康時期
人　物	何晏、王弼	阮籍、稽康	郭象、裴頠
有　無	貴無		崇有
自然與名教	名教本於自然	越名教而任自然	名教即自然
思維方法	得意忘象		寄言出意

叁 從「清議」到「清談」

一 東漢清議之風

1. 清議是東漢政治的主流勢力，是一股褒獎同類，貶斥奸邪的社會
   輿論力量。漢代選取官吏，地方用察舉，朝廷用徵辟；東漢社會
   上的清議風氣甚盛，政府選用人才，士子晉身政治都要憑藉清議。
2. 當時流行的「月旦人物」，往往以精鍊的評語概括個人的才性稟
   具，以後發展成魏晉年間評人量才的才性之學。

二 魏晉清談之風

1. 魏晉以降，政論性的「清議」轉為品鑑人物的「清談」。又稱作
   「清言」、「玄談」、「談玄」等。由漢末清議到清談的發展過程
   中，逐漸鍛鍊出更嚴密更有系統的「辨名析理」的能力。
2. 談玄：被稱為「談玄」的原因不僅在它講天之道、地之道、人之
   道等幽遠之學，也在於它藉「談論」而進行，藉「談論」而建
   立，「談論」是「求理（邏輯思辯理路）」的過程與手法，而「求
   理」是談論的目的，故稱此種討論形而上、玄遠的活動為談玄。
3. 清談著重學術的討論，但不等於空談，參加者不問身份地位一律
   平等。由一人開講，他人詰難，反覆論辯析理，直至理勝方休。
   語言力求簡要清通，並品評優劣等第。
4. 談玄的特點：
   （1）純粹為「求理」而求「理」，與現實問題的交涉少。
   （2）這種談論所得的最終之理，只是最勝義，而非理源所歸。談

玄的目的只是求勝，並非真理，以求勝為最高目標。因此在
談辯過程中，眾人各自馳騁其聰明才智、哲辯機鋒，重視言
語思辯的運用，而不是個人生命體會的深淺。

三　何謂名士

1. 語言思辨上展現動人的丰采者：如王弼、郭象等。
   （1）名士是指魏晉時代，有特殊的生命和風格，甚者鄙棄禮法，
        任性風流，終日好講談玄的士人。
   （2）名士能運用抽象概念和分析能力以進行思辨或論辯者。
2. 重現生活的體現多於思辨的開展者：如阮籍、嵇康。

第十四章

才性派
——劉劭《人物志》及衍生之課題

綱要

第十四章

才性派
──劉劭《人物志》及衍生之課題

生平

一、姓名：劉劭

二、時代：生於東漢靈帝建寧年間（西元168-172年），死於魏齊王芳
　　正始年間（西元240-249年）。

三、傳略：劉劭，字孔才，廣平邯鄲（今河北省邯鄲市）人，漢獻帝
　　時入仕，初為廣平吏，歷任太子舍人、秘書郎等，魏文帝時任尚
　　書郎，散騎侍郎。劉劭學問詳博，通覽群書，曾執經講學。

四、著作：《新律》（十八篇）、《律略論》、《都官考課》（七十二條、
　　及〈說略〉一篇）、《樂論》（十四篇）、《法論》（百餘篇）、《人物
　　志》（百餘篇）。

壹 才性名理——劉劭《人物志》

一 才性派的興起與發展[1]

1. 魏初品鑒人物有其政治上之實用因素，一方面因漢魏間政論家之重名實，另一方面則因曹魏父子因好法術而注重典章制度與刑律。政治上之實用與品鑒常是平行並進的。所謂品鑒，指對人物之月旦品覈。品鑒有兩個方向：一是為客觀實用的選人任官；二是內在於人格本身而為純藝術美的欣賞，所謂氣象、風致等是也。

2. 魏初之品鑒人物，即由現實之因緣，轉為主觀而內在興趣的品鑒，演變出的理論即是才性名理，以劉劭《人物志》為此派之代表。

3. 政論家素重名實，對內在之精神藝術的品鑒不甚相知。才性名理派並未客觀具體發揮其品評以提供吏治人才之功用，於是轉為魏晉清談的玄理派。

二 《人物志》的主要內容

1. 內容重點
   （1）提供辨識人材的理論與方法。
   （2）將人材分類，剖析其得失及適合授任的官職。

2. 人的生命及個別差異的理論基礎：由陰陽五行而化生為具體之人時，人情性材質之殊異即已形成，而此情性乃就人之材質能力而

---

1 參見牟宗三：〈第七章、魏晉名理正名〉，《才性與玄理》，頁269-329。

言，不是從道德而論。

（1）元一：血氣者之質。

（2）陰陽：稟之以立性。

（3）五行：體之而著形。

凡有血氣者，莫不含元一以為質，稟陰陽以立性，體五行而著形。（《人物志・九徵》）

3. 識人之學

（1）五行：劉劭將五行與人的五體，材質的五質，德行特徵的五材等搭配解釋，而成一完整的品鑑體系。

五行	五體	五體的性質	五質	五常	說明
木	骨	骨植而柔	弘毅	仁之質也	不忍也，施生愛人
火	氣	氣清而朗	文理	禮之本也	履也，履道成文
土	肌	體端而實	貞固	信之基也	誠也，專一不移
金	筋	筋勁而精	勇敢	義之決也	宜也，斷決得中
水	血	色平而暢	通微	智之原也	知也，見微者也

（2）九徵：觀察品鑒人物的依據。九徵兼備者，是「中和」的聖人；九徵不兼備者，是偏材。

①平陂之質在於神──從人之神可知人之平陂本質

②明暗之實在於精──從人之精可知人之明暗實體

③勇怯之勢在於筋──從人之筋可知人之勇怯態勢

④彊弱之植在於骨──從人之骨可知人之強弱植基

⑤躁靜之決在於氣──從人之氣可知人之言行躁靜

⑥慘懌之情在於色──從人之色可知人之情緒憂喜

⑦衰正之形在於儀──從人之儀可知人之形態衰正

⑧態度之動在於容──從人之容可知人之態度變動

⑨緩急之狀在於言──從人之言可知人之心態緩急

4. 人的質性差別

（1）九徵兼備：為兼德之聖人，能通天下之理，順應種種變化而做最適當的處理，以平治天下。

（2）四部之理：指道理、事理、義理、情理四類。

　①道理之家：好於形上學的領會；質性平淡，心思玄微，順性順命，能與自然相通。

　②事理之家：精於政治社會的統御；質性機警而通達，精於謀略，敏於行動，能迅速處理煩雜之事。

　③義理之家：長於禮樂教化；質性和平，溫文儒雅，能論禮教，分析得失。

　④情理之家：擅於人情應對進退之機；質性機敏，圓熟達練，了解人情世故，應變得宜。

> 是故質性平淡，思心玄微，能通自然，道理之家也；質性警徹，權略機捷，能理煩速，事理之家也；質性和平，能論禮教，辯其得失，義理之家也；質性機解，推情原意，能適其變，情理之家也。（《人物志・材理》）

5. 偏材的特質與適任的職務

（1）劉劭將各種偏材歸納為十二類，而一一就其材能及人格特質，說明各自適合的職務。

（2）這十二類的人，因「九徵」未兼備，「五行」、「五德」亦未中和，所以縱使能力再高，都是人臣之任，不適合為君主。

（3）體別：偏材之性，不可移轉改變，以後天的學習，只能幫助人實現其材質，而無法改變先天的特質。

流業	材　能	宜任之官位	代表人物
清節家	德行高妙，容止可法	師氏	延陵、晏嬰
法家	建法立制，彊國富人	司馬	管仲、商鞅
術家	思通道化，策謀奇妙	三孤	范蠡、張良
國體	兼有三材，三材皆備，其德足以厲風俗，其法足以正天下，其術足以謀廟勝	三公	伊尹、呂望
器能	兼有三材，三才皆微，其德足以率一國，其法足以正鄉邑，其術足以權事宜	冢宰	子產、西門豹
臧否	清節之流，不能弘恕，好尚譏訶，分別是非	師氏之輔佐	子夏
伎倆	法家之流，不能創思遠圖，而能受一官之任，措意施巧	司空	張敞、趙廣漢
智能	術家之流，不能創制垂則，而能遭變用權，權智有餘，公正不足	冢宰之輔佐	陳平、韓安國
文章	能屬文著述	國史	司馬遷、班固
儒學	能傳聖人之學，而應對資給	安民	毛公、貫公
口辯	辨不入道，而不能幹事施政	行人	樂毅、曹邱生
驍雄	膽力絕眾，材略過人	將帥	白起、韓信

6. 聖人與英雄

（1）聖人平淡無為：聰明平淡，總達眾材；宜任君主。

> 凡人之質量，中和最貴矣。中和之質，必平淡無味，故能調成五材，變化應節。（《人物志·九徵》）

（2）英雄：

    ①英：聰明秀出，英得雄分，然後成章；僅有英，但稱相，如張良等輩。

    ②雄：膽力過人，雄得英分，然後成剛；僅有雄，但稱將，如韓信等輩。

三　劉劭對魏晉玄學的貢獻

1. 劉劭把討論人性的重點，在人倫道德領域外，另闢專就個人審美品鑑而論的層面，不僅使才性問題成為魏晉玄學的重點，也促進了魏晉玄學重視個體思想的發展。

2. 劉劭把「聖人」的特質，從德性的修養轉換到氣性才能的範圍，使有關「聖人」的討論，除了人皆可為聖人的擴充實踐或化性成德的思考外，多了從先天稟氣即已決定是否能為「聖人」的觀點。此觀點與王充的「用氣為性」、「性成命定」說，有其內在理路的相通處。使魏晉玄學有關聖人觀的討論更多元化。

3. 劉劭在討論人才的分類時，分別從不同的角度提出許多不同的分析，使討論氣性才質的觀念大增，不僅加深了、擴廣了對人性的了解，也促進了魏晉玄學比較抽象的哲學分析的發展。

四　評述

牟宗三[2]指出

1. 才性系統不能建立進德之學之所以可能的超越根據。

2　牟宗三：〈第二章《人物志》之系統的解析〉，《才性與玄理》，頁64-69。

2.〈人物志〉順才性之品鑒，對於英雄有恰當相應之理解，對於聖人無恰當相應之理解。……既以才性看聖人，故凡聖人皆是先天的，企不可及，亦不可學而至。此與先秦儒家孟荀，皆言人人可為聖人之說大異。（然荀子言成聖，於其學術無根；孟子言之，則有根。）

貳　才性觀──四本說

由品鑒人物衍生「才性」的討論，此即是〈四本論〉的才性觀點。

一　才性同：才和性相同

1. 傅嘏、盧毓的觀點：無論「賢」或「能」，同樣都是就道德修養、品行操守而言。「性」指道德操行的基礎，「才」指道德實踐的能力。

二　才性異：才和性相異

1. 李豐的觀點：「性」指道德操行的基礎，「才」根本不是或不完全是實踐道德的能力。
2. 曹操的觀點：「性」指德行，「才」指實踐道德以外的才能。「治平尚德行」、「有事尚功能」，德行和才能本質上不相同，而且二者沒有必然的關聯。

三　才性合：才和性相關

　　鍾會、袁準的「才性合」觀點：「性」主要不是指人的德性，而泛指人在氣性智能上的稟賦，而「才」則是這種稟賦的表現，但與「才性同」的分別，在於兩說對「性」的定義不同。

四　才性離

　　認為才和性無關，與「才性異」者對「性」與「才」的定義，其理解是一致的；但立場上及程度上有差異：

1. 「才性異」只強調才和性本質的不同。
2. 王廣的觀點「才性離」則進一步指出才和性兩者並沒有任何必然的關聯。

　　鍾會撰〈四本論〉始畢，甚欲使嵇公一見，置懷中；既定。畏其難，懷不敢出，於戶外遙擲，便回急走。注云：「〈魏志〉曰：會論才性同異傳於世。四本者：言才性同、才性異、才性合、才性離也。尚書傅嘏論同，中書令李豐論異，侍郎鍾會論合，屯騎校尉王廣論離。文多不載。」（《世說新語・文學第四》，劉孝標注）

五　四本說與政治勢力之分派

　　四本說與當時兩大政治勢力配合討論，可約之為兩派：

1. 以曹魏宗室曹爽為中心
   （1）有夏侯玄、何晏、嵇康等人。

（2）主張才性離或才性異。

（3）主張用人唯才。

2. 以儒門司馬氏為中心

（1）有傅嘏、鍾會等人。

（2）主張才性合或才性同。

（3）主張用人需才德兼俱。

叁　言意之辨

一　從品鑒人物到言意之辨

魏晉言意之辨緣起於品鑒，然「言不盡意」的觀念實早見於《周易・繫辭傳》。「言意之辯」的課題包含著兩個不同的層面：一個是在形而上學範圍，對以名言去表達形而上的實體或原理時，其所能表達的程度和限度的考察；另一個則是在語言學的範圍，對一般形下具體生活的名言與意義的關係的探討。前者可以荀粲之「言不表意」為代表，後者以歐陽建的「言盡意」為代表。

二　荀粲的「言不表意」

1. 對於言不必盡意的釐清

（1）**魏晉的說法**：名言是否能「完全」表達性與天道的問題？這個問題的前提，其實已預設了名言是可以表達性與天道，假如不承認名言是可以表意，根本談不到名言是否能「充分」或「完全」表意的問題。

（2）荀粲的主張：名言不能完全表達抽象的天道，所以稱之為「言不表意」。他認為，凡名言都「不能完全表達『意』（性與天道）；且六籍亦不能完全表達性與天道。」所以他說：「六經雖存，固聖人之糠粃。」

2.（1）牟宗三分疏王弼所主張的「言、意、象」的關係，與荀粲可合併討論之，皆屬於「言不盡意」論。所謂「立象以盡意」，即是意有可藉象（或言）表達而出之意；而須另外再強調「得意在忘象」，乃因形上的意固然有言象所可表達的部分，但亦有言象所無法完全充分表達的部分。所謂「只可意會不可言傳」的部分，就是「盡而不盡」，即非語言所能表達的超越部分。

（2）言象所能表達的層次，可稱之為「言意境」；言、象所不能充分傳達的層次，則稱之為「超言意境」。

（3）所謂「盡而不盡」的第一個「盡」即是「言意境」，第二個「不盡」，即是形上的「超言意境」；而「言不盡意」意謂言象可以發揮第一層「言意境」的表達功能，但無法完全充分表達溝通至更高層的「超言意境」。

　　粲諸兄並以儒術論議，而粲獨好言道，常以為子貢稱夫子之言性與天道不可得聞，然則六籍雖存，固聖人之糠粃。粲兄俁難曰：「《易》亦云『聖人立象以盡意，繫辭焉以盡言』，則微言胡為不可得而聞見哉！」粲答曰：「蓋理之微者，非物象之所舉也。今稱『立象以盡意』，此非通於意外者也；『繫辭焉以盡言』，此非言乎繫表者也；斯則象外之意，繫表之言，固蘊而不出矣。」（《三國志·魏書·荀彧傳》卷十，裴松之注引孫盛《晉陽春》）

三　歐陽建的「言盡意」論

1. 「意」之釐清
   （1）荀粲：荀粲的「言意觀」以及其他主張「言不盡意」的玄學家，所針對的「意」都是形而上的，故皆主張「言不盡意」。歐陽建則獨違眾人之見，而對「言不盡意」論不以為然，故自稱「違眾先生」，他另提「言盡意」論。
   （2）歐陽建：他所針對的「意」，並不限於形而上的實體或原理，主要指形而下的客觀事物而言。

2. 歐陽建〈言盡意論〉：形不待名，方圓已著；色不俟稱，黑白已彰。
   （1）四時的運行，萬有的分殊，是自然而然的，有沒有名稱言辭，對萬物本身並無直接影響。相對於自然的森羅萬象，名稱言辭只是後起的、附屬的。
   （2）若沒有名稱的幫助，我們不易辨識千差萬別的事物；沒有言辭的表達工具，我們很難表達自己的思想與情感。既已為物造名，為理造言之後，則名言自有其清楚的指涉功能。言意的關係，就如是「聲發響應，形存影附」，所以言可盡意。

　　　有雷同君子問於違眾先生曰：「世之論者，以為言不盡意，由來尚矣。至乎通才達識，咸以為然。若夫蔣公〔濟〕之論眸子，鍾〔會〕、傅〔嘏〕之言才性，莫不引此為談證。而先生以為不然，何哉？」先生曰：「夫天不言而四時行焉，聖人不言而鑒識存焉。形不待名，而方圓已著；色不俟稱，而黑白已彰。然則名之於物，無施者也。言之於理，無為者也。……名逐物而遷，言因理而變。此猶聲發響應，形存影

附，不得相與為二。苟其不二，則無不盡。吾故以為盡矣。」(《藝文類聚》卷十九)

3. 丞相王導對歐陽建之「言盡意」論，甚為欣賞，故王導過江左所標之三理，即是歐陽建之〈言盡意論〉、嵇康之〈聲無哀樂論〉及〈養生論〉。

舊云：王丞相過江左，止道〈聲無哀樂〉、〈養生〉、〈言盡意〉三理而已(《世說新語・文學第四》)

四 王弼的「得意忘象」

1. 亦屬「言不盡意」之主張。
2. 詳見第十五章〈何晏、王弼〉專章。

第十五章

何晏、王弼
——正始時期

綱要

第十五章

何晏、王弼
——正始時期

生平

一、何晏

　　1. 姓名：何晏

　　2. 時代：約生於東漢獻帝興平元年（西元191年），死於魏齊王芳
　　　正始十年（西元149年）。

　　3. 傳略：何晏，字平叔，東漢三國時人，為大將軍何進之孫。曹
　　　操於司空時納其母尹氏，並收養何晏。少慧，及長與曹氏金鄉
　　　公主成婚[1]，得賜爵列侯。正始時，曹爽當權，晏附之，擢為
　　　散騎侍郎，累遷至侍中尚書[2]。何氏位居高位，又聰敏能言，
　　　為天下清談之士，史稱：「晏能清談，而當時權勢，天下談
　　　士，多宗尚之。」（《世說新語‧文學第四》劉孝標注引《文章
　　　敘錄》）唯其人尚主好色，又善服色[3]，後曹爽為司馬懿誅，捕

1　《三國志‧魏書‧諸夏侯曹傳》裴松之引〈魏末傳〉云：「晏婦金鄉公主，即晏同
　　母妹。」按：據裴松之引《魏略》云：「太祖（曹操）為司空時，納晏母并收養
　　晏。」金鄉公主則為曹操與晏母尹氏所出。

2　《世說新語‧文學第四》記此時王弼與何晏的情況云：「何晏為吏部尚書，有位
　　望，時談客盈座，王弼未弱冠，往見之，晏聞弼來，乃倒屣迎之，因條向者勝理語
　　弼曰：『此僕以為理極，可得復難不？』弼便作難，一座人便以為屈，於是弼自為
　　客主數番，皆一座所不及。」按：期間關於王、何二人的身份和年齡問題尚有疑
　　慮，唯關於清談之場合與氣氛當為實錄。

3　《三國志‧魏書‧諸夏侯曹傳》裴松之引《魏略》云：「晏尚主，又好色，故黃初

殺黨羽，何晏亦死於事。

4. 著作：何晏著有《道德論》,《論語集解》,《周易解》及文集十
一卷[4]，今傳完整之書，僅《論語集解》一書，清人阮元覆刻
宋本《十三經注疏》論語注即采用何注。

二、王弼

1. 姓名：王弼

2. 時代：生於魏文帝黃初七年（西元226年），卒於魏齊王芳正始
十年（西元249年）。

3. 傳略：王弼，字輔嗣，《三國志》未有專傳，僅於〈鍾會傳〉
裴松之注略有述及，據裴注可知其為三國時山陽高平人（今山
東鄒縣），父親王業曾為魏尚書郎，幼聰敏，年十五即已盡攻
老、莊蘊奧，通辯能言，與當世清談名流裴徽、何晏、鍾會等
皆有交遊，所注《老子》，何晏稱許為：「仲尼稱後生可畏，若
斯人者，可與言天人之際乎？」（《三國志·魏書·鍾會傳》卷
二十八）可見其人之才，弼負才高，又與晏善，頗思仕進，唯
不為曹爽所喜，僅拔為臺郎一職，後曹爽失敗，王弼黜免，是
年秋弼染疾而亡。年僅二十四。

4. 著作：有《周易略例》一卷,《周易注》六卷、《老子注》二卷,
《論語釋疑》三卷，文集五卷，文集今已不傳,《論語釋疑》皇
侃《論語義疏》有略引,《周易注》、《老子注》則廣行於世，清
人阮元覆刻宋本《十三經注疏》《周易》注亦采用王注。

（魏文帝）時無所事任……（晏）動靜粉白不去手，行步顧影。晏為尚書，主選
舉，其宿與之有舊者，多被拔擢。」

4 何氏亦有《老子》注，因王弼《老子》注出後，即改名作《道德論》，今已不傳，
張湛《列子注》有引何氏〈道論〉；文集方面，清人嚴可均《全上古三代秦漢三國
六朝文》有輯其文。

壹　何晏

一　無為萬物之本

1. 形上的道體是無語、無名、無形、無聲的，它沒有任何的具體形象或屬性，所以不是感官知覺的對象。

   何晏道論曰：「有之為有，恃無以生，事而為事，由無以成。夫道之而無語，名之而無名，視之而無形，聽之而無聲，則道之全焉。」（《列子・天瑞篇》卷一，張湛注）

2. 天地萬物，都是以無為本，都是恃無而成，此屬宇宙論。

   天地萬物皆以無為本。無也者，開物成務，無往不存者也。陰陽恃以化生，萬物恃以成形。（《晉書・王衍傳》）

3. 無名為道：道是無，是不可以名說限定的。何晏認為「無名」是道的特色所在，即使人們想窮盡心力「遍以天下之名名之」，也難以真正定義「道」。

   為民所譽，有名者也，無譽，無名者也。若夫聖人，名無名，譽無譽，謂無名為道，無譽為大，則夫無名者可以言有名矣，無譽者可以言有譽矣。然與夫可譽可名者豈同用哉？……取世所知而稱耳，豈有名而更當云無能名焉者耶？夫惟無名，故可得遍以天下之名名之，然豈其名也哉？（《列子・仲尼篇》卷四，張湛注）

二 聖無哀樂論

1. 何晏從人生行為的理想結果要求，認為聖人不同於一般人，其對外物應無哀樂的反應。

何晏以為聖人無喜怒哀樂，其論甚精，鍾會等述之。弼與不同，以為聖人茂於人者神明也，同於人者五情也。神明茂，故能體沖和以通無；五情同，故不能無哀樂以應物。然則聖人之情，應物而無累於物者也，今以其無累，便謂不復應物，失之多矣。(《三國志·魏書·鍾會傳》卷二十八，裴松之注引何劭《王弼傳》)

貳 王弼

一 思維方法──得意忘象

魏、晉玄學，被近人稱之為「新學」，新學之所以為新，是相對於漢代經訓之舊學而言。新學之所以能成立，最主要是因為它發展出一套具有新風格的思想，這套思想則是建立在方法上的自覺。

1. 王弼有鑑於漢儒經訓的繁雜，因此有自覺地提出以簡御繁的思維方法。他效法莊子「得魚忘筌」的精神，主張「得象忘言，得意忘象」。

（1）盡意莫若象，盡象莫若言，指出言、象是表意和達意的工具或方法而已。

（2）「得意忘象」、「得象忘言」則在強調達「意」才是最終的目

的，一旦意會，就必須從言或象的過程中超越出來，不要再
囿守於表意所使用的言、象。

（3）王弼提出此方法，有效地鬆動並打破了言與意絕對緊密結合
的經訓方式，肯定了某些只能內在體會，可意會而不可言傳
的形上部分。

> 夫象者，出意者也；言者，明象者也。盡意莫若象，盡象莫
> 若言。言生於象，故可尋言以觀象；象生於意，故可尋象以
> 觀意。意以象盡，象以言著。故言者所以明象，得象而忘
> 言；象者所以存意，得意而忘象。猶蹄者所以在兔，得兔而
> 忘蹄；筌者所以在魚，得魚而忘筌也。（《周易略例·明象
> 篇》）

2. 這是學術上由繁到簡發展的實例，兩漢經訓的繁雜，說一言以至
兩三萬字，王弼開出思想方法上以簡御繁的言意之辯，再由此方
法的突破，促使了名理思想的反動，重新返回形上天道的探討，
不再侷限於繁瑣的典章、訓詁、名物的考證。

二 大衍義──體用關係

1. 王弼以「四十有九」為具體事物運用之數，而「一」乃是太極，
是本體，它並非形下的具體事物，而是萬物的終極根源。簡言
之，以「一」為體，以「四十九」為用；「一」是無，「四十九」
是有；於此呈現王弼智悟之簡潔精緻，故能脫出漢代象數易理的
籠罩。

2. 王弼「大衍義」以「體無用有」的義理觀念，統攝體用、一多、
有無、本末等概念群，實是思想發展上的重要成就。中國哲學至
王弼注《老子》始提出「體用」觀念，其「體用如一」、「本末不
二」等思想，亦影響後來華嚴宗之「一多相攝」，宋儒「理一分
殊」等觀念。王弼的「大衍義」見解，見於韓康伯的《周易‧繫
辭注》中：

王弼曰：演天地之數，所賴者五十也。……四十有九，數之極
也。夫無不可以無明，必因於有，故常於有物之極，而必明其所
由之宗也。(《周易注‧繫辭上》)

三 無為萬物之本──有無關係

1. 道的三特性：
   - （1）恆常性：萬物無常，而道為常。
   - （2）超越性：道超越現象界，具無限性。
   - （3）主宰性：道行於萬物之中，主宰萬物。
2. 王弼注《老子》
   （1）王弼注《老子》對道的形上學觀念，包括「有皆始於無
   也」、「道者，無之稱也」的觀念，都能把握到老子的精義。

道者何？「無」之稱也，無不通也。況之曰道，寂然無體，
不可為象。(《周易注‧繫辭上》)
萬物萬形，其歸一也，何由致一？由於無也。(《老子‧四十
二章》，王弼注)
凡有皆始於無。(《老子‧二十一章》，王弼注)

（2）王弼認為無就是道，道是最高的，所以是「先天地生」。道
　　或無，雖不屬於現象界，但卻是現象界的根源。

「有物混成，先天地生」王弼云：混然不可得而知，而萬物
由之以成，故曰混成也；不知其誰之子，故先天地生。（《老
子・二十五章》，王弼注）

（3）道可道，非常道——名號與稱謂的關係
　　①名號——定彼者也。名生乎彼。名號生乎形狀。
　　②稱謂——從謂者也。稱出乎我。稱出乎涉求。
　　③王弼分析名號與稱謂之分別，乃是對「道常無名」的再
　　　次強調，而人們為了涉求對道的了解，而「強名之曰
　　　道」，這種稱謂是出於人自身溝通的需求，而與道本身
　　　無關。「道」本身是不能被任何名言符號所表述限定的。

四　自然與名教

1.「名教」指禮法制度，有時是藉指或暗指具體把持此一禮法名教
　的當權者。討論「有無」問題時，當權者會懷疑論者是否意欲否
　定禮教、或企圖瓦解他們所建立起的政權制度，因此清談者必須
　對此一懷疑有所解釋，所以當討論「有無關係」時，這些談
　「無」論「道」者必須先對當權者的「有」與「名教」表態。以
　政治圖騰人物而言，孔子是當權體制的代表人物，談玄者如何看
　待「孔子」的地位？以學派論，即是如何使「道」不與「儒」衝
　突？如何為禮法名教尋找形上的根據，這是一體多面的時代課題。

2. 王弼「名教中有自然」，自然之道與仁義禮教可用母與子的關係比喻；仁義生於自然，在具體的社會中當「舍母用子」。所有禮法的存在不但不是要壓抑自然，反而是要幫助人在名教之中和諧地實現自然天性，所以自然與名教並不衝突。

3. 禮法與名教的問題一旦解決，就能比較安全地談論自然之道，所以談論自然之道前，必須先表態不反對、不抑低名教，也不認為禮法名教與自然是衝突的，甚至進而主張自然與名教是可以和諧結合的。況且何晏、王弼等人都是當權者的結構份子，是禮法名教之下的既得利益者，亦無必要衝決禮法名教。

仁義，母之所生，非可以為母；形器，匠之所成，非可以為匠也。舍其母而用其子，棄其本而適其末，名則有所分，形則有所止。（《老子道德經‧三十八章》，王弼注）

五　聖人體無──會通孔老

1. 孔子和老子如何會通，這是魏晉重要的時代課題。從裴徽與王弼的問答分析：

（裴徽）問弼曰：「夫無者，誠萬物之所資也，然聖人莫肯致言，而老子申之無已者何？」弼曰：「聖人體無，無又不可以訓，故不說也；老子是有者也，故恆言無，所不足。」（《三國志‧魏書‧鍾會傳》卷二十八，裴松之注）

2. 孔子體無：王弼的說法十分巧妙，他認為孔子已經把道（無）的意義，全部體現在自己具體的生命活動上，而這已體現的「無」

的境界，是難以用語言符號來言說訓解的。因一言說，便要運用概念，而概念必有其限定性。一用概念來說，便把具有無限意義，不能被限定的「道」限定住了，所以孔子便不說了，「無言」反而才是最高的境界。

3. 老子是有者：所謂「老子是有者」，是說老子還沒有達到真正體無的境界，仍停留在「有」的層次，所以要自覺地去求實現「無」。由於他要努力表現「無」，因此常常說「無」，這反而顯出老子的不足。王弼這樣解說十分巧妙，這樣一來，說無的老子便比不上不說無的孔子了。王弼這會通孔老的說法，在魏晉時代有很大的影響。

4. 陽尊孔聖、陰崇老氏：以孔子是「聖人體無」，而孔子所體現的「無」卻是老子理論中的「以無謂道體」，而非孔子所重之「仁」為體，已巧妙地將強調踐仁的孔子玄學化或道家化了。歷史上的孔子，其形象一再被改造。到了東漢，孔子被官方尊為素王，「孔子」早已變成是政治圖騰化後的當權者的面具；他既是名教的創制者，儒學的聖人，其實更是當權者的代表符號。魏晉時，以「孔子體無」而會通孔老，看似陽尊儒家孔聖，其實是陰崇道家老氏了。

六　調和儒道

會通孔老是調和儒道最好的方式，既不必抑儒而從道，亦不必因好道而得罪當權者，王弼巧妙地找到這樣的調和解釋：第一聖人永遠是孔子，儒家之發用絕不可偏廢，禮法名教與自然本可和諧並存而不衝突。

七　聖有哀樂論

1. 聖有哀樂：王弼對何晏所提的「聖無哀樂」論，提出不同的看法，他認為聖人就現象界而言，亦是一自然之人，所以也會有哀樂的自然反應。

2. 應物而無累於物：王弼從心理層面的「無累」論聖人；聖人異於常人處，不在於無哀樂，而在於「應物而無累於物」。若是看到聖人不被五情所困，便以為他對喜怒哀樂不再有反應，這是太離譜了。

何晏以為聖人無喜怒哀樂，其論甚精，鍾會等述之。弼與不同，以為聖人茂於人者神明也，同於人者五情也。神明茂，故能體沖和以通無；五情同，故不能無哀樂之應物。然則聖人之情，應物而無累於物也，今以其無累，便謂不復應物，失之多矣。（《三國志·魏書·鍾會傳》卷二十八，裴松之注）

3. 聖人以情從理：王弼曾解釋孔子雖是聖人之體，但也會有自然生命之各種情緒反應及行為表現。孔子雖然「明足以尋極幽微」，然遇到顏回仍喜悅無比，當顏回英年而逝，孔子也不免哀傷。此喜怒哀樂乃「自然之性」，聖人亦不能去此自然之性。但聖人能「以情從理」，不復滯累於此而已。

夫明足以尋極幽微，而不能去自然之性。顏子之量，孔父之所遇在，然遇之不能無樂，喪之不能無哀。又常狹斯人，以為未能以情從理者也，而今乃知自然之不可革。（《三國志·魏書·鍾會傳》，裴松之注）

八　王弼思想簡表

1.

	貴無	無	有
一多關係		一（道）	多（萬物）
政治社會	自然中有名教	自然	名教
學派	調和儒道	道	儒
代表人物	會通孔老	孔（聖人體無，孔子被玄學化）	老（老子是有者）
思維表達	言意之辨	意	言
概念組的關係		母	子
		守母	存子
		崇本	舉末
		舍母	用子
		體	用

2. 上述的時代課題其實是一體的，只是切入的角度不同，當討論有無關係時，所討論的概念即「有」、「無」，用政治角度討論時就是「自然」與「名教」，用代表人物切入就是「老子」與「孔子」，此四者即像一個以「言意之辨」作為底座所建構成的四面體，「有無關係」、「自然與名教」、「會通孔老」、「調和儒道」即是此一體的四個面相。

第十六章
阮籍、嵇康
——竹林七賢

綱要

第十六章

阮籍、嵇康
——竹林七賢

生平

一、阮籍

　　1. 姓名：阮籍

　　2. 時代：生於東漢獻帝建安十五年（西元210年），卒於魏元帝
　　　　（曹奐）景元四年（西元263年）。

　　3. 傳略：阮籍，字嗣宗，陳留尉氏（今河南開封）人，竹林七賢
　　　　之一。父阮瑀，工詩文，為建安七子之一，曾出為魏倉曹掾，
　　　　曹操之章表多出其手。籍二歲時，父親即染疾去世，籍有其父
　　　　之才，而蕩逸過之。《三國志・阮瑀傳》：「瑀子籍，才藻豔
　　　　逸，而倜儻放蕩，行己寡欲，以莊周為模則，官至步兵校
　　　　尉。」籍善詩文外，亦精通音律，然時有不近人而悖禮之舉。
　　　　三十九歲時，應太尉蔣濟之邀，首次入仕，不久稱病。後出為
　　　　尚書郎，曹爽當國時轉任參軍，曹爽敗後，仍為司馬氏所用，
　　　　先後封關內侯、東平相、步兵校尉。阮籍不喜官場之習，唯足
　　　　不出官場，口不臧否人物，故能自保於亂世。雖為何曾等禮法
　　　　之徒所憎恨，幸賴司馬昭對其多加周全迴護。

　　4. 著作：今傳有《阮步兵集》，其重要論著如〈通易論〉、〈達莊
　　　　論〉、〈大人先生傳〉皆見於此。

二、嵇康

1. 姓名：嵇康

2. 時代：生於魏文帝黃初四年（西元223年），卒於魏元帝景元三年（西元262年）。

3. 傳略：嵇康，字叔夜，譙國銍人（今安徽滁縣人），父嵇昭，曾為督糧治書侍御史，幼年時，父親即逝，賴母與兄嵇喜撫養成人。據《三國志》裴松之引其兄嵇喜為嵇康的傳記云：「家世儒學，少有雋才，曠邁不群，高亮任性，不脩名譽，寬簡有大量。學不師授，博洽多聞，長而好老、莊之業，恬靜無欲。性好服食，嘗採御上藥。善屬文論，彈琴詠詩，自足於懷抱之中。」嵇康素負才名，多忤權貴，鍾會往見，康打鐵不顧。後魏室妻以宗室長樂亭主，遂拜為中散大夫，魏正始末，曹爽見誅於司馬懿，康遂絕意仕進，後因坐好友呂安事而下獄，鍾會復讒於司馬昭，終被斬於市，年僅四十。

4. 著作：今傳世有《嵇中散集》，其重要論著如〈聲無哀樂論〉、〈養生論〉、〈釋私論〉等皆見於此。

壹 阮籍

一 〈樂論〉——肯定禮樂教化

1. 阮籍本有濟世之志，早期曾作〈樂論〉，肯定禮樂教化的需要及重要，期以「禮治其外，樂化其內」之禮樂教化使人民遷善化成，禮樂正而天下平。

> 先王之為樂也，將以定萬物之情，一天下之意也，故使其聲平，其容和。……禮踰其制則尊卑乖，樂失其序則親疏亂。禮定其象，樂平其心，禮治其外，樂化其內，禮樂正而天下平。(〈樂論〉)

二 〈大人先生傳〉——反禮教

1. 反禮教：當時重禮教的人士，往往是虛偽而拘守的；當時的政治環境名士多因言觸而遭迫害。阮籍有感於禮教之拘束虛偽，政治禮法破壞了人群生活中與自然呼應的和諧秩序，違背了「自然」的常道常理，造成了「名教」和「自然」的對立，又無奈於時局之動盪，於是縱酒酣飲，不問世事。

2. 〈大人先生傳〉中以「大人先生」代表放達的道家人物，對比於「域中君子」代表拘守儀度的儒家人物。批評受禮法拘蔽的域中君子的醜態，而肯定崇尚自然的大人先生。

> 今汝尊賢以相高，競能以相尚，爭勢以相君，寵貴以相加。驅天下以趣之，此所以上下相殘也。竭天地萬物之至，以奉聲色無窮

之欲，此非所以養百姓也。於是懼民之知其然，故重賞以喜之，嚴刑以威之。財匱而賞不供，刑盡而罰不行，乃始有亡國戮君潰敗之禍。此非汝君子之為乎？汝君子之禮法，誠天下之殘賊、亂危、死亡之術耳，而乃目以為美行不易之道，不亦過乎？（〈大人先生傳〉）

三　〈達莊論〉──思想由《老子》轉向《莊子》

1. 由《老子》轉向《莊子》：竹林時期談玄的典籍逐漸由《老子》轉向《莊子》，因為世局更亂，且老子著重從宏觀的天地宇宙及社會的角度討論，但是當社會時局越亂的時候，人所能夠著力的只有自己，如何使個人主體在亂世之中全身遠禍，以求精神主體之安適逍遙，於是轉向討論《莊子》。

2. 〈達莊論〉一文，可視為是阮籍的心情寫照；亦可見他對超越禮教，回歸自然的嚮往，表達了他越名教、任自然的人生態度。

天地生於自然，萬物生於天地。自然者無外，故天地名焉。天地者有內，故萬物生焉。當其無外，誰謂異乎？當其有內，誰謂殊乎？……且莊周之書何足道哉！猶未聞夫太始之論、玄古之微言乎！直能不害於物而形以生，物無所毀而神以清，形神在我而道德成，忠信不離而上下平。茲容今談而同古，齊說而意殊，是心能守其本，而口發不相須也。

貳　嵇康

一　〈聲無哀樂論〉——音樂的獨立性質

1. 〈聲無哀樂論〉乃秦客與嵇康（東野主人）問答的內容，秦客主張「聲有哀樂」，嵇康主張「聲無哀樂」，彼此間七次問難七次應答。

> 有秦客問於東野主人曰：「聞之前論曰：治世之音安以樂，亡國之音哀以思。夫治亂在政，而音聲應之。故哀思之情，表於金石；安樂之象，形於管弦也。又仲尼聞韶，識虞舜之德；季札聽絃，知眾國之風。斯已然之事，先賢所不疑也。今子獨以為聲無哀樂，其理何居？若有嘉訊，請聞其說。」主人應之曰：「斯義久滯，莫肯拯救。故令歷世，濫於名實。今蒙啟導，將言其一隅焉。（〈聲無哀樂論〉）

2. 嵇康認為音樂的善惡，與人聆聽後的哀樂情緒反應，是兩種不同性質的存在，即「心之與聲，明為二物」。哀樂是人的主觀的情緒，並不是樂聲所本有的，所以音樂只有好壞之分，而無哀樂之別。哀樂是人心主觀上的感受，不能把自己聽到音樂後的情緒上反應說成是樂聲本身的性質。所謂「和聲無象，而哀心有主」，音樂與情緒兩者性質不同，不可混為一談。

> 外內殊用，彼我異名，聲音自當以善惡為主，則無關於哀樂，哀樂自當以情感而後發，則無繫於聲音，名實俱去，則盡然可見矣。（〈聲無哀樂論〉）

3. 因為受儒家禮樂教化觀點影響太強，傳統觀念都接受鄭聲、雅樂等音樂即寓有道德善惡的性質在其中。嵇康音樂素養相當高，認為不應說是鄭聲使人淫，雅樂使人正，音樂只是一種聲音的存在，可以討論音樂的性質，例如形式結構、旋律、快慢、高低等好壞，但不能說音樂本身即有道德或哀樂。人聽了音樂會有什麼情緒反應或行為表現，與音樂本身無關，應另當別論。歷來都把音樂附屬在人倫道德教化、禮樂需要之下，嵇康則如實地掌握音樂的特性，重新恢復音樂的獨立性。

> 聲音以平和為體，而感物無常。心志以所俟為主，應感而發。然則聲之與心，殊塗異軌，不相經緯，焉得染太和於歡感，綴虛名於哀樂哉？（〈聲無哀樂論〉）

二　〈養生論〉——道家與道教合流

1. 嵇康深信道家導養的養生術，並相信神仙實有，其〈養生論〉發揮《莊子》養生之義，討論生理上的服食養身之道，及心理的「清虛靜泰，少私寡欲」。將道家重視清虛靜泰、少私寡欲的心靈工夫，運用到養生方面。
2. 呼吸吐納、服食養身之道乃是道教所重視的，嵇康越名教、任自然的「出世」思想傾向中，已反映出道家末流與方士之術結合，所發展出的煉丹養身色彩。

> 君子知形恃神以立，神須形以存。悟生理之易失，知一過之害生，故修性以保神，安心以全身。愛憎不棲於情，憂喜不留於意，泊然無感而體氣和平。又呼吸吐納，服食養身，使形神相親，表裡俱濟也。（〈養生論〉）

3. 嵇康雖發揮莊子養生之意，但兩者已有區別。莊子強調的養生，是精神生命盡可能要「依乎天理，因其固然」。可是養生觀念加進了漢末道教的服食丹藥、呼吸吐納等術，逐漸形成養「身」以求延年益壽，甚至肉體成仙的觀念。（道教強調延年益壽，肉體成仙。）

養之以和，和理日濟，同乎大順，然後蒸以靈芝，潤以醴泉，晞以朝陽，綏以五絃，無為自得，體妙心玄。忘歡而後樂足，遺生而後身存。若此以往，庶可與羨門比壽，王喬爭年。（〈養生論〉）

4. 阮、嵇雖欲「越名教而任自然」，但畢竟不易真正完全超越，至少在生死這一點他不但無法超越，反而有成仙的更高的追求與期待。

三　〈釋私論〉──越名教而任自然

1. 心無措乎是非：本文中嵇康以「君子」為道家意義的「至人」；「無措」即是「無所措意」，亦即「無心」，所以「君子心無措乎是非」，意即「至人無心」，即老莊所強調的隨順自然而不執持是非之見。

夫稱君子者，心無措乎是非，而行不違乎道者也，何以言之？夫氣靜神虛者，心不存乎矜尚；體亮心達者，情不繫於所欲。矜尚不存乎心，故能越名教而任自然；情不繫於所欲，故能審貴賤而通物情。物情順通，故大道無違；越名任心，故是非無措也。（〈釋私論〉）

2. 越名教而任自然：就是不執著於任何特定的標準或立場，同時也
   要能「心不存乎矜尚」，以避免情為欲牽而違離自然之道。人若
   有任何特定的標準或立場，就無法體亮通達，物情順通了。唯有
   隨自然渾化，才能不陷入人為的偏私，超越名號的限制，心才能
   自由，此即是嵇康強調的「越名教而任自然」。

第十七章
郭象
——元康時期

綱要

第十七章
郭象
──元康時期

生平

一、姓名：郭象

二、時代：生年不詳，卒年約在晉懷帝永嘉末年（西元307至312年），《晉書・郭象傳》記其死於永嘉六年（西元312年）。

三、傳略：郭象，字子玄，少有才理，好老莊，善清談，有文名，晚年出為司徒掾，復遷黃門侍郎，後附東海王司馬越，為主簿，其事蹟《晉書》所載不多，最有名者，即其剽竊向秀《莊子》注一說，《晉書・郭象傳》云：「先是注莊子者數十家，莫能究其旨統。向秀於舊注外而為解義，妙演奇致，大暢玄風，唯〈秋水〉、〈至樂〉二篇未竟而秀卒。秀子幼，其義零落，然頗有別本遷流。象為人行薄，以秀義不傳於世，遂竊以為己注，乃自注〈秋水〉、〈至樂〉二篇，又易〈馬蹄〉一篇，其餘眾篇或點定文句而已。其後秀義別本出，故今有向、郭二莊，其義一也。」然剽竊之說，實屬千古公案，諸儒聚訟，各執一說，今日文獻無徵，已難斷是非矣[1]。

1　《晉書・向秀傳》僅記：「（向秀注）郭象又述而廣之，儒、墨之迹見鄙，道家之言遂盛焉。」且《晉書》多採小說家語，此條與《世說新語・文學篇》所述全同，唯向注未傳世，無以考見異同，近人余嘉錫《世說新語箋疏》則以為郭象注有參照向注，並予點正，其說云：「向秀《莊子注》，今已不傳，無以考見向、郭異同，《四

四、著作：《晉書‧郭象傳》記其有《碑論》十二篇，今已不傳，梁
　　人皇侃《論語集解義疏》有引郭象《論語體略》，今亦不傳，所
　　見唯《莊子注》一書。

庫總目》一百四十六〈莊子提要〉嘗就《列子》張湛注，陸（德明）氏《釋文》所
引秀義，以校郭注，有向有郭無者，有絕不相同者，有互相出入者，有郭與向全同
者，有郭增損字句大同小異者。知郭點定文句，殆非無證。」

壹　寄言出意

一　何謂寄言出意

郭象注《莊子》常用「寄言出意」的方法，藉著文字的表面意義顯示其弦外之音、言外之意。他認為作者所要表達的真正意思，未必就是文字表面的意義，人固然要了解作者所寫的文字意義，更要能穿越文字表面意義，以了解其中寓意。由於莊子善用寓言，而寓言本身即是意在言外，因此郭象在注《莊子》時，強調不能只照著字面意義解，他並以此批評舊注。郭象採「寄言出意」的方法，他認為「言」只是為了「出意」的寄託工具而已，雖然必須通過「言」才能領略其「意」，但「言」並不等於「意」，只有「遺言」才能略領真意。

二　以注為著

1. 郭象以「寄言出意」注《莊子》，就有了相當大的詮釋空間，他可以用不同角度詮釋文義，卻都說是寄言出意。其實莊周的寓言，基本上都可以從寓言本身就得出其中寓意，不必經過刻意扭曲甚至變成反義。
2. 郭象往往脫離莊周的原意，而直接肯定自然即名教，在現實生活中即可以達到理想境界。莊子所謂「神人」是指出世、逍遙、遊於方外之人，而郭象注即扭轉莊子原意，並說神人即聖人，聖人即是君王。聖人可以「身在廟堂之上，而其無異於山林之中。」郭象往往扭曲了莊周的話語，這些反義是郭象自己的意思，卻聲稱是「寄言出意」，以為自己取得合理詮釋的憑藉。

藐姑射之山，有神人居焉，肌膚若冰雪，綽約若處子。

【注】此皆寄言耳。夫神人即今所謂聖人也。夫聖人雖在廟堂之上，然其心無異於山林之中，世豈識之哉！徒見其戴黃屋，佩玉璽，便謂足以纓紱其心矣；見其歷山川，同民事，便謂足以憔悴其神矣。豈知至至者之不虧哉！今言王德之人，而寄之此山，將明世所無由識，故乃託之於絕垠之外，而推之於視聽之表耳。處子者，不以外傷內。（《莊子·逍遙遊》，郭注）

三 調和儒道

「寄言出意」的方式，在形式上肯定儒家名教，在內涵上則是宣揚道家自然思想，這種「外儒內道」的聖人觀，肯定自然即名教，折衷調和儒道。

貳 自然

一 自然即物之自爾

郭象注《莊子》否認道家「有生於無」的看法，認為萬事萬物都是「物之自爾」，是「自己而然」，是自己產生、自己變化的，「自生」、「自化」之間並無所謂最高的創生者。

二 無不能生有

1. 郭象意欲把天地萬物存在的根據，從超現實、超越時空的本

體——「無」，回歸到現實時空中的「具體事物本身」。他認為「有」是絕對化的存在，是每個事物都獨立而自足的存在事實。

誰得先物者乎哉？吾以陰陽為先物，而陰陽者即所謂物耳；誰又先陰陽者乎？吾以自然為先之，而自然即物之自爾耳。吾以至道為先之矣，而至道者乃至無也，既以無矣，又奚為先？（《莊子・知北遊》，郭象注）

2. 萬物都是各自生而無所出，無不能化為有，有也不能化為無。肯定「無不能生有」，萬物皆是自生，提出「萬物獨化論」。

無既無矣，則不能生有，有之未生，又不能為生，然則生生者誰哉？塊然而自生耳。自生耳，非我生也。我既不能生物，物亦不能生我，則我自然矣。自己而然，則謂之天然。（《莊子・齊物論》，郭象注）

三　「有」是唯一的存在

郭象將「無」視為是「有」的同層次反義詞看待，有是「存在」；「無」就是不存在。「有」是絕對的唯一存在，「有」在郭象思想體系中兼指兩重涵義：一指具體的「存在物」，二指抽象的「存在」。

非唯無不得化而為有也，有亦不得化而為無矣；是以有之為物，雖千變萬化，而不得一為無也。（《莊子・知北遊》，郭象注）

叁　獨化無待

一　何謂「獨化」

「獨化」指萬事萬物並不依賴其他的條件而生成變化，都是「物之自爾」，自己而然。此為郭象的宇宙自然獨化論，無待即是獨化，而不是演化論。獨化論不認為在「萬有」之上，還有一個作為存在的根據的「無」。

二　獨化而無待

1. 如果要追求事物生生化化的根據和歷程，表面上似乎可以層層追究下去，但追究到最後，只能得出「無待」的結論。歸根究柢，任何事物的生化都是獨立自足的，此即是「無待」，亦是「獨化」。

2. 天機自爾，坐起無待：郭象切斷了宇宙論的開展，也就是否定了從形上的「道」，到形下的「有」之間的關係，他認為所有的一切演化的痕跡都應該消泯，這世間存在的就已是存在，即使追溯也無意義，不用費心於無形的形上探討。既然要逍遙則當下就逍遙，所有尋找演化痕跡的作法都是「有待」。人真正的逍遙是當下就逍遙，不再受任何人事時地物的影響，一切都是偶然如此，世間的一切沒有什麼是必然。既然如此，人就承認現實、接受當下，無須再回頭溯源尋找任何人事物的發展痕跡或解釋，而是在一切都已經存在的前提下逍遙。

言天機自爾，坐起無待。無待而獨得者，孰知其故，而責其所以
哉？若責其所待，而尋其所由，則尋責無極而卒於無待，而獨化
之理明矣。（《莊子·齊物論》，郭象注）

三　適性逍遙

1. 天性所受，各有本分：郭象認為事事物物如果不能安其自性，而
   有求有待，不但不可能實現目的，反而是自尋煩惱。任何事物要
   成就自己，都不能在自性的存在根據之外，另去強求自己本身不
   存在的條件，如此才能適性而發展，無待而逍遙。

   天性所受，各有本分，不可逃，亦不可加。（《莊子·養生主》，
   郭象注）

2. 各安其分，大小俱足：若萬物都能安於「自生」之「自性」，則
   一切大小、高下、美醜、是非及各種條件的相對待，皆可在觀照
   中取消對立與分別，一切皆能安於自然，而達自由逍遙之境，此
   亦是齊物之體現；故無待、齊物、逍遙可一也。

   以小求大，理終不得，各安其分，則大小俱足。（《莊子·秋
   水》，郭象注）
   若天之自高，地之自卑，首自在上，足自居下，豈有遞哉？
   （《莊子·齊物論》，郭象注）

3. 無待而逍遙：萬物是獨化而無待，人若能明此理，亦應無待而無
   為，如此方能入於自由逍遙之境。

苟有待焉，則雖列子之輕妙，猶不能以無風而行，故必得其所待，然後逍遙耳，而況大鵬乎？夫唯與物冥而循大變者，為能無待而常通，豈自通而已哉？又順有待者，使不失其所待；所待不失，則同於大通矣。（《莊子‧逍遙遊》，郭象注）

肆　跡冥論──去無為

一　跡冥論

1. 老莊道家主張「無為而無不為」：「無為」是本是冥，「無不為」是末是跡。郭象認為堯舜治天下，雖身在廟堂之上，卻無礙其心如在山林之自在，可謂以無為為之，實則跡亦冥，冥亦跡，跡冥圓融合一。許由辭天下不受以保住「無為之心」，則仍落入跡、冥對立的有待境況中，境界不如堯舜超越。

自三代以上，實有無為之跡，無為之跡，亦有為者之所尚也。尚之，其失其自然之素，故雖聖人有不得已。（《莊子‧駢拇》，郭象注）

夫能令天下治，不治天下者也。故堯以不治治之，非治之而治者也。今許由方明既治則無所待之，而治實由堯，故有「子治」之言，宜忘言以尋其所況。而或者遂云治之而治者堯也，不治而堯得以治者許由也，斯失之遠矣。夫治之由乎不治，為之出乎無為也，取於堯而足，豈借之許由哉！若謂拱默乎山林之中，而後得稱無為者，此莊老之談所以見棄於當塗，【當塗】[2]者自必於有為之域而不反者，斯之由也。（《莊子‧逍遙遊》，郭象注）

2　《莊子集釋》【校】云：「當塗二字依世德堂本補」。

2. 不論有為、無為，凡是任何相待的事物都有「跡」，郭象的絕對
自然論要求去跡反冥。

常以純素，守乎至寂，而不蕩於外，則冥也。(《莊子・刻意》，
郭象注)

二　去無為

1. 郭象認為老莊主張「無為」，其實「無為」仍然是與「有為」相
待的，應該連「無為」的主張都徹底泯去其跡，才是真正的獨化。
2. 郭象主張絕對自然，即萬事萬物自生、自化、自成，事事物物皆
任其自生自滅。此理論若運用在現實的生活及社會運作上，將無
法建立任何的秩序或規範。

天者，自然之謂也。夫為為者不能為，而為自為也。為知者不能
知，而知自知耳。自知耳，不知也；不知也，則知出於不知矣。
自為耳，不為也；不為也，則為出於不為矣。為出於不為，故以
不為為主。知出於不知，故以不知為宗。故真人遺知而知，不為
而為，自然而生，坐忘而得，故知稱絕而為名去。(《莊子・大宗
師》，郭象注)

伍　天刑之

一　孔子受「天刑」

1. 孔子提倡仁義道德，故為盛名所累[3]，不但束縛了別人，也束縛住自己有形生命的自由，無異於是「受天刑」。故莊子說孔子是：「天刑之，安可解」。莊子認為人在世間沒有什麼值得執著，人要有一番修養工夫才能逍遙超越。最後如果能連生死也勘破，了悟生死反而是「解倒懸」。人活著受到各種煎熬交迫，如同受倒吊之苦；如欲免於苦，只有經過修養以逍遙超越，不再執著也就不再受苦，如此則可不必至死方才「解倒懸」。

2. 如果人一生都沒有自覺，就只是在生老病死、名利、責任之間執著，那就只有到死才能解倒懸。莊子體會到人的平凡與侷限，因此特別重視修養工夫。人活在世上就好像是受天的刑罰，並不特別值得眷戀，唯一要做的就是努力逍遙超越。

二　孔子「不以天刑為刑」

1. 郭象後來詮釋了《莊子》篇中的「天刑之」的概念，郭象在此則將孔子更提升一級，他認為孔子「不以天刑為刑」，亦不覺得禮樂、盛名有何繼之而來的痛苦？當心裡真正的超越，就不一定要

3　按：孔子在其死後，後代衍生之有關孔子的概念或形象皆非原本之孔子，《論語》之後的孔子有太多附加的形象及語言，《論語》皆無記載。孔子死後其形象變成了公共的文化符號，無論是各家各派，歷朝歷代都以自己的需要去重新詮釋，不但不是《論語》中的孔子形象，甚至是重新建構一個孔子，孔子所剩的僅是其姓名「孔子」二字。

捨掉現實的名位或責任；當他不以此為苦時，就不必刻意地去修
養以求超越，因為不以苦為苦就不必將此捨除，這叫「不捨之
捨」。

2. 有境界無工夫：莊子認為要避開人世間可能有的誘惑以免沉淪，
須有修養實踐工夫，才能通過生命的考驗；然而郭象卻是直接指
向逍遙超越的境界，人若能逍遙，就不再受任何影響，而能無所
不有、無所不在、無所不作，但是郭象並不強調如何修養？又如
何能順利通過各種人生的考驗？所以錢穆批評郭象：「有境界，
無工夫」。境界不是個人想要即可快速達成，境界必須經過生命
的實修實證，才能終有所成。

> 今仲尼非不冥也。顧自然之理，行則影從，言則響隨。夫順物則
> 名跡斯立，而順物者非為名也。非為名則至矣，而終不免乎名，
> 則孰能解之哉！故名者影響也，影響者形聲之桎梏也。明斯理
> 也，則名跡可遺；名跡可遺，則尚彼可絕；尚彼可絕，則性命可
> 全矣。(《莊子‧德充符》，郭象注)

陸　郭象與莊周──《莊子注》與《莊子》思想之異[4]

一　對「有」、「無」的看法不同

1. 莊子

4　湯一介：〈郭象的《莊子注》和莊周的《莊子》〉，《郭象與魏晉玄學》(臺北市：谷風出版社，1987年)，頁154-175。

（1）在《莊子》書中確實講到「有生於無」的概念，也承認「無」是「有」的存在根據。但莊子並未明言「無」是否就是「造物主」？

（2）郭象認為莊子有「造物主的觀念」，他否定此一創生演化之說，轉而提出其獨化跡冥的說法。

2. 郭象：只承認「有」，認為「有」才是唯一的存在。不承認有其他超越的實體或創生根據的「無」。

夫造物者，有邪？無邪？無也，則胡能造物哉？有也，則不足以物眾形。故明乎眾形之自物，而後始可與言造物耳。故造物者，無主而物各自造，物各自造而無所待焉，此天地之正也。（《莊子・齊物論》，郭象注）

二 關於「有為」、「無為」的看法不同

1. 莊子：莊周要否定當時的社會現實，卻又無能為力，就大力宣揚「無為」，認為「有為」會傷害人事物的真性情，甚至致死。

儵與忽謀報渾沌之德，……日鑿一竅，七日而渾沌死。（《莊子・應帝王》）

2. 郭象：郭象要肯定現實社會，卻又要做出超現實的姿態，故不能不講無為，他轉而巧妙地把「無為」解釋成也是一種刻意而特殊的「為」。反而無心的「有為」才是真正的「無為」，以此迂迴取得「既為」卻又自以為「無為」的和諧解釋。

例：「堯讓天下於許由」之事

（1）莊：肯定許由是無為之聖人。

（2）郭：肯定堯才是雖治天下而不以為治，是真正無為的聖人。「無為」並不是拱默山林，而是即使身在廟堂之上，心仍能如在山林一般自然、自在。

3. 郭象「無為」的新義：實際上只取了「無為」的形式，卻以「有為」為其真正的內涵，他說：「各司其任」的「為」就叫「無為」，其實和裴頠強調的「有為」是相同的，郭之所以把「有為」曲解成「無為」，與門閥世族既要「終日揮形」，又要「心懷玄遠」的心態有關。

夫無為也，則群才萬品，各任其事而自當其責矣。（《莊子‧人間世》，郭象注）

三　對「聖人」的看法不同

1. 莊子：以「離人群」、「超世間」的神人、至人等超現實的人格為其聖人的寓記。

2. 郭象：「游外」指「拱默山林」、退隱無為的人。「弘內」指在現實禮法中講仁義說道德的帝王聖賢之類。郭象認為聖人是能「游外以弘內」，是「終日揮形而神氣無變，俯仰萬機而淡然自若」（《莊子‧大宗師》，郭象注），最理想的「聖人」就是「合世俗」、「即世間」的帝王。魏晉時期的門閥世族，所追求的是「不廢名教而任自然」的「內聖外王」的理想人格。既能生活在現實社會中享受一切門閥世族的榮華富貴，又可以高傲地說自己並沒有刻意追求，這些「身外」之物，不過是不得已而用之罷了！

夫無心而任乎自化者，應為帝王也。(《莊子‧應帝王》，郭象注)

四 關於「性」（本性）和「偽」（人為）的看法不同

1. 莊子：反對一切「人為外力」的東西。

牛馬四足，是謂天；落馬首，穿牛鼻，是謂人。(《莊子‧秋水篇》)

2. 郭象：對「性」和「偽」是對立的看法，基本上同於莊子。但對什麼是「性」？什麼是「人為」？其界定卻大異於莊子。郭象認為即使是「落馬首，穿牛鼻」，都是牛馬的生性自然可以如此，人只是順其本性而為，助牛馬發揮更極致的本性而已，並未傷害到其性命，所以仍是自然之「性」而不是「人為」。他說只要是「任物之性而使之」，就是「無為」，更將此擴充到解釋人事及政治統治上，強調「天性所受，各有本分，不可逃，亦不可加」，從而合理化統治者對人民的壓抑。

人之生也，可不服牛乘馬乎？服牛乘馬可不穿落之乎？牛馬不辭穿落者，天命之固當也。苟當乎天命，則雖寄之人事，而本在乎天也。(《莊子‧秋水篇》，郭象注)

柒　評述

一、錢穆

1. 老莊皆重言「道」，王弼繼之言道在「體無」；至郭象乃專言「自然」，把道與自然分開，而貴「自然」，貴「有」；雖曰注莊，實是自己立說。

2. 郭象論逍遙即自然，自然即放任，放任即無知無為，非莊周論逍遙本旨。及其推到人生論上來運用自然涵義，則過分而至偏陷。

3. （1）郭象言人生處處與莊子違異。莊子言人生有一套細密的工夫及理想境界的期許，而郭象則抹殺了這些，成為委天順運的悲觀命定論，此絕非莊周本意。

   （2）莊子在人生的消極處，例如生死、惡疾等不得已處，才委付於天於命，但猶不忘勉己下工夫以達理想的境界。然郭象卻將一切皆委於自然，只要存在的，都是合理的，而且不可逃亦不可爭。如此反成有自然而無人生；有遭遇而無理想；有放任而無工夫，此皆非莊周本意。

   （3）莊子以大鵬及斥鷃為喻，以謂人生智慧之大小，及逍遙者與執著者之別。莊子以大鵬為逍遙，所以人當處大鵬之境界為宜。而郭象則扭曲莊子之意，而謂大鵬、斥鷃形體大小各得其正，可同一逍遙。

4. 郭象當時的世態「借玄虛以助溺，引道德以自獎，戶詠恬曠之辭，家畫老莊之象。」郭象以佞心曲說媚勢。曲學阿世，實是偽學。[5]

5　錢穆：《中國思想史》，頁129-145。

二、牟宗三

牟宗三指出**魏晉玄學家**面對自然與名教，亦即自由與道德的衝突，由此可見道家思想之不足及其自處之道：

1. 道家之不足

（1）政教方面：**總癥結**在道家學說立言之初機，外在方面是對周文之虛偽而發，故視仁義禮法為外在之桎梏而直接加以否定，以期顯現人性之自然與天真，因而形成破裂或激憤的形態，遂使其思想與仁義禮法形成本質而且永恆的衝突。

（2）就內在生命而言：道家思想乃欲消化一切人為造作，如典章制度，意念之造作，觀念之系統等，以達於自由、自在、自我解脫的「自然無為」之境界，此方是其真正用心之所在。此一思想之定型，使道家永遠不能接觸到人之「內在道德心性」。因為道家只能作用地保存價值（但必須工夫做到至人境界方有效），而不能創造道德以成就政教之價值。道家式的主觀修證，在客觀方面並無普遍的意義。

（3）用於政治

①人君南面之術：只能用於帝王個人，「無為而治」之提醒，可以避免其濫用權力。

②官吏與各行各業的侷限：個人雖可做「無為」工夫以嚮往真人至人，但若作此工夫，便不應做官。若身處公務之位，而又宅心虛無，不親所司，則「老莊」與「政治」兩皆受害。

2. 順道家之本性的自處之道：乃是服食養生，轉為道教。徹底消化一切人為造作，而達至自由自在、自我解脫之至人真人之境。

（1）王弼、向秀、郭象乃哲學家型之道家。

（2）阮籍是文人式之道家。

（3）嵇康則轉向養生之路。[6]

6　牟宗三：《才性與玄理》，頁417-419。

第十八章

南北朝隋唐佛學概述

綱要

第十八章
南北朝隋唐佛學概述

壹　佛學在中土興起的背景

中國思想向來少與外來思想接觸，然而佛學此一外來之宗教思想不但傳入中國，且能被普遍信仰及長期傳播，探究其在中土興起的背景為：

一　儒家「性命天道」理論相對不足

在佛教傳入之前，儒家主流思想重視的是今生今世的人為努力，強調人是生命價值的自我創造者，也是道德意義的自做主宰者。儒家不談「生之前、死之後」，並強調「未能事人，焉能事鬼」、「未知生，焉知死」，因此對「性命天道」抽象理論的探討相對不足，而佛教則解釋了儒家所未正視的「生之前、死之後」，一般人有疑有惑的部分。

二　玄學提供格義的橋樑

佛教在中國是外來思想，早從東漢末時即已傳入，在魏晉南北朝發展。一種思想能否被普遍接受且流行，必須有能夠利於其吸收消化的背景及傳播條件存在。玄學雖然不能與佛教一樣，提供一般群眾心靈的寄託，但它卻為佛學的思維理路鋪設接引路數，玄

學抽象思辨的開展，使得佛學這種特殊形式的智慧，得以在初期
被間接理解並傳播。

三　亂世人心的寄託

魏晉南北朝，戰亂頻仍，禍福難測，人對於生命感到無常惶恐。
人在痛苦的時候，面對無法解決的事情，至少要有一個合理的解
釋，才能夠幫助人改善心情以面對生活。玄學雖然能夠提供知識
份子哲學思辨的滿足，但無法提供生命的終極關懷與安頓。亂世
人心無寄，禮法名教維持社會秩序的效果有限，佛教則適時地提
供了人心靈的安慰。佛教將人今生的苦難視為修持，相信生命還
有來世的延伸，反而是安定群眾精神的重要力量。它能使在亂世
受苦的人不至於淪喪，信眾願意自我提醒即使無能為善，也盡量不
為惡，努力想要保住生命最後的尊嚴，以待來世擁有更好的人生。

四　契合中土人心

錢穆指出佛學思想與中土的人文精神有契合之處，故能在中土長
期傳播[1]：

1. 佛教獨崇內力自力，而以人格的觀念發揮「眾生皆有佛性」之旨。
2. 佛學依法不依人，重視的不是「覺者」，而在其「所覺之法」。對
   於法性的闡明，重實踐甚於思辯。
3. 佛教雖然是出世的宗教，但著重在對人生實相的種種分析與理
   解，此與中土人文思想重視生命實踐，旨趣相合。

1　錢穆：《中國哲學史》，頁149。

貳　佛學在中國發展的三個階段

一　小乘時期

傳入後與中國民間信仰的符籙、巫道等相結合而行，以因果業報的觀念為主，宗教意味濃厚。初期佛教的流傳，大致是「宗教重於學術，信仰重於理智。」[2]尚未達到理論水準足夠的「佛學」階段。

二　大乘時期

從釋道安、鳩摩羅什以降，「空宗」先盛，「有宗」、「唯識宗」等繼起。此一時期主要以世界虛實、名相有無為思辨之主題，又往往與老莊玄學附會發展，哲學思辨之風勝過宗教氛圍。

三　本土三宗時期

天台宗、華嚴宗、禪宗在「空」、「有」兩宗的基礎上，開出與中土固有的思想義理及精神主體相應的中土佛學。本土三宗的重點在人生境界的自我實修，內心密證，重視宗教生活的具體修持勝於純粹哲理的思辨。佛教三個階段的發展，各有所重亦各有特色：「小乘偏教偏信，大乘偏理偏悟，台嚴禪三宗則偏行偏證。」[3]

2　蔡仁厚：《中國哲學史大綱》，頁145。
3　勞思光：《新編中國哲學史》（一），第一章。

叁　印度佛教的發展概況及其教義

一　原始印度佛教的發展

呂澂在《印度佛學思想概論》一書中，將印度佛教學史分為六個階段：

1. 原始佛學
2. 部派佛學
3. 初期大乘佛學
4. 小乘佛學
5. 中期大乘佛學
6. 晚期大乘佛學

二　小乘部派佛教

1. 上承原始佛教而下開大乘佛教。
2. 佛滅百年後，發生部派的分派，各部派分歧的說法見於各部派的論書。
3. 論書舊稱為阿毗達磨或阿毗曇，旨在解釋佛教的教法。（以後經、律、論合稱為三藏。）
4. 由於教義解釋不同，僧團部派開始分裂，此期稱為部派佛教。

三　印度大乘佛教三系

```
┌大乘般若學
├大乘唯識學
└大乘真常學
```

1. 大乘般若系

　　（1）又稱空宗、三論宗。三論指龍樹的《中論》、《十二門論》，
　　　　　及提婆的《百論》。

　　（2）代表人物：龍樹、提婆

　　（3）教義：以般若經典為據——緣起性空

　　　　　　①空及假名有

　　　　　　②因緣與無自性

　　　　　　③八不中道

　　　　　　④涅槃

　　（4）《三論》：譯自鳩摩羅什之手，隋代的吉藏集大成。

2. 大乘唯識系

　　（1）代表人物：彌勒、無著、世親

　　（2）教義：「三界唯心」、「萬法唯識」

　　　　　　①妙有

　　　　　　②三自性

　　　　　　③八識

　　　　　　④阿賴耶之染淨與解脫之道

　　　　　　⑤種子及種姓

3. 大乘真常系

　　（1）教義：肯定真常主體，即肯定眾生皆有成佛的可能性，以
　　　　　《妙法華蓮經》、《大方廣佛華嚴經》、《大般涅槃經》三部經

典為主。

①「一乘」的觀念

②佛性觀念

③法身

④佛法界

（2）發展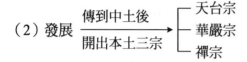

肆　大乘佛教與小乘佛教的比較

大　乘	小　乘
大慈大悲，普渡眾生。	但求個人解脫，自了為目的。
主張十方三世有無數佛。	釋迦牟尼是教宗。
經典：《般若經》、《維摩詰經》《法華經》、《華嚴經》等	經典：《阿含經》、《大毘婆沙論》等。
屬北傳佛教：以印度為起點，中國、朝鮮、日本、越南。	屬南傳佛教：南至斯里蘭卡、泰國、緬甸、柬埔寨。
大乘佛教的真常系傳入中國，在隋唐期間產生了具中土特色，但不違背印度佛教教義的本土三宗，即天台宗、華嚴宗、禪宗。	

伍　原始印度佛教的教義

一　三法印

有此無常、無我、涅槃三印，即是佛說。

1. 諸行無常

（1）一切有為法都是意念造作的欲望追逐活動，念念之間續起無盡，遷流無常。

（2）宇宙人生循環不停，但其中無始終不變之常理。

（3）佛教超越義的「常」，意指：

①不滅不壞而永恆。

②不依它而自足自存。

（4）諸行是苦：苦的層次比樂更根本，發生的次序也先於樂。生命中永遠有需求，每一種需求都是生命中的壓力及痛苦。樂只是欲望獲得滿足後，苦的暫時停止而已。樂是依於苦而後起的、暫時的，樂雖然能暫時使苦中止，但無法根本消解苦。

2. 諸法無我：諸行諸法皆無自性，都是依因（決定性條件）緣（輔助性條件）相合而生。「緣起性空」的理論即據此而立，一切有為無為諸法中，皆無「自我」之不變形體，亦無獨立之實在性。生命中任何現象或存在的發生，皆是因緣聚會而成，並無自主性與實在性。

3. 涅槃寂靜：即滅一切遷流生死之苦，而歸涅槃寂靜。涅槃不是一客觀的對象，而是一清靜、舒適、自在的境界。

二　四聖諦

指苦、集、滅、道四者，為佛教的總綱。

1. 苦
   （1）是佛家的根本觀念，其他三諦皆由苦諦導出：集是苦之集，
      滅是苦之滅，道是滅苦之道。
   （2）佛家所謂的「苦」，是客觀地就生命的欲望及人生永遠不停
      的追求活動而言，世間所有人都無法避免，故具有普遍的真
      實性。若就主觀的感受說苦，會因人、事、時、地、物的不
      同，而有相對的差別性，個人主觀的苦，不能說是「諦」。
   （3）苦有兩類：
      ①身苦：指生、老、病、死等有形的身軀痛苦。
      ②心苦：指貪、瞋、痴的心靈痛苦，又稱三毒，如愛別離
         苦、怨憎會苦、求不得苦。
2. 集：苦是果，集是因，一切的苦，皆由於苦的因緣際會而成。苦
   從二惑與十二因緣生。「二惑」指心起煩惱，與心著塵垢；「十二
   因緣生」指各種因緣的活動關係。
3. 滅：滅苦，滅一切煩惱，經由修持工夫，使陷於俗世現象中的自
   性，得以超越一切的苦。滅的工夫是對「苦」與「集」二諦而
   發。
4. 道：指達成解脫的修持方法或途徑，引導修行者從八正道，進入
   涅槃。八正道的內容如下：
   （1）正見：正確的知見；明見四諦之理，以無漏之慧為體。此是
      八正道之主體。
   （2）正思維：正確的思考；既見四諦之理，更加思維以使真智增
      長，以無漏之心為體。

（3）正語：正當的語言及文學；以真智清淨口業。

（4）正業：正當的身體行為；以真智清淨身業。

（5）正命：正當的經濟生活；清淨身口意三業，順於正法而活命
　　　也。以上三項，以無漏之戒為體。

（6）正精進：正當的努力；用真智精修涅槃之道，以無漏之勤
　　　為體。

（7）正念：正當的專心一意；以真智意念正道而無邪念，以無漏
　　　之念為體。

（8）正定：純正的禪定；以真智入於清淨之禪定，以無漏之定
　　　為體。

由八正道進一步便有「覺」之念，合「戒定慧」三學乃可達成
「正覺」，由正覺而得解脫。

三　三學

指實踐佛法的修持工夫，戒定慧合稱三學，又稱三無漏學。

1. 戒：指戒律，以佛制的律典作為行為的約束規範。

2. 定：指禪定，鍛鍊集中的意志力，而不受各種事物波動影響。

3. 慧：指智慧，即得圓覺的智慧，而能對生命與世界有所了悟。

四　十二因緣

1. 無明：人在現象界的生命，通常是處於昏昧的狀態。

2. 行：指盲目的意欲活動。

3. 識：有分別、認知的能力。是一種認知心而已，有主客觀的對立。

4. 名色：即作為人心識活動對象的「根塵世界」。

5. 六入：指眼、耳、鼻、舌、身、意，六根的感覺能力。

6. 觸：指六根與六塵接觸的感覺過程。

　（1）六根：眼、耳、鼻、舌、身、意

　（2）六塵：色、聲、香、味、觸、法

7. 受：由接觸而起的苦樂感受。

8. 愛：感受之後的留戀不捨。

9. 取：因不捨而執著。

10.有：生命主、客觀的蘊結糾纏於此而起。

11.生：繼「有」之後的生長發展。

12.老死：個體由因緣而生，而個體終會走向老死之果。

第十九章

佛教在中土的初期發展
——六家七宗與般若三品

綱要

第十九章
佛教在中土的初期發展
——六家七宗與般若三品

壹　佛教初入與佛典漢譯

一　佛教初入

佛教約在東漢時即已傳入中國，開始只依附神仙方伎，而活動於宮廷民間。

1. 東漢明帝時，永平八年詔書記載：「楚王誦黃、老之微言，尚浮屠之仁祠，絜齋三月，與神為誓。」（《後漢書‧楚王英傳》卷四十二）

2. 晉范曄說楚王：「晚節更喜黃老，學為浮屠齋戒祭祀。」（《後漢書‧楚王英傳》卷四十二）

3. 明帝永平十年，派蔡愔往西域求佛法，偕西域僧人竺法蘭及迦葉摩騰馱佛經與佛像返中土，明帝為之建立白馬寺並譯《四十二章經》。明帝求法，應是在佛教已入中土以後。

二　傳入後的發展

1. 魏晉玄學興起，提供有心之士透過格義的方式，以理解佛教義理的橋樑。

2. 至鳩摩羅什到中土廣譯經論，並講論十餘年，帶動佛教的發展，般若性空之真義遂大顯於世。

貳　格義佛教

一　格義的方法

1. 何謂格義：以經中事數，擬配外書，為生解之例，謂之格義。

經中事數：┬ 指佛經中的教義，事項等。
　　　　　└ 數，又稱法數，指佛典中的條目名相，佛經事理之組織，常冠數字表示，故謂事數。

竺法雅，河間人，凝正有器度，少善外學，長通佛義，衣冠士子，咸附諮稟。時依雅門徒，並世典有功，未善佛理。雅乃與康法朗等，以經中事數，擬配外書，為生解之例，謂之格義。及毗浮、相曇等，亦辯格義，以訓門徒。雅風采灑落，善於樞機。外典佛經，遞互講說。與道安、法汰每披釋湊疑，共盡經要。（《高僧傳·竺法雅》卷四）

2. (1) 格義多引用《老》、《莊》：援引中國固有的思想概念，去解釋佛教思想中的類似概念，以消泯隔閡，會通思想。中國經典中最常被援用以比附佛經義理的，首推《老》、《莊》。

(2) 玄學比附佛學：通常是以玄學比附佛學，使佛學容易為中土之士所理解並接受，以利傳播。

（3）擬配外書：

內典：初門設五種之禁──佛經中的「五戒」

外書：仁義禮智信五常──指儒家的「五常」

內外兩教本為一體，漸極為異，深淺不同。內典初門，設五
種之禁；外典仁、義、禮、智、信，皆與之符。仁者，不殺
之禁也；義者，不盜之禁也；禮者，不邪之禁也；智者，不
飲之禁也；信者，不妄之禁也。（《顏氏家訓‧歸心篇》卷五）

二　格義的侷限

1. 以道家的「無」格義「真如」的檢討：老子的道或無，不是虛
無，也不是對一切的否定，相反的，「無」是萬物創生之本。東
漢末，支讖用「本無」譯「真如」，就是比附老子而來，那是對
老子的誤解。等到性空本無的般若學流行以後，後之譯解佛經者
就把道家與般若以虛無的宗趣加以統合，遂形成對道家普遍的誤
解。其實老子的道與真如並不同。所謂「格義」法，對佛教的傳
播雖有利，卻不一定能達到正確地「量義」的目的。二者若格義
不當，反而會引起思想的誤解。

先舊格義，於理多違。（《高僧傳‧僧竺僧先》卷五）

2. 以道家的「無」格義「空」的檢討：

（1）格義比附的生解結果有其成功之處，然亦不乏失敗之例，有
些義理項目在精神上是相通的，但是也有一些其最終的意義
並不相同。例如「無」與「空」的意義就不一樣，以道家的
「無」解釋佛教的「空」，會產生本質上的誤解。

（2）道家的「無」指的是最高的創生原理、規律。佛家的「空」則指這個世界只是因緣聚合的暫時存在，它「不真」，不是超越永恆的時空。

（3）佛教格義雖然常用道家玄學的語辭，但兩者對生命的終極歸宿與解釋仍有所隔。道家對世界是一種觀照遊賞的態度，佛家則是脫離苦海、出世捨離的追求。道家認為人無論生前死後，都是在大自然的規律之中流轉去來。老莊重視的是精神的超越，並未提出成佛主體、轉生來去等問題，它視萬物平等而為同層流轉，不同於業報輪迴的觀念。

格義迂而乖本。（《出三藏記集・毗摩羅詰提經義疏序》卷八）

叁　六家七宗→般若三品

一　六家七宗的名目

1. 六家七宗的名目
   （1）人物：湯用彤據劉宋時，釋曇濟的《六家七宗論》，現今但存名目，內容早已散佚，考證六家七宗的代表人物如下表。
   （2）內容：今六家七宗之內容，主要以隋代吉藏《中觀論疏》及其他著作引述為據。
2. 般若三品：僧肇，《肇論・不真空論》，歸約六家七宗為般若三品，即本無、心無、即色三派。

六　家	七　宗	代　表　人　物	般若三品
（一）本無	1.本無	道安	本無
	2.本無異（七）	竺法深（琛）、竺法汰	本無
（二）心無		支愍度、竺法溫、道恆	心無
（三）即色		支道林	即色
（四）識含		于法開	即色
（五）幻化		道壹	即色
（六）緣會		于道邃	即色

3. 六家七宗的得失

（1）早期佛教傳入時，六家七宗應時而興，大家都只知道般若學講「空」，六家七宗主要就在發揮般若學系統的意義。但是由於早期尚無夠水準的翻譯版本，理解佛法的基礎也不夠，弘法者只是憑一種感覺或想當然爾的方法去詮釋佛法內容，講解較不周全。

（2）對於「空」的定義，以及這個世界怎麼空、如何空，各家都有如盲人摸象，只抓住或體會中一部分就加以發揮，至於究竟是不是「空」的本義，詮釋是否得當，則未可知。

（3）因為佛教早期採用格義佛教的方式，格義有其貢獻，但也易產生新的誤解，尤其此期還是摸索的新階段，誤會更難避免。

4. 「般若學」與「涅槃學」

（1）一代譯經大師鳩摩羅什翻譯佛經，僧肇得以在高僧的帶領下，如實地掌握「空」的本義，僧肇號稱「證空第一」，即體會、體證、詮釋「空」的義理是最勝出的。對於其他各家論「空」，眾說紛紜，理論深淺不一，僧肇都能將其意義統整並評論得失。

（2）竺道生則是確信並提出佛性本有，因此被稱為「涅槃聖」。
涅槃學與般若學在佛教屬於不同系統，但並不代表與般若學
絕不相容。各家均有不同的最高境界，般若學沒有特別提出
佛性主體，它重視不斷地「破」以「證空」，強調生命一次
又一次的體證提升。

二　六家七宗的主要義理及僧肇對般若三品的評論

1. 本無宗

（1）本無宗（道安）：以「無」等同於「空」義，認為空是萬物
存在之前空無一物的狀態。本無宗基本上是採用道家的
「無」去格義、比附佛教的「空」，而主張現象界的一切都
是空無不存在的，本來無一物，所以不要執著。由於剛傳入
中土，理論仍顯粗糙，有時為了強調超越而談超越，為了不
要執著，所以講一切都沒有，反而漠視現實的存在。

> 無在萬化之前，空為眾形之始……一切諸法，本性空寂，故
> 云本無。（《中觀論疏》卷二）

（2）本無異宗：竺法汰
①指一切法從無而生，此說離般若空義之本意已遠。
②此派虛無得連「本來」，「如來」也要無，是對一切的否
定。
③「空」與「無」不是等號，道家的「無」是創生意義的
無，它是天地自然的總規律、總循環，是創生的總原
理。以「無」去比附格義「空」，對「無」或「空」兩

者的本義都是曲解。兩者有兩點不同：

❶ 兩者本質意義並不相同，「無」是道家的根本，是宇宙萬物創生及運行的最高原理。

❷「空」的含義是「非有」、「非無」，無論從道家「無」的任一層次，皆無法與「空」的內容相符。

從無出有，即無在有先，有在無後，故稱本無。（《中觀論疏》卷二）

一切皆本無，亦復無本無，等無異，於真（法）中本無，諸法本無。無過去，當來，現在，如來亦爾，是為真本無。（《大明度經．本無品》卷四）

（3）僧肇評本無宗之得失

① 本無派所談的無，其實比較接近何晏、王弼的「無」，但本無宗對此卻沒有自覺。

② 此派一味崇尚虛無，為談「無」而談無；卻無法對現象界的存有，提出根本解消的解釋。

③ 若無法解決「有」的問題，則雖「情尚於無」，但仍非真無。

④ 如何解決萬物存有的問題？僧肇的答案是：「萬物自虛」。

本無者，情尚於無，多觸言以賓無，……此直好無之談，豈謂順通事實，即物之情哉。（《肇論．不真空論》）

2. 心無宗

（1）心無宗：支愍度

①色有心無：此派認為萬物為實有，空、無只能就心而言，強調「內止其心」，欲令「心體虛妄不執」。

②主張無心於萬物，即對於萬物不起執著心，但不否認現象世界的真實性。心無宗肯定了萬物之存有，「無心」就不會執著，心不執著於萬物，但是萬物仍然存在。心無宗要人「內止其心」，心要能安定、安止，不要有很多執著。這可以作為一種修持工夫的提醒，但無法根本解消現象界的萬有。且一旦承認外界萬有為實有，就很難要求人不執著而求超越，也失去了鼓勵人超越的根本動力。

③檢討：肯定現象界存在的真實性，與般若學的教義不合，與佛教「空」的宗趣亦有根本的衝突。

> 心無者，無心於萬物；萬物未嘗無。……經中說諸法空者，欲令心體，虛妄不執，故言無耳。不空外物，即萬物之境不空。（《中觀論疏》卷二）
>
> 夫有，有形者也；無，無象者也。有象不可言無，無形不可言有；而經稱色無者，但內止其心，不空外色。（《中觀論疏》卷三）

（2）僧肇評心無宗之得失

①無心於萬物、內止其心，這是佛家的修持工夫，僧肇對此點加以肯定。

②但心無宗承認萬物實有，則與佛家性空之說牴觸，對此僧肇有所批評。般若學教義認為萬有是「空」，否定一切萬有的真實性，一旦肯定了萬有，就無法不執著，最多只能夠達到道家遊賞萬物的境界而已。

③僧肇認為心無宗並未真正解釋人為何不要執著於「有」？
它只說心不要執著才不會痛苦；尚未能如實領悟到萬物
本來就沒有真實恆常普遍的自性，故雖有而非真有，這
才能解消人對外界的執著。心無宗不了解「萬物自虛」
的道理，才會有誤認萬物實有的理論。

（心無者）此得在於神靜，失在於物虛。（《肇論・不真空
論》）

3. 即色宗

（1）即色宗：支道林

① ┌ 色：指物質性的存在或物質現象。
　　└ 色不自色：否定現象界事物的自主性與自足性。

② ┌ 色相起於：主觀方面的因心起色。
　　└ 心若不計：則青黃等皆空。

③即色宗認為世間的一切執著起於人，人落入了名色所建
構的世界裡；而名色卻是人為所加，不是本來即有的。
人為生活需要與溝通方便，而替這個世界加上很多的名
號概念、定義、評價、樣態，後來卻執著而陷落於其
中，反為之所苦。

即色者，明色不自色，故雖色而非色也。（《肇論・不真空
論》）

夫色之性也，不自有色，色不自色，雖色而空。（《世說新
語・文學第四》注引《支道林集・妙觀章》）

東晉支道林作《即色遊玄論》……彼謂青黃等相，非色自

能，人名為青黃等，心若不計，青黃等皆空，以釋經中「色即是空」。（釋文才，《肇論新疏》卷上）

（2）識含宗：于法開

①此宗受識變觀念之影響，有唯識學的傾向，但與般若性空之義不合。

②心識有夢有覺，夢時惑識流行，現種種有，是為俗諦；覺時惑識盡，但覺萬有無非夢境，三界都空滅，是為真諦。識含宗的這種說法固然否定了外境的存在性，卻肯定了心識的存在。吉藏便批評識含宗說：「若爾，大覺之時，不見萬物，便失世諦。如來五眼何所見耶？」吉藏的意思是說，識含宗忽視了外境在俗諦中的假有性；同時，若是大覺之時，「無所從生而靡所不生」，此時的心識便成了一個不空的萬有之基。識含宗的這種攝境歸心的思路，在精神上和佛教唯識之學是相通的，但卻不合般若經講空的宗旨。

③般若學講空，不是只從「我」這個人的心識是否執取概念而論，「空」最重要的是指任何一個對象，它本身根本就沒有真實恆常的自性，而不只是對名稱概念執著或不執著的問題。即色宗常常站在認識者、執著者的角度，認為只要把心放開，不要執著即可，但是尚未體證到「緣起性空」的核心觀念。

④唯識宗在中國發展一直無法獲得普遍的肯定，無論是早期或是玄奘取經之後的晚期，都比較無法接近中國的思維性格，因其認為一切都是心識變現出來，這和即色宗的偏限一樣，外界事物並非完全都是心識變現，即使心

識不執、不計、不變現，萬物仍不失其暫時假有的存在，無法根本解釋人所面對的存有。僧肇將其歸類為即色宗。

于法開立識含義：三界為長夜之宅，心識為大夢之主。今之所見群有，皆於夢中所見。其于大夢既覺長夜，獲曉即倒惑識滅，三界都空。是時無所從生，而靡所不生。（《中觀論疏》）

（3）緣會宗：于道邃
　　①著重在「析法入空」，只說現象之空，與般若性空尚有差距。
　　②此宗以緣之聚散論有無、俗真，以現象之散滅為空，是析法空或色壞空，而不是般若空義之「不壞假名而說諸法實相」的無自性空義。
　　③所謂「體法空」與「析法空」：「體法空」指在緣起當下即如實體會萬物本是空性。「析法空」是指緣起滅去才空的空，採用分析的方式，緣聚時為有，等到現象壞滅了，才說它是空性或空無。析法空尚不究竟，體法空才符合般若學的空義。

于道邃，明緣會故有，名為世諦。緣散故即無，稱第一義諦。（《中觀論疏》卷二）
于道邃著《緣會二諦論》云：緣會故有，是俗；推拆無，是真。譬如土木合為舍，舍無前體，有名無實，故佛告羅陀，壞滅色相，無所見。（安澄，《中論疏記》）

（4）幻化宗：道壹

　①色無神有：此宗以一切現象為幻化，但因「神不空」，所以可以施教修道而隔凡成聖。

　②幻化宗的主張和識含宗一樣，都以「心有色無」為其思想核心，只是幻化宗在說法上更為明確。此外，幻化宗提出了一個般若學中頗難解答的問題：「若神復空，教何所施？誰修道？」宗教實踐必須先肯定有一個精神主體的存在，否則難以說服人去實修實證。但般若經典礙於其特有的思維方式，並沒有正面處理此一問題，而仍用佛教傳統中「無我」的觀念，模糊迴避「到底有沒有成佛的主體根據存在？」這個問題。

　③六家七宗時代的般若學者或僧人，似乎尚未能深入佛教的無我論。道壹所謂「心神猶真，不空」，乃至慧遠的「神不滅論」，基本上都與般若空義的觀念尚有距離，這或許和中國傳統的主體性思維有關，故佛教傳入中土，雖亦主「無我」之說，但並不否認有一輪迴主體，才能肯定人通過實踐以超凡成佛的可能。

壹法師云：世諦之法，皆如幻化。是故經云：從本已來，未始有也。（《中觀論疏》卷二）

《玄義》云：第一釋道壹著《神二諦論》云：一切諸法，皆同幻化，同幻化故，名為世諦。心神猶真，不空，是第一義。若神復空，教何所施？誰修道？隔凡成聖，故知神不空。（安澄，《中論疏記》）

三　各家評論即色宗

1. 唐君毅認為：即色宗以「色不自色」為宗，但尚未根本了解「色之非色」，未進一步否定現象界，所以偏在「有」。[1] 僧肇的批評，就是針對此點。

> 即色者，明色不自色，故雖色而非色也。夫言色者，但當色即色，豈待色色而後為色哉？此直語色不自色，未領色之非色也。（《肇論・不真空論》）

2. 萬金川說：僧肇的批評指出了即色宗的幾個錯誤：
   （1）把色看成純然只是心計概念化的結果：實則色本身就是色，雖然「色之性也，不自有色」，但這並不意味著是由於我們的認識才成就其為色。事物之間的差別，是由事物基於不同原因與條件而形成的，並非只是因著我們的各種概念而有的，這些形成或發生的條件也就是所謂的「因緣」。
   （2）即色宗雖然理解到色不自色，色不自有，但尚未能直接從色法是因緣生，去體證色即是空的精義。
   （3）即色宗雖然理解到色不自色，色不自有，但卻以心之計執與否來判定色之空與不空，而未能如實領會色在本質上即已沒有色的本性。總而言之，即色宗的宗義，雖然突破了玄學的氛圍，但是和般若經典所強調的「色空不二」的思想相較，仍有一段距離。[2]

1　唐君毅：《中國哲學原論・原道篇》卷三，收載《唐君毅全集》（臺北市：臺灣學生書局，1991年）卷十六，頁19-20。
2　萬金川：〈隋唐佛學〉，收載王邦雄等著：《中國哲學家與哲學專題》（臺北市：空中大學，1989年9月），頁132。

第二十章

僧肇
——般若學

綱要

第二十章

僧肇

──般若學

生平

一、鳩摩羅什（附錄）

1. 姓名：鳩摩羅什

2. 時代：生於東晉康帝建元二年（西元344年），卒於東晉安帝義
   熙九年（西元413年），享年七十歲。

3. 傳略：西域龜茲人，其父為印度人，七歲時隨母出家，曾於罽
   賓（地名）從槃頭達多學小乘，又從莎車（地名）的須利耶蘇
   摩研修大乘，年輕時即名顯西域。五十八歲時，受後秦姚興之
   請，至長安弘法譯經，姚興並為之建大長安寺為譯經道場。天
   下慕法之士皆雲集長安，史稱弟子三千，達者八十，其中僧
   肇、僧叡、竺道生、道恆等人最為有名。鳩摩羅什對佛教的最
   大貢獻在於翻譯佛教經典，由於他精通胡漢語文，故能對前代
   舊譯多所指正。其譯經長達十二年，共譯出七十四部三百八十
   二卷經典。中土對大乘佛教的般若學能有正確的理解，是從鳩
   摩羅什來華譯經開始。

4. 著作：鳩摩羅什主持翻譯的經典，重要的有《般若經》、《法華
   經》、《維摩經》、《彌陀經》等諸大乘經；及《中論》、《百
   論》、《十二門論》、《大智度論》、《十住毘婆沙論》、《成實論》
   等多部。其中大乘論部經典，自鳩摩羅什譯成後始正式傳入中

國，後來以此為基礎的三論、成實等學派的興起，以及隋唐天
台、禪宗的抬頭，考其根本，皆源於其**翻譯佛經的貢獻**[1]。

二、僧肇

　　1. 姓名：僧肇

　　2. 時代：生於東晉孝武帝太元九年（西元384年），卒於東晉安帝
　　　　義熙十年（西元414年），晚於鳩摩羅什一年卒世，得年僅三十
　　　　一歲。

　　3. 傳略：陝西京兆（今陝西西安）人，少年時販書為生，早慧而
　　　　能言，因讀舊《維摩經》有感而出家，慧皎作《高僧傳》贊其
　　　　才云：「才思幽玄，又善談說，承機挫銳，曾不流滯。時京兆
　　　　宿儒及關外英彥，莫不挹其鋒辨。」（《高僧傳·僧肇》卷六）
　　　　年十八時，鳩摩羅什精通佛法，僧肇甚仰慕之，遂投入其門
　　　　下，鳩摩羅什極賞識他，讓其協助探定經論。僧肇精通玄理，
　　　　又能親炙西域佛學大師鳩摩羅什，故精通般若空義，史稱「解
　　　　空第一」。

　　4. 著作：僧肇精通《維摩經》與《涅槃經》，所著有《註維摩
　　　　經》、所作〈物不遷論〉、〈不真空論〉、〈般若無知論〉世稱
　　　　《肇論》，皆為佛學史上的傑作。

1　參見〔日〕野村耀昌等著、聖嚴法師譯：《中國佛教史概說》（臺北市：法鼓山文化
　　事業公司，1997年12月），頁47-48。

壹　僧肇對般若三品的評論

詳見前章，第叁節〈六家七宗與般若三品〉，對般若三品之約評。

貳　〈不真空論〉──緣起性空、萬物自虛

一　「空」即是「不真」

僧肇以萬物本無恆常真實的自性而定義「空」，此即〈中論〉：「因緣所生法，我說即是空」之旨。

說明：粗黑字體之「有」，乃是超越的恆常真實的「有」，與一般經驗義之有無的「有」，層次及意義均不同。

二 「非無」與「非有」

1. 「非無」：「非無」的定義是緣起故不無，世間萬物由於因緣的聚合而起現，既然已經緣起了，就不能說它無。佛家說「空」，並不是說事物不存在。由於事物已經出現，所以不能說它無，但事物只是暫時出現在這裡，因為佛家的「有」是更高層次的恆常自足的有。

2. 「假有」：以佛教來看，有一個比「假有」更高位階的「有」存在，這個「有」是超越的，必須是恆常真實的，不依任何條件而變化的，是完全自足的。然而一般現象界萬有的出現，卻只是暫時存在的假有，故佛教說「非有」，因為尚須待緣才能有。綜合以上兩點觀之，故說這個世界萬物是「空」性。

3. 「非有」與「非無」：佛教常用兩面遮撥、兩面否定的方式，它不說：「就是如此」，而是說：「不是這樣，也不是那樣」。唯「非有」與「非無」兩者兼攝才是真正的「空」。「空」即是「不真」，「真」即恆常不變之義，這個世界萬物的存在都是「不真」。因緣已經聚合了、萬有出現了，暫時的假有即是「非無」，那就在當下珍惜把握。然而當因緣散去，因為世間萬物本身即是「非有」，事過境已遷，一切原非恆常真實的永存，人要能如實體空而不執著。

三 「緣起故不無」與「待緣而後有」

〈不真空論〉中有「緣起故不無」與「待緣而後有」之句，以詮表緣起性空之義，顯示「空」非「無」義，亦非「有」義。蓋一切法依因待緣而起現，既起現則並非「無」而是「有」，但依因待緣而起現的只是如幻有，所以說是「不真」。

所以然者，夫有若真有，有自常有，豈待緣而後有哉？譬彼真
無，無自常無，豈待緣而後無也。若有不自有，待緣而後有者，
故知有非真有。有非真有，雖有不可謂之有矣。不無者，夫無則
湛然不動，可謂之無。萬物若無，則不應起，起則非無，以明緣
起，故不無也。(《肇論‧不真空論》)

四　緣起性空、萬物自虛、當體即空

1. 緣起性空：儒家是從人的生命出發，以人為中心的世界觀，認為
   一切都是剛健有為且真實的。如果我們已經認為這世界剛健真
   實、可愛可貴，一切都值得肯定，卻要人放手而不執著是很困難
   的。所以僧肇提供「緣起性空」的佛教新觀點，以打破既有的世
   界觀與看待事情、評價事情的既定認知。佛家是從因緣聚散的角
   度來提醒人，這個世界是「空」，並非真實恆常。
2. 「體法空」與「斷頑空」
   (1) 萬物本來就是因緣聚散的，虛幻的；它並不因為人說它虛
       幻，它才變成虛幻，而是萬物本來就無恆常真實的自性。由
       於一切都只是因緣具足才能起現，萬物自性本虛。佛教講空
       的意義並非是為了否定一切，而是提醒人們如何看待當下一
       切的存有。現象界的人、事、物、時間、空間、萬物，看似
       真實，其實不然。所以佛教告訴人們，各種存在都只是
       「空」性的假有呈現而已；人可以珍惜，但是最終還要能放
       手、能超越。
   (2) 般若智慧的「空」是「體法空」，而非「斷頑空」。若有人因
       怕執著而「不落因果」，不與萬有交涉，只是一味求空而
       「滌除萬物，杜塞視聽，寂寥虛豁」，自我隔絕而不與人、

事、物互動，這亦非佛教本義，這種「空」被稱為「斷頑空」，不是真正的修行。真正的「空」必須「有、無」兼攝，「不昧因果」才是。

3. 萬物自虛：此如幻而不真的一切法，《中論》名為「假名有」，假名非實，當體即空，是「色之性空，非色敗空」，萬物本自虛，故僧肇以「不真空」為論題。「不真空論」與「物不遷論」皆發揮般若學「緣起性空」之義。

> 《摩訶衍論》云：「諸法亦非有相，亦非無相。」《中論》云：「諸法不有不無者，第一真諦也。」尋夫不有不無者，豈謂滌除萬物，杜塞視聽，寂寥虛豁，然後為真諦者乎？誠以即物順通，故物莫之逆；即偽即真，故性莫之易。性莫之易，故雖無而有；物莫之逆，故雖有而無。雖有而無，所謂非有；雖無而有，所謂非無。如此，則非無物也，物非真物，故於何而可物？故經云：「色之性空，非色敗空。」以明夫聖人之於物也，即萬物之自虛，豈待宰割以求通哉？（《肇論・不真空論》）

叁 〈物不遷論〉——萬法無去來、無動靜

一 一切法皆是因緣起現

1. 一般人由於未能如實了悟，一切法都只是因緣起現或拆解的幻相罷了，卻陷入人世俗情之執著而欲其不變不遷的迷惑中，因此在種種表象的遷流變化中受苦。

2. 僧肇之意不在證明事物之「常」，而在將動與靜，時間與空間都

轉化成也是因緣條件的聚散形式，以破除往來變化之俗見。時空變化與動靜本身，亦皆是因緣條件所成而已，原亦皆非實有。「必求靜於諸動，不釋動以求靜」，「雖靜而常往，故往而弗遷；雖往而常靜，故靜而弗留。」總之，即動即靜，實無遷流，由此與〈不真空論〉合觀，越能反映法性真如，實無生滅去來可說之旨。

　　夫人之所謂動者，以昔物不至今，故曰動而非靜，我之所謂靜者，亦以昔物不至今，故曰靜而非動。動而非靜，以其不來；靜而非動，以其不去。然則所造未嘗異，所見未嘗同。逆之所謂塞，順之所謂通。苟得其道，復何滯哉？傷夫人情之惑也久矣！（《肇論·物不遷論》）

二　物不遷論

1. 物不遷論與諸行無常並不衝突，諸行無常是說明現象界的情況是無常的，既然一切因緣都無常，欲在其中尋找「常」是不可能的，「常」只在超越界。可是人常因為現象界的無常而痛苦，面對無常若能從因緣聚散來看，可以因為某一因緣聚散而有悲歡感受，但不要因為執著於前面的因緣聚散，而強求此因緣常存，或不再接受其他新因緣的聚散，如此才不會自苦苦人。「即時間」論因緣聚散，是無常；「離時間」論因緣聚散，則是不遷。

2. 僧肇以「昔物不至今」的論題，從對時間上「即」與「離」的角度，打破昔今遷流的俗見，而提出超離時間之今昔，又從因緣的聚散以觀萬物，不離一切而超越一切，即〈物不遷論〉。

　　夫生死交謝，寒暑迭遷，有物流動，人之常情。余則謂之不然，

何者？放光云：法無去來，無動轉者。尋夫不動之作，豈釋動以求靜，必求靜於諸動。必求靜於諸動，故雖動而常靜；不釋動以求靜，故雖靜而不離動。然則動靜未始異，而惑者不同。(《肇論·物不遷論》)

三　事各性住於一世

世間事物只是因緣的聚散，由〈物不遷論〉則可知昔物自在昔，今物自在今；事物本身根本沒有變遷，只有因緣的聚散而已，進一步更可推出「事各性住於一世」的看法。

今若至古，古應有今；古若至今，今應有古。今而無古，以知不來；古而無今，以知不去。若古不至今，今亦不至古，事各性住於一世，有何物而可去來？(《肇論·物不遷論》)

四　「緣起性空」與〈物不遷論〉

1. 僧肇從超越的角度看，與其說事物的變遷是因時空流轉，不如說是因緣的聚散，每一次因緣發生過、存在過，就不可能回過頭改變它；也無法強求因緣將來也不要有聚散變化。
2. 既然如此，人在每一個當下，因緣聚了就有聚的珍惜、善待；如果散了，就承認它散了，要超越而不執著，自在地去面對其他新的因緣。人一旦「即時空」，就很痛苦，因為希望它天長地久都不要變；如果是「離時空」，從時間抽離出來，就能了悟不是時間讓一切變遷了，其實是因緣已不同了，只是人自己執著認定是本來的事物變了。

3. 僧肇的「物不遷論」與「緣起性空」本是一體兩面，他輾轉把時空觀念轉化引申為因緣觀念。此思維模式與郭象的獨化論所說的「跡冥」、「無待」有其相通之意趣。

肆　〈般若無知論〉

一　無知之智

僧肇所指的「無知之智」的般若智慧兼含「無知之知」與「無知而無不知」二義，也就是無知而無不知的知，這樣的知當然異於經驗的認知；經驗的認知必在關係中活動，不但有所對，而且有所限；無知之知是無對的、無限定的，是超越的圓照智慧。

二　終日知而未嘗知

若以經驗認知之知對照著來了解，則經驗之知乃有取之知，因它要由對象中獲得內容、形成概念，所以終日知則必有所積。般若之知乃無取的智慧，它的活動不是為了從對象中獲取內容、形成概念；它是物我同根之當體的智照作用，它活動在無待之境。照固為實照，因其無所取，故雖實而虛；虛不失照，照不失虛。

《道行》云：「般若無所知，無所見。」此辨智照之用，而曰無相無知者，何耶？果有無相之知，不知之照，明矣。何者？夫有所知，則有所不知。以聖心無知，故無所不知。不知之知，乃曰一切知。故經云：「聖心無所知，無所不知。」信矣！是以聖人虛其心而實其照，終日知而未嘗知也。（《肇論‧般若無知論》）

三　聖人──智照真實

僧肇稱能以般若智慧虛其心而實其照，不執著於現象；又能於現象中圓照真實相復與真實合一，不囿、不執著者為「聖人」。

> 喻彼真人，亦復如是。常觀真一，不覩眾相，雖覩眾相，亦是真一。遠離妄想，無有顛倒，住真實際，名曰聖人。(《寶藏論》)

第廿一章

竺道生
──涅槃學

綱要

第廿一章
竺道生
──涅槃學

生平

一、姓名：竺道生

二、時代：生年不詳，卒於南朝宋文帝元嘉十一年（西元434年）。

三、傳略：竺道生，祖籍河北鉅鹿人（今河北晉縣），寓居彭城（江蘇銅山），十歲時出家，師事竺法汰（屬本無異宗）。遊歷廬山、長安等地，師事提婆、鳩摩羅什等高僧。後歸廬山，於升講佛法時去世。和僧肇同出於鳩摩羅什門下，竺道生不只精通般若學，亦精研涅槃學，對最高主體有所體悟，肯定有成佛之形上超越主體的存在。竺道生之佛學，多出於獨悟，如佛性本有、頓悟成佛等皆自悟而得，並對己說極有信心。後因力主「壹闡提皆可成佛」之說，被視為異端邪說，而被逐出京師（南朝建康）僧團，直至大本《泥槃經》譯出時，才得以昭雪。

四、著作：代表的著作有〈佛性當有論〉、〈頓悟成佛論〉、〈法身無色論〉、〈佛無淨土論〉等，惜皆不傳，今所見僅保留在僧肇的《維摩詰經註》、道掖的《淨名經集解關中疏》二書中。

壹　佛性本有

一　眾生本有佛性我

1. （1）肯定「佛性我」，表示承認有成佛主體性的存在，影響中土真常一系的發展。

   （2）佛性的觀念，見於六卷本《泥洹經》。竺道生據《泥洹經》的記載，主張佛性是眾生本有。

   （3）不僅佛性為「本有」，而且是「眾生」皆本有，「本有」指佛性的普遍性，所以眾生都有成佛的可能。此與孟子人性善，故人皆可為堯、舜之義，思維模式相通。

2. 道生又稱佛性為「理」，所謂：「法性圓照，理實常存」，「理」指佛性的恆常性與最高性。此與孟子「心之所同然者謂理」的「理」，抽象思維模式的建構相通。兩者的最高根據義，皆同用「理」字。

   十二因緣為中道，明眾生是本有也，若常則不應有苦，若斷則無成佛之理，如是中道觀者，則見佛性也。（《涅槃經‧師子吼品》卷五十四）

3. 道生又以佛性為「自然」，此自然為老、莊的自在義。「自然」言佛性「獨化」，非由因生。

   夫體法者，冥合自然，一切諸佛，莫不皆然，所以法為佛性也。（《涅槃經‧師子吼品》卷五十四）

4. 在中國佛教思想史中，由本無、證空到佛性本有，是一重大的轉化；這一轉化不僅指向對成佛實證工夫的重視，同時也代表著對原始佛教「無我」論的一種改造。

二 無我——非不有佛性我

眾生本有佛性，即眾生在現象界的生命外，其實另有一「本無生死」的佛性我。在生死壞滅的現象界，並沒有真實恆常不變的我存在，故說無我。但竺道生肯定生命中同時有一超越生死我而存在的「佛性我」。

理既不從我為空，豈有我能制之哉？則無我矣。無我，本無生死中我，非不有佛性我也。(《維摩詰經》卷三引竺道生注)

貳 壹闡提有佛性——眾生皆可成佛

一 壹闡提有佛性

1. 六卷本《泥洹經》有「壹闡提無佛性」之說。

一切眾生皆有佛性在於身中，無量煩惱悉除滅已，佛便明顯，除壹闡提。(《泥洹經·四依品》卷四)

2. 壹闡提：指貪欲熾盛，善根斷盡永離菩提因緣功德的極惡眾生。

雖復時雨百千萬劫，不能令生，壹闡提輩，亦復如是。(《泥洹經·問菩薩品》卷六)

二 眾生皆可成佛

竺道生為肯定「佛性我」的普遍性，以證成「眾生皆可成佛」之說，於是主張「壹闡提人皆得成佛」。此論可能是竺道生獨悟的創見，在當時並未被接受。甚至因此被視為是異端邪說，得罪眾人，遂被逐出僧團。

闡提是含生之類，何得獨無佛性？(《名僧傳抄·附名僧傳說處第十》引道生語)

經言闡提無(佛性)者，欲擊(激)勵惡行之人，非實無也。(智圓，《涅槃玄義發源機要》卷一)

又六卷《泥洹經》先至京都。生剖析經理，洞入幽微；乃說壹闡提人皆得成佛。於時，大本未傳，孤明先發，獨見忤眾。於是，舊學以為邪說，譏憤滋甚；遂顯大眾，擯而遣之。(《高僧傳·竺道生》卷七)

三 竺道生被逐出僧團

被遣逐後，居於盧山。後因大本《涅槃經》譯出南傳，其說與竺道生之主張相合，道生之學遂被重視。

(生)以元嘉七年，投跡盧岳，銷影巖阿，怡然自得。俄而，《大涅槃經》至於京都。(《祐錄·道生傳》出《三藏記集·傳下》卷十五)

四　佛性本有且眾生皆有與孟子性善論意趣相通

1. 竺道生的「眾生皆有佛性」與孟子「人皆有不忍人之心」精神相通，都是主張人有內在的成佛或成德之依據的普遍性，此一普遍性表現了對所有生命的共同尊重與肯定。雖然事實上未必人人皆能成佛或成德，但他們都將人尚未圓滿的部分，視為是需要以工夫加強其提升或改善之處；並不因人性或佛性在世間的表現仍有不足的缺憾，就否定有朝一日人能成聖成佛的圓滿可能性。就此觀之，此一佛性論貼近中國人的心性論，也充滿人間性的博愛精神。

2. 佛性本有與人性本善兩者最終目標不同：竺道生之佛性本有且皆有，乃在鼓勵眾生修道，期能頓悟成佛。孟子之性善本有且皆有，則在勉人克盡己心天德之善，入世而有各種人道的承擔。佛家旨在出家捨離，儒家則重入世經世，終極目標仍不相同。

叁　頓悟成佛

一　頓悟成佛

竺道生肯定眾生一旦頓悟，達到究竟的覺悟，「反迷歸極，歸極得本」便可超越一切束縛，而達到主體完全自由的理境。

夫真理自然，悟亦冥符，真則無差，悟豈容易？不易之體，為湛然常照，但從迷乖之，事未在我耳。苟能涉求，便反迷歸極，歸極得本。（《大涅槃經集解卷一・道生經序》）

二 漸修頓悟

1. 對於如何成佛的修持工夫，竺道生主張漸修歷程的累積「庸得無功於日進」，漸修對頓悟也許能有幫助，但不是必然的保證。

以為苟若不知，焉能有信。然則由教而信，非不知也。但資彼之知，理在我表。資彼可以至我，庸得無功於日進。（《廣宏明集·答王衛軍書》卷十八）

2. 雖然言詮是求道的橋樑，但也可能是圍牆，一般人由經典義理的詮釋信解入門，雖不免受限於「言以詮理」。若是囿限於文義而不能「入理則言息」，有時反而妨礙真正悟道。道生有鑒於此，遂特別提醒人要能「得意忘象」、「忘筌取魚」，才能「頓悟成佛」。

生既潛思日久，徹悟言外，迺喟然歎曰：夫象以盡意，得意則忘象。言以詮理，入理則言息。自經典東流，譯人重阻，多守滯文，鮮見圓義。若忘筌取魚，始可與言道矣。於是校閱真俗，研思因果，迺言善不受報，頓悟成佛。（《高僧傳·竺道生》卷七）

三 悟發信謝、理不可分

1. 悟發信謝，指在漸修的過程，雖需外在言教的信仰藉以堅定修行之心，然而一旦內心開悟，外在的言教便如花般自行凋謝了。道生此說著重把宗教信仰回歸到內心的開悟，特別強調「頓悟」的最高境界。

見解名悟，聞解名信。信解非真，悟發信謝。理數自然，如菓熟
自零。悟不自生，必藉信漸。用信伏惑，悟以斷結。（慧達，《肇
論疏・折詰漸》卷上引竺道生語）

2. 因「理不可分」，故悟必是頓悟而非漸悟。不二之悟，一頓悟就
如果熟蒂落。

夫稱頓者，明理不可分。悟語極照。以不二之悟，符不分之理，理
智悉稱，謂之頓悟。（慧達，《肇論疏》卷上引竺道生語）

肆　法身無色

一　法身無色

竺道生認為佛應是一「理境」而非一具體的「人」。人仍是經驗
性的對象；若有人佛則仍受「四大起」成、住、壞、滅的現象規
律決定，如此則落入肉身生死人，而不是佛，佛是法身而不是現
象界之色身。

向雖推無人相佛，正可表無實人佛耳；未足以明所以佛者竟無人
佛也。若有人佛者，便應從四大起而有也。夫從四大起而有者，
是生死人也。佛不然矣。（《維摩詰經》卷九引竺道生注）

二　佛無淨土

對「佛」之一切雜有經驗詞義或涉及時空等詞義之描述，都非理

境之真實。竺道生由此引出「佛無淨土論」。有關淨土名號、授
記之說,皆只是為說法方便而設。

夫國土者,是眾生封疆之域;其中無穢,謂之為淨;無穢為無,
封疆為有。有生於惑,無生於解。其解若成,其惑方盡。(《維摩
詰經》引竺道生注)

聖既會理,則纖爾累亡;累亡故,豈容有國土者乎?……故知國
土,名號,授記之義者,應物而然;引之不足耳。(《維摩詰經》
引(《法華經疏》卷下竺道生注)

三 悟道成佛、不捨生死

1. 悟道成佛:竺道生認為悟道成佛,不能脫離原有生死侷限的肉體
   生命而外求,此一有限之肉身正是眾生皆有之修行憑藉,佛在身
   體中,佛在生活中,佛亦在生命中;唯有就此一存有去體悟生死
   實事,才能真正體悟成佛。眾生求法,不能捨近求遠,也不能捨
   死生之事而外求於經典。眾生能了悟,淨土即在自心中,而不假
   他求。
2. 藉假修真:竺道生此說符合中國人的文化背景性格及生活背景,
   他既提供了宗教出世的終極追求,又同時保有入世的生活方式,
   即入世而修出世,「藉假修真」,不捨生死。

夫大乘之悟,本不近捨生死,遠更求之也。斯為在生死事中,即
用其實,為悟矣。(《維摩詰經》卷七引竺道生注)

第廿二章

天台宗
——本土三宗

綱要

第廿二章

天台宗
——本土三宗

生平

一、姓名：智顗（智者大師）

二、時代：生於梁武帝大同四年（西元年538年），卒於隋開皇十七年（西元597年），享年六十歲。

三、傳略：智顗於梁末（西元544年）一年之間，雙親相繼病故；西魏破江陵，元帝被殺，國破家亡，遂在長沙果願寺從法緒出家。初研涅槃學及法華經，後師承慧思禪師，體得法華三昧法門。三十歲時奉師命往金陵（南京），於瓦官寺講法華經，後世以此年為天台宗的開宗元年。智顗在金陵八年，漸覺有所不足，決心隱居天台山修行，後世所稱之「天台宗」即由此得名。在山中棲息十餘載，至陳後主至德三年（西元585年），經陳主七次召見，始允下山，後主親迎，尊以國師之禮。智顗先住於靈曜寺，後移居光宅寺，並在此寺講《法華文句》。在金陵期間，陳後主曾向其行五體投地大禮。後主禎明二年（西元588年），隋興兵伐陳，陳朝將亡，智顗以參禮慧思靈塔為由，經長沙至廬山。明年（西元589年），陳亡。隋文帝開皇十一年（西元591年），智顗五十一歲，應文帝子晉王楊廣之邀至揚州「禪眾寺」，晉王宣布：「大師禪慧內融，應奉名為智者」，此即「智者大師」得名由來。開皇十三年（西元593年）年五十七歲，回到久別的故鄉荊州華容

縣，並在鄰近的當陽縣玉泉山建玉泉寺，作為天台教義主幹的
《法華玄義》、以及作為實踐方法的《摩訶止觀》[1]皆在此寺所講。

四、著作：除了（天台三大部）以外，尚有《觀音玄義》、《觀音義
疏》、《金光明玄義》、《金光明文句》、《觀無量壽經疏》（天台五
小部）等。

1　《法華文句》、《法華玄義》、《摩訶止觀》後人稱為「天台三大部」。

壹　天台宗判教

一　何謂判教

判教之「判」，乃分判義，亦即對大小經論，皆須判析義理，安排次第，使之相容不相斥。所謂「判教」，或「教相判釋」，在佛教來說，就是把各家各派的義理匯聚一起，然後加以全面的理解與評說。主要目的是說明這些不同的義理，其實乃是佛祖在不同時間、不同地域、對不同眾生，特別是對不同根器、具有不同興趣與不同長短處的眾生所施的不同教法，因而即使是內容差異很大，甚至是相互矛盾的教法，都能匯歸在佛祖釋迦牟尼（Śākyamuni）的說法之下。另外一個目的，是透過這種全面的理解與評價，為不同教派的義理定法，同時也凸顯自派的殊勝之處，以確立自己教派的崇高地位。

二　判教之目的

一在釐清種種教說之分際，二為徹底明瞭最後之宗趣。

三　《法華經》的宗旨與特色[2]

1. 《法華經》
　（1）《法華經》的綱要主旨：開權顯實，發跡顯本。

2　本小節多參考牟宗三《佛性與般若》一書，收載於《牟宗三先生全集》第三、四冊。

（2）《法華經》的特色：《法華經》並無第一序位的教義內容或
法數。它是第二序位的，只就其他經典之義理，一一予以批
判疏導，想要明白《法華經》的大綱要義，須先精熟其他佛
經的細微內容，才能了解智者大師對各經典，一一辨釋比決
的慧見。

當知此經唯論如來設教大綱，不委微細綱目。（《法華玄義》
卷十上）

（3）就宗教的修持而言，它具備「權教」的特色：「權教」就是
隨機修行，利用種種方便善巧的方法，去達成修習佛法的目
的。就成佛的精神修養而言，它是一種程序，尚非目的，如
果要達到成佛的目的，仍須最後的引權歸實。[3]

2. 何謂開權顯實

（1）開┬開就方便教之始出而言：意謂開出、開設或開立。
　　　└就各經義理之歸終而言：┬開發：對封閉於權教者而論
　　　　　　　　　　　　　　　├暢通：對拘囿於權教而不能
　　　　　　　　　　　　　　　│　　　會通者而論
　　　　　　　　　　　　　　　└決了：對執著於權教而誤以
　　　　　　　　　　　　　　　　　　　為真實者而論

（2）權┬暫時義
　　　├方便義
　　　├非究竟義
　　　└粗不妙義

3　方東美：《華嚴宗哲學》（臺北市：黎明文化公司，1981年初版）上冊，頁484。

（3）實 ┬ 圓融
　　　 ├ 圓妙
　　　 └ 無那權中

（4）開權顯實：各經所論，三乘為方便，是「權」，一乘方是真實，是「實」。故就各經義已開出之權教，為使眾生不封閉、不拘囿、不執迷於權教，予以分判決了以顯究竟真實。

3. 何謂發跡顯本

（1）「發」字諸義同於「開」字。

（2）跡 ┬ 近跡：指佛有生之年證道弘法的教跡而言，在西元前六世紀證道之佛，只是他此世示現的近跡而已。
　　　 └ 遠本：佛久遠以來早已成就法身常住、無有變易之佛，這是遠本。

四　天台宗判教的內容——五時八教

1. 五時：將釋迦證道後，在世四十九年的說法，依次分為五個弘法階段

（1）五時

五時	對象及方法	經典	教法
華嚴時	佛初成道所說	華嚴經	頓教
鹿苑時	一般不解佛意，如聾如啞的眾生	阿含經	漸教
方等時	廣說各法門，以小入大	維摩詰經 楞伽經	漸教
般若時	融通淘汰、蕩相遣執	般若經	漸教
法華涅槃時	開權顯實，發跡顯本	法華經 涅槃經	圓教

（2）五時所說各經典要義：

經典	要義
阿含經	教人以小乘教義：三法印、四聖諦等
楞伽經	教人以如來藏系統
維摩詰經	教人以不二法門
般若經	教人以實相般若
華嚴經	教人以法界圓融無礙
涅槃經	教人以法身常住、無有變異
法華經	教人以開權顯實、發跡顯本

2. 八教

（1）化儀四教：釋迦在一生中教化眾生的方法，指頓、漸、秘密、不定。

①頓教：對利根器的眾生說法；當下直入，無方便，無階段。華嚴時即採此方式說法，講《華嚴經》。

②漸教：對中下根器者漸次開示；隨機施教，循序漸進，初講《阿含經》，中是大小並說的方等時諸經，末是大乘教法的《般若經》。

③秘密：以不可思議的智慧力量，使聽眾默識而心通，各自領會。

④不定：釋迦宣教，使聽眾聞解各異，證果不同；或聞小法得大果，或聞大法得小果者，受益不一定，故名不定。

（2）化法四教：釋迦宣教的內容，指藏教、通教、別教、圓教。首先，先表列四教的名稱、說法對象、觀法、目標等內容；其次，則分別解釋藏教、通教、別教、圓教此化法四教[4]：

4　參見吳汝鈞：《法華玄義的哲學與綱領》（臺北市：文津出版社，2002年），頁93-109。

化法四教	藏教	通教	別教	圓教
名稱由來	亦稱三藏教，指一切小乘教。	前通藏教，後通圓教。	不同於前之藏通、別於後之圓教。	即圓妙、圓滿、圓足、圓頓、圓實之謂。
對象	為化聲聞、緣覺、旁化菩薩。	大乘初門，三乘所共。	專為菩薩，不共二乘。	最上利根之菩薩。
觀法	析法空。	體法空。	體法空，兼修假中二觀。	一心三觀。
目標	修行解脫，求獨善自了。	自利利他，踐大乘菩薩道，不舍眾生。	始別教：阿賴耶系統。（例如，唯識宗：妄心系統）終別教：如來藏系統。（例如，華嚴宗：緣理斷九）	開權顯實，發跡顯本。

（a）藏教[5]

如來為眾生轉生滅四諦法輪：這種教法是如來為根器淺薄的眾生所施設的，他們沒有很崇高的願力，其行善只限於三界之內，不能超出三界。他們採取析離諸法的方式，以笨拙的方式破除迷惑，最後析離淨盡，一無所餘，終於體證諸法的空無自性。對於這類眾生，如來為他們說生滅四諦法。	何謂「生滅四諦」？四諦乃為苦、集、滅、道四方面的真理，其中苦、集、道三諦，依因緣而有存在的生滅，滅諦亦可視為明瞭因緣生的離苦滅法。	「析法空」：藏教能見人空，即現象界存在的空性。但還不能見法空，此時要先教眾生析離諸法或現象，以證入無自性空理。這便是所謂「析法空」或「析法入空」。

（b）通教

如來為眾生轉無生四諦法輪：四諦只是暫時的假生假滅，並無恆常真實的生滅，所以謂之「無生」，既無實在的生，故亦無滅，說生滅，只是假生假滅而已。	何謂「無生四諦」？滅諦本來自空，不生不滅。通教於一切因緣生滅法，不視為實生實滅，而視為假生假滅，或幻有的生滅。故通教不必如藏教般求出離因緣生滅法，而可當下直觀其為假生假滅的空。若能明白此苦、集、道的因果當體即空，而不再拘於現象界的生滅，苦、集、道三諦如幻即空，這便是無生四諦。	「體法空」：通教則能當下證取諸法或現象本身便是無自性空，不必析離它們，便能直接證入真理。此即「體法空」或「體法入空」。

5　轉法輪：輪，cakra，是古代印度戰爭用的一種武器，形狀像輪子。據古印度傳說，征服四方的大王叫作轉輪王，當他出生的時候，天空出現此輪，預示他的前途無敵。在佛教裡把「轉法輪」比喻為佛的說法，意謂佛法現世轉動，將摧碾俯伏一切不善的邪說亂法。

（c）別教

如來為菩薩轉無量四諦法輪：菩薩就其不住生死言，自己已超出三界之外，但又未得涅槃。菩薩不捨世間，回顧三界內的眾生的苦難，發起悲心弘願，求自渡渡他，故要修習種種方便法門以渡世。	何謂「無量四諦」？智顗以「無量」來說別教菩薩，正顯示他們對世間的不捨與救渡，故需熟習種種世間法才能善巧地運用種種法門作渡生之用。	「歷別入空」：別教則需經歷種種階段，對現象要作多面觀照，才能證入作為真理的中道佛性。這便是所謂「歷別入空」。

（d）圓教

佛說無作四諦：智顗解釋，圓教所涉的終極真理的中道佛性能包容三界之外的一切存在，而且採頓然覺悟的方式，此所謂「圓頓入中」。	何謂「無作四諦」？這是由於他們強調煩惱即菩提，故無斷集修道的造作；生死即涅槃，故不需滅苦證滅的造作。一切當下圓成，中道佛性即時呈現，故為無作。	「圓頓入中」：圓教不必經歷種種階段，便能頓然證入中道佛性。這便是所謂「圓頓入中」。

貳　一心三觀與三諦圓融

一　一心三觀

一心三觀即開示如何以三種觀法，打破心的迷妄，以證悟涅槃境界。

1. 空與有：世間一切法，皆是因緣所生，緣起故性空。萬物雖自性是空，但因緣已聚合起現，所以仍有事物生起。此現象界之一切法雖是假象，但就現象界而言，又確是存在的，此一暫時性的因緣存在，就稱之為「有」，因其為暫時存在而非恆常真實，故稱之為「假有」，又為「假名有」。

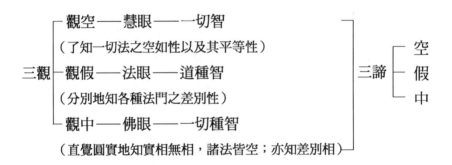

眾因緣生法，我說即是空，亦為是假名，亦是中道義。(《中論‧觀四諦品》)

2. 一心三觀：對於世間萬物，「空」是一種觀照方法，「有」也是一種觀照方法。《中論》認為，若偏限於「空」的觀照，或偏限於「有」的觀照，都不能真實地全面理解事物。只有超越空、有，

以「中道」同攝空、有，才不會流於一偏。現象界的認識，應該
同時體現三種觀法，即是「空觀」、「有觀」（假觀）和「中道
觀」。

二　三諦圓融

1. 「三諦圓融」，「諦」是佛教固有的概念，意謂真理。
2. 天台宗認為，《中論》所說的空假中三個概念，實際是認識世間
   一切萬法的三種真理。
   （1）假諦，又名俗諦，即是認為三世諸法性空幻有，雖無真實自
        性，卻是一種客觀存在。
   （2）空諦，又稱真諦，即是主張萬事萬物本性皆空。
   （3）中諦，又稱「中道第一義諦」，是一種超越空有，而又兼容
        空有的「非有非空」的認識，有了這種認識，才能即世間為
        出世間，不離生死而達到成佛涅槃。
3. 三諦是一切事物的實相。它們同時存在於一切萬法之中，存在於
   一切眾生心中，所以「一念心起，即空、即假、即中」，「三諦圓
   融，三一無礙」。也就是說，三諦於一心之內同時具有，圓融無
   礙，這就是天台宗的「三諦圓融」說。

叄　真如心

一　真如心

天台宗屬真心、如來藏系統。此一真心又稱真如；認為宇宙之全
體，即是一心。眾生雖各有差別性，但所具有的自性清淨心卻是

平等無差別的。

真如者，以一切法真實如是，唯是一心；故名此一心，以為真
如。若心外有法者，即非真實；亦不如是，即為偽異相也。⋯⋯
以此義故，自性清淨心，復名真如也。(《大乘止觀法門》卷一)
如來藏體，具足一切眾生之性，各各差別不同，即是無差別之差
別也。(《大乘止觀法門》卷二)

二　一念三千

1. 一念三千：一說心，即圓具一切法。並不是說一念心生一切法，
   亦不是一念心含一切法，而是心即一切法，一切法即心，三千在
   一念間。

   夫一心具十法界，一法界又具十法界、百法界。一界具三十種世
   間，百法界即具三千種世間。此三千在一念心。若無心而已，介
   爾有心，即具三千。⋯⋯若從一心生一切法者，此則是縱。若心
   一時含一切法者，此即是橫。縱亦不可，橫亦不可。祇心是一切
   法，一切法是心故。(《摩訶止觀》卷五上)

2. 從十界互具到一念三千：
   (1) 十界互具：
   　　①六道：指地獄、餓鬼、畜生、阿修羅、人間、天上。四
   　　　聖：聲聞、緣覺、十地菩薩與佛。此十界又互含互攝，
   　　　即稱之為「十界互具」，由於十界互具，故可構成「百
   　　　界」。

今但明凡心一念，即皆具十法界。（《法華玄義》卷五下）

②就十界而言，成佛可即九界而成佛，九界與第十佛法界相融如水，皆能相攝相融，即是不斷斷的圓妙。十界互攝，即互融如水，若因情執而侷限任何一界，則與他界將相隔如冰，而無法互相融攝。

《淨名》云：「無明即是明」。當知不離無明而有於明。如冰是水，如水是冰。（《法華玄義》卷五下）

（2）十如是：因事物的狀態、作用、關係等差別，而可分成「相（外界的形相）、性（內在的個性）、體（形成個體的材質）、力（能量）、作（作用）、因（招來感果的因）、緣（條件或助力）、果（結果）、報（由因緣果所招來的相續報應）、本末究竟。前九項同於「一理」等事物出現的如實狀態，故稱「十如是」。

（3）百界千如：「百界」乘合「十如是」即成百界千如，亦即「千如是」。

（4）一念三千：「千如是」再乘合「眾生世間、（生物界）、國土世間（山河大地）與五陰世間（色受想行識）」就成為三千世間，即「一念三千」。

3. 萬法互攝：真如心一即一切，一切即一；現象界一切事物雖有不同，然皆可圓融互攝。不但就空間而言大小可以圓融互攝；就時間長短而言亦可圓融互攝。

沙門曰：「然則一心全體，唯作一小毛孔，復全體能做大城。心

既是一，無大小故。毛孔與城，俱全用一心為體。當知毛孔與城，體融平等也。」若以心體平等之義望彼，即大小之相本來非有，不生不滅，唯一真心也。(《大乘止觀法門》卷二)

沙門曰：「奇哉！於一食之頃，而見多年之事。」以是義故，據覺論夢，夢裡長時，便則不實；據夢論覺，覺時食頃，亦則為虛。若覺夢據情論，即長短各論，各謂為實，一向不融。若覺夢據理論，即長短相攝，長時是短，短時是長，而不妨長短相別。若以一心望彼，則長短俱無，本來平等一心也。……是故聖人依平等義，即不見三世時節長短之相；依緣起義故，即知短時長時體融相攝。(《大乘止觀法門》卷二)

肆 性具圓教與不斷性惡

一 性具圓教

1. 性具圓教：指一切法的差別相都可存在，亦皆是佛法，天台宗圓教強調開權顯實，發跡顯本。一念三千的世間法，都是佛法，三千法中，雖有世間的差別相，但諸佛之心清淨而可捉物不粘，故皆可「不斷斷」而成佛，此即「性具圓教」。

眾生之心，如塗膠手，捉物皆粘。諸佛之心，如淨洗手，捉物不粘，已有智水洗其膠故。智令淨用，自然不著。(《觀音玄義記》卷二)

2. 不斷性惡：指佛亦有惡法門之義，即「除病不除法」。欲修行成

佛，須去掉人之無明妄執，但不必去掉客觀的差別法之存在，雖「不斷斷」而仍能以惡道之相得解脫。

佛亦不斷性惡，機緣所激，慈力所熏，入阿鼻，同一惡事化眾生。(《宗鏡錄》卷十七)

但除其病而不除法。病在執情，不在大用。(《大乘止觀法門》卷三)

伍　止觀論

一　《摩訶止觀論》

強調修行實踐的工夫，眾生因無明迷妄而落入生死流轉，受種種苦，需憑藉修行工夫去無明，而出離生死流轉，悟入涅槃。

二　止觀釋義

1. 止 ─ 要求人的思想專注一境，使一切因外緣而生之情欲止息。
  └ 邪僻心息，妄念不流是止，止是禪定之勝因，止方能捨樂斷貪。

2. 觀 ─ 發菩提心是觀，觀是智慧之憑藉，觀能去無明而離苦。
  └ 以佛理觀察世界萬物，以得出與佛理相應的體會。

所言止者，謂知一切諸法，從本以來，性自非有，不生不滅。但以虛妄因緣故，非有而有。然彼有法，有即非有。唯是一心，體

無分別。作是觀者，能令妄念不流，故名為止。(《大乘止觀法門》卷一)

所言觀者，雖知本不生，今不滅，而以心性緣起，不無虛妄世用，猶如幻夢，非有而有，故名為觀。(《大乘止觀法門》卷一)

華嚴宗
——本土三宗

綱要

第廿三章
華嚴宗
──本土三宗

生平

一、姓名：法藏

二、時代：生於唐太宗貞觀十七年（西元643年），卒於唐睿宗太極元年[1]（西元712年），享年七十歲。

三、傳略：法藏，祖先為康居人，祖父時移居長安（今陝西西安市），遂以康為姓，父名康謐，曾任唐朝左衛中郎將。法藏出生於長安，為華嚴宗三祖。為追求《華嚴經》[2]的蘊奧，十七歲時入華嚴二祖智儼門下習法，是智儼的在家弟子。智儼去世兩年後（高宗咸亨元年，西元670年），法藏時年二十八歲，適皇后武則天喪母，因皇室信教甚篤，武后乃欲捨宅為太原寺，並度僧以樹福田，於是高宗下令法藏剃度出家為太原寺住持。法藏極受武則天賞識，於剃度後四年獲賜號為賢首，並多次奉敕主講《華嚴經》，在武周時，華嚴宗成一大宗派。法藏出身官宦之家，與政治淵源甚深，曾先後為高宗、武則天、中宗、睿宗，及玄宗（尚為太子時）說法，故有「五帝門師」之稱。法藏生活優裕，名重

1　是年正月己丑改元太極，五月改延和，八月甲辰玄宗改元先天。

2　方東美說：《華嚴經》係由隱喻的、詩的、象徵性的語言所形成的精神意境，須把使用方塊字所形成的著述的語言點化掉，才能欣賞其中所含攝或透視出來的境界。

一時，主要致力於講道及著作。華嚴宗以五台山為宣教中心，其
說對後世宋學的成立，以及禪宗思想的形成極有影響。

四、著作：著有《探玄記》、《五教章》、《起信論義記》、《華嚴經傳
記》凡三十餘部，六十多卷。

壹　法界論

一　何謂法界

1. 法界緣起：本在闡述宇宙間一切現象生滅之學說，主要內容在說明各類現象間之相依相成，互為因果的關係，由於其重重無盡的交涉，故又稱「無盡緣起」。
2. 法界論的目的在顯現重重無盡的佛境界。它既有森羅大千，含容萬有的客觀之相，又昭昭於心目之間。這種境界只有靈明之心才能與之相通。
3. 華嚴宗言「性起」，專就佛法身而說，成佛須斷九法界，即「緣理斷九」。

> 法界者，一切眾生身心之本體也。從本已來，靈明廓徹，廣大虛寂，唯一之真境而已。無有形貌而森羅大千，無有邊際而含容萬有，昭昭於心目之間，而相不可睹；晃晃於色塵之內，而理不可分。非徹法之慧目，離念之明智，不能見自心如此之靈通也。……故世尊初成正覺，歎曰：「奇哉！我今普見眾生，具有如來智慧德相，但以妄想執著而不能證得。」於是稱法界性，說《華嚴經》，令一切眾生，於自身中得見如來廣大智慧，而證法界也。（《注華嚴法界觀門序》）

二　四法界

法界緣起的直接顯現，是一整攝性的世界總相。

1. 事法界：就現象本身而論，有生滅起伏的差別，專指緣起的現象。

2. 理法界：就現象所依之理而論，超越時空的實相境界是無差別的，指緣起無自性之空觀。

3. 理事無礙法界：現象雖不是實相，但由實相而生；實相雖不是現象之一，但卻即現象而顯現。即事法界與理法界和諧的相即相入互攝。

4. 事事無礙法界：指「一即一切」之法界緣起，又稱為「無窮緣起」或「佛性緣起」。事事無礙法界，再進一步說，不僅現象與實相不離，而且一一現象彼此間，由於皆由同一真如所生，故雖現差別相，亦是彼此融攝。且任取萬法之一看，皆可顯真如本身，亦可顯其他萬法。

三　四種緣起說[3]

1. 法界緣起：華嚴宗是專就佛法身而言佛之示現，萬法相攝相入，互為緣起，融通無礙，引申之以表示佛法身法界之無邊無盡，圓融無礙，佛教緣起論應以法界緣起為最終的依歸。

2. 業感（惑）緣起[4]：這是小乘佛教的緣起說，從業力輪迴的觀點，指出人因十二因緣、無明起而生惑，因惑而造業，再由種種業感受到身心生老病死之苦，由苦果又迷惑不解，再造新業，如此受束縛的生命活動便輪迴不已。業感緣起必須配合四聖諦的「滅、道」的修持，才能解脫。

3　參見方東美：《華嚴宗哲學》上冊，第十三章、第十四章。

4　方東美先生懷疑業感緣起的「感」字，應是「惑」字的誤寫，正確應為「業惑緣起」。參見《華嚴宗哲學》上冊，頁342。

3. 阿賴耶緣起：

（1）三自性說：是對一切法遇緣顯現作「萬法唯識」的根源解釋。唯識宗將第八識阿賴耶識稱為如來藏、藏識，或連稱「如來藏藏識」，其中同時有善因與不善因，即純淨無染的真如與雜染不善因，可謂「染淨同位」或「染淨同住」，意即善惡同源，種種差別相即由此出。

（2）阿賴耶識的根本問題是染淨始終糾纏在一起：在法相唯識宗裡面的「阿賴耶緣起」，事實上是變相的「無明緣起」。這一個如來藏與藏識就連合在一起，所以便有「染淨同位」，或「染淨同住」，來形容這兩種性質是不容分割而混在一起的。若第八識阿賴耶識是根本識，而又是染淨夾雜，則難以將其完完全全地啟發成清淨自性。

4. 如來藏緣起：這是《起信論》系統的主張，「真如──不變隨緣、隨緣不變」，是對一切法的存在作根本的說明。佛學是把一切都當作緣起的觀點來立論，認為物質之所以為物質，是在眾緣和合的關係下才能生起，物質本身並沒有實在自體，即使人的精神也沒有精神自體，而是由種種關係、種種條件下所組合而成的。小乘佛學中討論十二因緣的「業感緣起」，而在大乘佛學的領域中，更將十二因緣加以解釋，把世間名相解釋成只是假有，以使人了解「因緣生」、「因緣假」。再鼓勵眾生以佛學中的智慧，從理路上對現象界的一切看破、看透，此謂「緣起無自性」；無自性就是彰顯實體性的不可得，然後講「因緣空」，空與有是相互補充而不是矛盾對立，才能成就真空妙有。

貳　華嚴宗思想綱領

一　〈金師子章〉立十門

法藏在其〈金師子章〉中列有十門，此十門可作為華嚴宗思想的梗概。

1. 〈金師子章〉立十門：

   初明緣起，二辨色空，三約三性，四顯無相，五說無生，六論五教，七勒十玄，八括六相，九成菩提，十入涅槃。(《華嚴經‧金師子章》)

2. 〈金師子章〉的十門，再將其約納成系統，前五者可為「真如心──隨緣不變、不變隨緣」所涵攝。

3. (1)「明緣起」：法藏以金喻本體，以師子喻現象。現象只是隨緣起現，並無自性。

   謂金無自性，隨工巧匠緣，遂有師子相起。起但是緣，故名緣起。(《華嚴經‧金師子章》)

   (2)「辨色空」：所謂空並非否定諸事物存在之斷滅空，而是視現象界只是幻相假有。

   謂師子相虛，唯是真金。師子不有，金體不無，故名色空。又復空無自相，約色以明，不礙幻有，名為色空。(《華嚴經‧金師子章》)

（3）「約三性」：三性，指徧計所執性，依他起性，圓成實性。徧計所執性，謂現象界事物本是因緣和合起現之幻相，世俗之情卻妄執為實有，且生種種分別心。依他起性，謂因緣起現之幻相，似有而其實本無自性，皆依因緣而起現。圓成實性，唯有真如本體恆常不變，又能隨緣起現。

　　師子情有，名為徧計。師子似有，名曰依他。金性不變，故號圓成。（《華嚴經・金師子章》）

（4）「顯無相」：現象界中諸事物，皆是真如心隨緣幻現，既是幻相假有，則此假相本非真有，可謂無相。

　　謂以金收師子盡，金外更無師子相可得，故名無相。（《華嚴經・金師子章》）

（5）「說無生」：現象界諸事物本為幻有，既幻則非真有，金體本無增減生滅，既是幻生即是無生。

　　謂正見師子生時，但是金生，金外更無一物。師子雖有生滅，金體本無增減，故曰無生。（《華嚴經・金師子章》）

二　真如心「隨緣不變、不變隨緣」

1. 以真如心之「隨緣不變，不變隨緣」為中心，吸收並提升唯識宗的三性說。

唯識宗	如來藏、真心系統	
徧計所執性	徧計所執性	理無 情有
依他起性	依他起性	無性 似有
圓成實性	圓成實性	不變 隨緣

2. 賢首依「如來藏自性清淨心」，即真如心、清淨心之系統，由「真心為主、虛妄熏習是客」而解說「真心」兩義，一是不變義：即真如心之真實性；二是隨緣義：即真如心隨緣作諸法，而有種種差別相的生滅流轉。

> 不染而染者，明隨緣作諸法也染而不染者，明隨緣時不失自性。由初義故，俗諦得成。由後義故，真諦復立。如是真俗但有二義而無二體，相融無礙，離諸情執。(《華嚴一乘教義分齊章》卷二)

3. (1) 真如心雖隨緣起現一切染淨之法，但其清淨之自性不變，故雖隨緣而可歸之真實。

(2) 緣起法是依他起，但仍無自性，知其本無自性，亦可歸於真實。

(3) 徧計所執雖是情有，而實是理無，知其為理無而不執，亦歸於真實。

叁　法藏判五教

一　判教內容

1. 法藏依各宗之教義系統及所依經典之特色而予判教，分為「小、始、終、頓、圓」五教。

2. 五教簡表：

	五教		經典	特色
1	小乘教（愚法聲聞教）		《阿含經》等	去我執、法執為目標。
2	大乘始教	空始教 般若空宗	《般若經》、《中論》、《百論》、《十二門論》	空宗明一切法皆空之理，猶不免執於空。
		相始教 法相唯識宗	《瑜伽》《成唯實論》	廣說法相、罕言法性。
3	大乘終教 （引權歸實）		《楞伽經》、《如來藏》、《起信論》	說真如隨緣，能生萬法，萬法即真如，理事不隔。又說眾生皆可成佛，是大乘之義。
4	頓教		一絕言詮 不依經論	與始教、終教同為大乘，但不依言詮，不說法相，離言絕慮，不依漸次，明心則見真性。
5	圓教	同教一乘	《法華經》	開權顯實，發跡顯本，一念三千。
		別教一乘	《華嚴經》	法界緣起，圓融無礙，緣理斷九。

二 牟宗三評論法藏之判教

1. 法藏判頓教，本為安排後起之禪宗，但頓教卻無具體教義內容，別立一教，似有不妥。

2. （1）分判依《法華經》立宗之天台宗為「同教一乘圓教」；而依《華嚴經》立宗之華嚴宗為「別教一乘圓教」。

　（2）何謂別教一乘圓教：華嚴宗別教之「別」，乃指「專就」之義，意即「唯談我佛」，專就佛法身而開展。「一乘」，專指「佛」乘。「圓教」意謂佛法身之圓滿無盡、圓融無礙。

3. 法藏自居「別教一乘圓教」，卻又立天台宗之《法華經》為「同教一乘圓教」，兩圓並存，未能交代何者方是究竟圓滿之圓教，故牟宗三就其不能解釋兩圓彼此之含攝關係，而批評法藏此判教理論「則兩圓皆復圓而不圓矣」。

> 若如此，則兩圓並存，而其關係不明。同教圓教不攝別教圓教，則攝法不盡，圓即非圓。別教圓教不攝同教圓教，而令其溢出並存，則五教之判不盡，而別教圓教之圓亦不圓矣。若謂賢首立圓教，本是兩圓並存，依「華嚴」說別教圓教，依「法華」說同教圓教，未曾單指「華嚴」為圓也。若如此，則兩圓非一，而其關係又不明，即無終極的圓，如是，則兩圓皆復圓而不圓矣。[5]

肆 十玄門

　　《華嚴經》的最高原理，即是「互攝性原理」；「十玄門」以十個

5　牟宗三：《佛性與般若》（臺北市：臺灣學生書局，1977年），頁565。

論點，論述一切事物性質說明「法界緣起」；真如心「不變隨緣、隨緣不變」，在隨緣起性的過程中，雖有種種差別相，但到成佛時，則無窮無盡，說明佛法界的事事無礙，圓融無礙。佛法身不受時間、空間等任何束縛，它的精神可以任運自在的絕對自由。[6]

一　同時具足相應門

1. 無前後始終是「同時」，一切逆順自在是「具足」。「金」與「師子」同時成立，圓滿具足；師子有六根，與金同時成立，就是「同時具足相應門」。

2. 就最高的境界而言：當最高的直覺智慧，形成於海印三昧的心境上時，便可以把無窮的差別世界都統攝起來，形成互攝互融、普遍和諧、圓融無礙的妙境。而且在這樣的情況之下，無限的事法，便能在無限時空交織和諧統貫下，形成一與一切相應、一與一相應、一切與一切相應、一切與一相應，如此便形成「同時具足相應門」，以提挈其他九門，乃事事無礙法界的總說。

金與師子，同時成立，圓滿具足。名同時具足相應門。(《華嚴經‧金師子章》)

二　廣狹自在無礙門

1. 本名「諸藏純雜具德門」，法藏改「純雜」為「廣狹」。師子眼等諸根同時相收，可以會合諸根相同部分，而且完全具足，那麼一

6　參見方東美，〈華嚴一乘十玄緣起思想的形成、意義與理論建構及圓融無礙的根本概念〉，《華嚴宗哲學》下冊，二十八章。

一皆雜，一一皆純，就成為圓滿藏，這就是「諸藏純雜具德門」，後來改立「廣狹自在無礙門」。

2.（1）專就「修行」的立場而言：華嚴宗的思想是談「一行一切行」，就像善財童子的五十三參，去參考各大善知識，向他們學習的時候，他不僅要向最高智慧的人學習，甚至於世界上的任何一個階層，都要一一去閱歷，去體會他們所處的境界、他們的心理狀態、他們的應變能力、他們的處事方法，甚至於待人接物、應對進退等都需一一去親自學習，所以華嚴宗的修持是多方面的。

（2）因為「十玄門」的本義，就是為了要解說事事無礙的思想，「廣狹自在無礙門」，當然是為了確定事事無礙，但是「諸藏純雜具德門」也通事理無礙，有礙解說事事無礙的妙理，所以法藏才考慮加以修改成「廣狹自在無礙門」。

　　此門賢首新立，以替至相十玄，諸藏純雜具德門。意云：一行純，萬行為雜等，即事事無礙義。若一理為純，萬行為雜，即事理無礙。恐濫事理無礙義，所以改之。（澄觀，《華嚴經隨疏演義鈔》卷十）

三　一多相容不同門

1. 金與師子相容而成立，一多無礙，理與事之間是各自不同的，金性喻理，師子喻事，兩者能夠互容時則性相各別，或一或多，各住各位，這就是「一多相容不同門」。

2. 就「宇宙萬法的相互攝入」而言：「一即多、多即一」，一中容多，多中攝一，就是「一多能相容無礙」。雖然一多彼此能互相

涉入，然而仍然不失去一多時的本位，故一多並存而不相違背。
從數量的立場去觀察宇宙萬象時，便會曉得，宇宙並不是一個單
純的系統，而是一個複雜的系統。可是不論是多麼複雜，任舉一
物與多物時必將產生攝入關係而成：一入一切，一切入一，一入
一，一切入一切；一攝一切，一切攝一，一攝一，一切攝一切，
即入即攝、或即攝即入，而又同時無礙。在這個統一的世界裡面
是有其差別現象，而差別現象裡面也確實可以獲得某種統一，這
樣的各各事項都是互相交錯，而圓融無礙，所謂「一多歷然而不
混，互相容涉而無礙」是也。

金與師子，相容成立，一多無礙；於中理事各各不同，或一或
多，各住自位。名一多相容不同門。(《華嚴經‧金師子章》)
若一室之千燈，光光相涉。(《金師子張雲間類解》)

四　諸法相即自在門

1. 假若師子諸根的每一根毛孔，都能由金來收盡師子，包括諸根和
   諸毛孔，也都能各自含攝全體，然後一一徹遍師子諸根而令其相
   即時，便能自在成立，無障無礙，這就是「諸法相即自在門」。
2. 就「作用」的立場而言：諸法互相依融的關係就像金與金色，舉
   體相即。如果從「關係」上去想，任何關係都有其特殊性、差別
   性的構成因素，千萬不能抹煞這些個別殊相的個性。然後又可在
   更高的結構中，找到可以同時統攝各個差別相的關係，而形成一
   和諧的系統。如此一來，「甲」與「乙」發生關係，「乙」與
   「丙」也發生關係，無窮的個體可以從無窮豐富的關係結構裡
   面，看出它多方面的功能。

一即一切，一切即一，圓融自在，無礙成耳。若約同體門中，即
自具足攝一切法也。然此自一切復自相入，重重無盡故也。（法
藏，《華嚴一乘教義分齊章》卷四）

五　秘密隱顯俱成門

1. 如果看師子只有師子而沒有金，那麼師子顯而金隱，也就是「相
   顯而性隱」；如果只看金，則只知道金而不知道有師子的形體，
   這是金顯而師子隱，即是「性顯而相隱」。如果兩處同時看時，
   俱隱俱顯，性相同時，隱顯齊現，隱是秘密，顯是顯著，這就是
   「秘密隱顯俱成門」。

2. 就「緣起」的立場而言：這一門在解說隱顯俱有的成就。當一能
   攝一切時，一為能顯，一切為所隱。當一切攝一時，一為能隱，
   而一切為所顯。如果以相即為顯時，那麼相入為隱，如果以體的
   相即為隱，那麼用的相入為顯。顯與隱就存在於表與裡或正與反
   的關係內，所以說隱與顯或顯與隱對稱而同時無礙，這就是隱顯
   的無礙，秘藏密收，深玄奧妙。對於能秘者為顯，所秘者為隱，
   正當在攝彼時，彼也正在攝此，因此說是隱顯同時，互為秘密，
   沒有前後所以才稱為俱成門。

若看師子，唯師子無金，即師子顯金隱；若看金，唯金無師子，
即金顯師子隱。若兩處看，俱隱俱顯。隱則秘密，顯則顯著。名
秘密隱顯俱成門。（《華嚴經‧金師子章》）

六　微細相容安立門

1. 當金與師子，或隱或顯，或一或多，看金時師子好像隱，僅顯一金，看師子時，金性好像隱藏起來，完全彰顯師子諸相；像這樣主伴交輝，理事齊現，交光互參，而且能完全相容，這就是「微細相容安立門」。

2. 就「相即相入」的現象而言：因為在諸法中，隨舉一法為能攝時，便能普攝其餘的一切法，而且由它所攝的一切法中，隨舉一法為能攝時，仍然又能普攝其餘的一切，如此重重相攝，可以達到極細微不可再分析的部分，這叫作微細。另外又當彼此各不壞相，所以稱為相容。由各不壞相，便能各住各位，共同組成一個緣起法門，所以叫作安立。本門即是在說明不壞諸法的大小相，而能同時顯現於一門之內。

　　金與師子，或隱或顯，或一或多，定純定雜，有力無力；即此即彼，主伴交輝。理事齊現，皆悉相容，不礙安立；微細成辦。名微細相容安立門。(《華嚴經・金師子章》)

七　因陀羅網境界門

1. 如果師子各支節的每一毛孔又各有金師子，每一毛孔處師子又同時入一毛孔中，以一切攝一切同入一中，就像天帝網珠，重重無盡，而成為「因陀羅網境界門」。

2. 就「帝網譬喻」說明事事無礙的境界：

   （1）以善財童子的求道過程來說明，善財童子在那裡面（毗盧遮那佛所彰顯的彌勒菩薩的莊嚴藏樓閣），所謂佛、大菩薩、

菩薩、乃至於凡夫成為菩薩、菩薩成了大菩薩、大菩薩又成了佛，都彼此在那裡面做精神生命的接觸，做精神光明的交流。然而在一個整體的宇宙領域裡，一切的精神生命都變成交光相網的狀態，所以用印度的比喻，稱它為「帝網」。

（2）在印度佛教中有一種傳說，在帝釋天宮殿裡懸掛著珠網，簡稱「帝網」。在「帝網」裡面有一顆顆寶珠，珠與珠之間可以互相映照，又可以輻射出無窮的智慧之光，照射到一切差別世界裡面去。由於網無量，故所懸的寶珠也是無量，於是這無量數的寶珠，彼此互相照射。那麼在一珠中所映現於其他寶珠的，就稱之為雙重的累現。像這樣經過三重、四重、五重乃至於重重無盡，就好像舉鏡燈一樣，重重交光，而且能夠反映一切的無窮的光，互相現影。

（3）就《華嚴經》最後一品所描示彌勒樓閣的譬喻，以「因陀羅網」來加以說明事事無礙之理。如此「珠珠相攝」，把光從有限裡面給組合起來，再反射出去，成為無窮累映重重又重重，所謂一中容一切，甚至它所容的一切，也收其他的一切。如此這個無窮有一個根本來源，就是能夠反應一切智慧的珠寶，所以本門就是以譬喻來說明事事無礙的境界。

師子眼耳支節，一一毛處，各有金師子。一一毛處師子，同時頓入一毛中。一一毛中皆有無邊師子，又復一一毛帶此無邊師子，還入一毛中。如是重重無盡，猶天帝網珠。名因陀羅網境界門。（《華嚴經‧金師子章》）

八　託事顯法生解門

1. 如果說師子表示無明，唯金體才是真性，那麼世間的一切妄法都是生滅無常的無明，唯有如來藏才是不生不滅的真性。用理事合論，理事就是真妄和合，就像阿賴耶識含有覺與不覺二義，「覺」才能彰顯真性，「不覺」就是令生無明，這就是「託事顯法生解門」。

2. 就「方便智」而言：說明一切事法互為緣起，隨託一事，便能彰顯一切事法。這裡面所講的「智」，並不是般若本身，而是所謂的「方便智」。這就是說一切「理」，是可以令其顯現於一切差別世界的領域中，都是智慧照耀所及的境界。只要隨便舉出一事，就能看見一切無盡法界，是所謂「一花一世界，一葉一如來」的甚深微妙法門。

說此師子，以表無明；語其金體，具彰真性。理事合論，況阿賴耶識，令生正解。名託事顯法生解門。(《華嚴經‧金師子章》)

九　十世隔法異成門

1. 師子是有為法，凡是有為法都是念念生滅，因緣時時遷謝，剎那之間就可分為過去、現在、未來三際，在這三際又各有過去、現在、未來，就像〈普賢行願品〉中所說的：「過去中未來，未來中過去。」也像師子諸根諸毛，本來就是由純一的金打造而成，雖然九世各有其隔相，可是卻能在融通無礙的狀況下同為一念，所以有所謂「十世古今，始終不離於當念」。就是這個道理，這即是「十世隔法異成門」的本義。

2. 就「時間」的立場而言：在一種開放的時間狀態下，把時間展開，使現在與過去銜接起來，與未來也貫串起來成為無窮，於是時間的間隔整個被消解了，形成圓融無礙的妙用。

> 此上諸義遍十世中，同時別異具足顯現，以時與法不相離故。言十世者，過去、未來、現在三世各有過去、未來及現在，即為九世也。然此九世迭相即相入，故成一總句，總別合成十世也。此十世具足別異，同時顯現，成緣起故，得即，入也。（法藏，《華嚴一乘教義分齊章》卷四）

十　主伴圓名具德門：本名唯心迴轉善成門

1. 金與師子各無自性，由人之心識的迴轉而成，當全心一事時，就能隨心而遍現於一切事物中，當全心入於一切時，便能隨心入於一事中，所以金與師子完全由人心識的迴轉，全然沒有定相可尋，所謂「應觀法界性，一切唯心造」（《華嚴經》卷十九）。這就是「唯心迴轉善成門」的本義。後來法藏把它改為「主伴圓明具德門」。

2. 就「清淨自性心」而言：它是一切緣起的總出發點、總樞紐，所以一切都繫之於所謂的「真如」的自性清淨心上。就這個自性清淨心的本身來說，假使要把它當作純潔的「如來藏」，那麼這個自性清淨心馬上就變成「佛法」。「心」為構成宇宙萬有的一切，這就要看它是如何的迴轉法了，天堂或地獄，其轉變樞紐就是「真心」。法藏在「新十玄」中以「主伴圓明具德門」來代替「唯心迴轉善成門」，也就是以自己為主，便以望他為伴，或以一法為主，一切法為伴。或以一身為主，一切身為伴，所以隨舉一法，便能主伴齊收。

金與師子，或隱或顯，或一或多；各無自性，由心迴轉。說事說理，有成有立。名唯心迴轉善成門。(《華嚴經‧金師子章》)

伍　六相圓融

十玄門可通過六相而加以會通。

一　何謂六相

1. 總、別就「理」言；同、異就「事」言；成、壞就「現象」之過程言。
2. 以三乘觀之，則理是理、事是事、現象過程是現象過程。
3. 以別教一乘圓教觀之，理即事，事即理；動即靜，靜即動；六相相攝、相即、相入；故曰「六相圓融」，故曰「以此方便會一乘」。

初列名者，謂總相，別相，同相，異相，成相，壞相。(《華嚴一乘教義分齊章》卷四)

二　六相釋義與譬喻之簡表

六相	釋義	以「金師子」喻	以「舍」喻
總相	┌一含多德 └理一為總相	師子是總相	舍是總相

六相	釋義	以「金師子」喻	以「舍」喻
別相	多德非一故，別依止總，滿彼總故。 分殊為別相	五根差別為別相	椽、瓦等諸緣是別相
同相	多義不相違故，同成一總故 萬殊之原於一本	共一緣起是同相	椽、瓦等諸緣和同作舍，皆是舍緣而不相違，故是同相
異相	多義相望，各各異故 一本之散為萬殊	眼耳各不相知是異相	椽、瓦等諸緣各不同類，形態各異，故名異相
成相	由此諸義，緣起成故 天下分久必合	諸緣共會是成相	由椽、瓦等諸緣會合，舍方能成相
壞相	諸義各住自法，不移動故 合久必分	諸緣各住自法是壞相	椽、瓦等諸法，各住自法時，舍即為壞相

三　六相圓融

法藏的本義就是為了要彰顯在法界的領域中，並沒有孤立的法存在。只要隨舉一法，就應具有這六相緣起，彼此都是無自性的，只是在一一相中含有無盡的相，一一法中具有無盡的法，是彰顯圓頓教的主要道理，認為一切都是「圓融無礙」，從一法之上可了一切法，在一行之中具足一切行。所謂因眩果海，果徹因源。果是即因的果，因是即果的因，全然是平等而無二相。

第廿四章

禪宗
——本土三宗

綱要

第廿四章

禪宗
——本土三宗

生平

一、姓名：慧能

二、時代：生於唐太宗貞觀十二年（西元638年），卒於唐玄宗先天二年（西元713年），享年七十六歲。

三、傳略：慧能，出於禪宗五祖弘忍之門，開南宗禪派，與北宗禪的神秀相對，即後世所謂「南頓北漸」之禪。依南宗禪[1]所論，五祖弘忍因慧能之境高於神秀[2]，故付法於六祖，並命他離開黃梅。慧能在嶺南隱跡數年，之後在廣州法性寺聽印宗律師講《涅槃經》，印宗律師知其為五祖「密付」的傳人，始為之正式剃度受戒。其後四十年，六祖皆在廣州、韶州、曹溪等地弘法，武則天曾為之造法泉寺。慧能門下，出有青原行思（西元？-704

1　案：今傳五祖弘忍傳法於六祖之事，皆出於南宗《六祖壇經》，今本所傳的《六祖壇經》，和近代發現敦煌寫本略有不同，可知其內容已有附加和改竄之處，故《六祖壇經》所記，可視為禪宗慧能之學，但是否為慧能親口所言，則有待商榷。

2　依〔日〕野村耀昌《中國佛教史概說》所述，神秀在五十歲師事弘忍以前，已經是一位精通儒釋道三教，並經過六年修行的學者，故被推為弘忍門下七百人中的上座，嘗受武則天抬舉，優遇以國師之位。至於南頓北漸之說，從北宗傳下的《大乘五方便》中，可以看到神秀也贊同「頓悟說」，可知北宗禪雖然贊成漸悟的主張，但也有頓悟的想法存在。參見〔日〕野村耀昌等著、聖嚴法師譯：《中國佛教史概說》，頁129。

年），再傳有石頭希遷（西元700-790年）和南嶽懷讓（西元677-744年）等高僧，使南宗禪得到極大的開展，後因北宗禪式微，後人論及中國之禪，多僅限於南宗了。

四、著作：慧能據說不識文字，唯一能代表其思想的只有《六祖壇經》一書，此書為弟子記錄彙集而成。據印順法師《中國禪宗史》所言，《壇經》可以分成二部分，一是《壇經》本體，為六祖大梵寺開法的記錄，二是《壇經》的附錄，為六祖與弟子的對談以及身前身後的記錄。

壹　禪宗簡史

一　傳承

　　此章所論禪宗，乃指自初祖達摩至「一花開五葉」此系的禪。

1. 初祖達摩[3]的教義梗概：

　　（1）理入：「藉教悟宗」是悟理。屬如來藏系統，真心佛性本有。從依言教的聞而思，到不依言教的思而行，要能心如堅篤之牆以觀空而不移，由「壁觀」之凝心、安心、定心工夫入，而不隨於言教，捨妄即可歸真。

　　（2）行入：從「四行」修行實踐

　　　　①報怨行：修道之人，受苦受難時當自省思，今之苦難皆是往昔無數劫中，流浪諸有而棄本逐末所致之宿殃惡業，現應逢苦不憂，甘心忍受，都無怨訴，如此識達本心即可體怨進道。

　　　　②隨緣行：眾生無我，一切皆因緣所生，苦樂亦是隨緣聚散而生滅，苦樂皆緣散即空，何須執著苦樂？故一切苦樂皆受，得失隨緣。

　　　　③無所求行：眾生陷在迷中，處處貪求執著，有求不已。實則三界猶如火宅，誰能長居久安？世間一切本是緣起性空，所以有求皆苦，無求才能自在。

　　　　④行法：修道之人要能以「性淨之理」修行，以除妄想，自利復能利他，自度亦須度人。

3　印順：《中國禪宗史》（南昌市：江西人民出版社，1990年），頁1-10。

→2.慧可：兼奉雲水遊化，清苦自行的「頭陀行」。

→3.僧璨

→4.道信┬─立寺院

　　　　├─設佛像

　　　　└─開道場

→5.弘忍┬─黃梅大師（黃梅東禪寺）

　　　　└─東山法門（雙峰山之東）

　　法融┬─牛頭禪（牛頭山），宗密判為：「泯絕無寄宗」[4]

　　　　└─結合並體現般若學之空義於禪

→6.慧能──南禪（曹溪），宗密判為：「直顯心性宗」

　　神秀──北禪（京洛），宗密判為：「息妄修心宗」

二　分燈接席

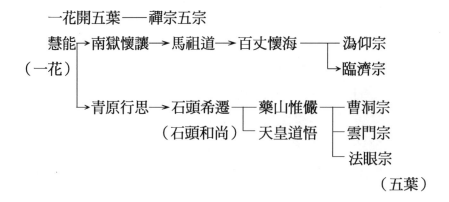

一花開五葉──禪宗五宗

慧能→南獄懷讓→馬祖道→百丈懷海┬─潙仰宗

（一花）　　　　　　　　　　　　└→臨濟宗

　　　└→青原行思→石頭希遷┬─藥山惟儼┬─曹洞宗

　　　　　　　　　（石頭和尚）└─天皇道悟├─雲門宗

　　　　　　　　　　　　　　　　　　　　└─法眼宗

（五葉）

4　見唐代圭峰宗密《禪源諸詮集都序》卷二：「說凡聖等法，皆如夢幻，都無所有，本來空寂，非今始無。即此達無之智，亦不可得。平等法界，無佛無眾生。法界亦是假名，心既不有，誰言法界。無修不修，無佛不佛。設有一法勝過涅槃，我說亦如夢幻。無法可拘，無佛可作；凡有所作，皆是迷妄。如此了達本來無事，心無所寄，方免顛倒，始名解脫。」

三　一花開五葉——五宗之特色

1. 溈仰宗┌（1）三四傳而絕
　　　　└（2）禪風體用圓融
2. 臨濟宗┌（1）五宗中最盛
　　　　├（2）先「以棒喝」見長
　　　　└（3）後「參話頭」，倡看話禪
3. 曹洞宗┌（1）默照禪
　　　　└（2）後傳至日本
4. 雲門宗┌（1）北宋盛，衰於南宋
　　　　└（2）教義：┌涵蓋乾坤
　　　　　　　　　　├截斷眾流
　　　　　　　　　　└隨波逐流
5. 法眼宗┌（1）以禪融淨，禪淨雙運
　　　　└（2）北宋絕於中土，後傳於高麗

貳　六祖慧能的南禪思想特色

一　不依經論——教外別傳、不立文字、道在心悟

1. （1）慧能所傳即是初祖達摩以來之祖師禪。
　（2）禪：是禪那（Dhyana）的音譯，意指靜慮。
　（3）禪宗的起源：見《五燈會元》（卷一上）的記載，其中也揭
　　　　示了「道在心悟」的特色。

世尊在靈山會上，拈花示眾，是時眾皆默然，唯迦葉尊者破
顏微笑，世尊曰：吾有正法眼藏，涅槃妙心，實相無相，微
妙法門，不立文字，教外別傳，付囑摩訶迦葉。（《五燈會
元》卷一）

2. 自性偈：慧能聞五祖說《金剛經》，至「應無所住而生其心」當
   下大悟，了知萬法不離自性，而誦〈自性偈〉。其後指點弟子，
   皆重「直指本心，見性成佛」。

   何期自性本自清淨！
   何期自性本不生滅！
   何期自性本自具足！
   何期自性本無動搖！
   何期自性能生萬法！（《六祖壇經・行由品》）

3. 「諸佛妙理，非關文字」六祖慧能認為：一切的經典、經教都是
   人性中本自具有，只要「吾心正定，即是持經」，無須外求於文
   字經義。

   尼乃執卷問字。師曰：字即不識，義即請問。尼曰：字尚不識，
   曷能會義？師曰：諸佛妙理，非關文字。（《六祖壇經・機緣
   品》）
   吾心正定，即是持經。……努力依法修行，即是轉經。（《六祖壇
   經・機緣品》）

4. 道在自悟：禪宗至此擺脫佛經繁瑣的拘束，強調「心印」或「心

證」的自由宗風，重視自悟。即使須用言說以闡述「禪」時，也多是「隨問反質」、「旋立旋破」以超越經教言詮的拘束。

> 三世諸佛，十二部經，在人性中，本自具有。不能自悟，須求善知識指示方見。若自悟者，不假外求。若一向執謂須他善知識，望得解脫者，無有是處。（《六祖壇經・般若品》）
> 心迷法華轉，心悟轉法華。誦經久不明，與義作讎家。無念念即正，有念念成邪。（《六祖壇經・機緣品》）

二　見性成佛——頓悟成佛

1. 慧能所指的「性」，是已證悟之佛性主體，即是大覺之性。
2. 南頓北漸：慧能與神秀四句偈之比較[5]。

人物	（南）慧能	（北）神秀
四句偈	菩提本無樹， 明鏡亦非臺； 本來無一物， 何處惹塵埃。	身是菩提樹， 心如明鏡臺； 時時勤拂拭， 莫使惹塵埃。
特色	當下頓悟 即工夫即本體	強調以工夫復明佛性本體
五祖弘忍的判釋與提點	1. 慧能利根頓悟，黃梅得法。付法傳衣於慧能。 2. 汝去努力，將法向南。三年內勿弘此法。 3. 待法難過去，當廣為弘	1. 此偈識見只到門前，尚未得入。須入得門，方見自心本性。 2. 凡夫依此修行，即不墮落迷失。

5　偈，是印度文學形式之一，通稱為偈、頌等。在佛經的傳譯中，多為四言、五言、七言之偈，也偶有六言的偈頌。

	法，善誘迷失的眾生，使之心性開悟。	
宗密判宗	直顯心性宗	息妄修心宗

三　頓悟與漸修

1. （1）禪宗自五祖以後，素傳有曹溪慧能與玉泉神秀之爭，因為兩位大師分南北地而說法，遂有南宗、北宗之分。後人不知根本事由，而妄說佛法有南頓北漸之分。事實上，「法即一種」，漸頓端視個人根器利鈍而定，不是「法」有頓漸之別。

　　（2）漸：根器遲鈍之人，迷來經累劫，見遲即漸。
　　　　頓：根器明利之人，悟則須臾開，見疾即頓。

　　　　世人盡傳南宗能，北宗秀，未知根本事由。且秀禪師於南荊府當陽縣玉泉寺，住持修行，慧能大師於韶州城東三十五里曹溪山住。法即一宗，人有南北，因此便立南北。何以頓漸？法即一種，見有遲疾，見遲即漸，見疾即頓。法無漸頓，人有利鈍，故名漸頓。（印順精校敦煌本《壇經・附錄三》）
　　　　迷來經累劫，悟則須臾間。（《壇經》大正藏四八・三四二中）

2. **漸修因緣，頓見佛性**：本來佛法只有一種，因人根器不同，所以明心見性各有遲速，然悟得佛性必頓而非漸。漸修因緣，以工夫修持提升自己的根器，對最終的頓見佛性亦有幫助。

遠法師問：如此教門，豈非是佛法（指神秀的漸悟）？何故不許？和尚答：皆為頓漸不同，所以不許。我六代大師，一一皆言單刀直入，直了見性，不言階漸。夫學道者，須頓見佛性，漸修因緣，不離是生而得解脫，譬如其母頓生其子，與乳漸漸養育，其子智慧自然增長。頓悟見佛性者，亦復如是。[6]（〈菩提達摩南宗定是非論〉）

本來正教，無有頓漸。人性自有利鈍；迷人漸契，悟人頓修。自識本心，自見本性，即無差別。（《六祖壇經·定慧品》）

3. 煩惱即菩提：般若智慧原是眾生本有，若能見此自性主體，即是悟。一悟，立即成佛；一迷，即歸眾生；迷悟之間，全在自己。

若開悟頓教，不執外修，但於自心常起正見；煩惱塵勞，常不能染；即是見性。（《六祖壇經·般若品》）

不悟，即佛是眾生；一念悟時，眾生是佛。（《六祖壇經·般若品》）

若識自性，一悟即至佛地。（《六祖壇經·般若品》）

善知識，凡夫即佛；煩惱即菩提。前念迷即凡夫，後念悟即佛。（《六祖壇經·般若品》）

自性迷，即是眾生，自性覺，即是佛。（《六祖壇經·決疑品》）

6　參見敦煌遺書獨孤沛所撰〈菩提達摩南宗定是非論〉，收載於胡適校定本《神會和尚遺集》（臺北市：胡適紀念館，1982年第三版），頁286-287。另見楊曾文編校：《神會和尚禪話錄》（北京市：中華書局，1996年），頁30。又見《大正藏》（1985年），《神會語錄·南宗定是非論》卷三。

四　無念、無住、無相

1. 以無念為宗
   （1）人之心性在現象界的活動過程中，難免有種種念頭生起。
   （2）在因應外在現象界動心起念時，要有「於念而無念」的超越
     工夫，雖有念而不為念所拘，才能使自身心性不失其超越境
     界之自由性。
2. 無住：心雖行於現象中，然於千百思想能無住無著；於諸法無所
   留滯，即不受束縛，如此才能回歸無念之旨。
3. 無相
   （1）雖有萬相齊現，心行萬相之中，但能肆應自如，不壞假名有
     而如實體知諸法實相。
   （2）即不離一切相，但能不著一切相，而現自心之清淨空寂。

　　善知識，我此法門，從上以來，先立無念為宗，無相為體，
　　無住為本。無相者，於相而離相；無念者，於念而無念；無
　　住者，人之本性。（《六祖壇經・定慧品》）

五　定慧不二──定是慧體、慧是定用

1. 定慧等學：「定」是主體的境界，「慧」是主體的功能，「定」、
   「慧」是一不是二。定是慧體，慧是定用，定慧當一體並修並進。

　　我此法門，以定慧為本。大眾勿迷，言定慧別。定慧一體，不是
　　二。定是慧體，慧是定用；即慧之時定在慧，即定之時慧在定。
　　若識此義，即是定慧等學。（《六祖壇經・定慧品》）

2. 即體即用：慧能以「燈」、「光」比喻「定」、「慧」。燈是光之
體，光是燈之用。

> 定慧猶如何等？猶如燈光。有燈即光，無燈即暗；燈是光之體，
> 光是燈之用。名雖有二，體本同一。此定慧法，亦復如是。(《六
> 祖壇經·定慧品》)

3. 外離相是禪、內不亂是定：外離相不是要人與世隔絕，而是於相
而離相，不著外相就是無相。慧能不受定向修習的拘束，認為不
論行、住、坐、臥，無不是定，也無不是慧。意即在日常生活
中，只要不執著外相，不惑亂本心，則處處可禪定，時時皆智慧。

> 此法門中，何名坐禪？此法門中，一切無礙，外於一切境界上念
> 不起為坐，見本性不亂為禪。何名為禪定？外離相曰禪，內不亂
> 曰定。外若著相，內心即亂，外若離相，內性不亂。本性自淨自
> 定，只緣境觸，觸即亂，離相不亂即定。外離相即禪，內不亂即
> 定。外禪內定，故名禪定。[7] (《六祖壇經·坐禪品》)

六　慧能之後的禪宗特色

1. 禪宗自達摩開始，就靈活運用各種生活的隨機提點及教法以誘導
人，對經教已不甚重視。從慧能之後的禪宗多不讀經，亦不遵行
傳統禪修法，而用揚眉瞬目、拳打棒喝、吃茶掃地等舉止動作，
以答非所問、旋立旋破的言語為度人之創舉。

---

7 敦煌本《六祖壇經》，收於《大正藏》卷四十八。

2. 後來更有不禮佛念經，參話頭、參公案等教法，有其獨創與實踐
   之處，然對傳統佛教衝擊亦不小，可說是別具特色的中國化佛教。

第廿五章

宋明理學概述

綱要

第廿五章

宗明理學概述

壹　宋明理學興起的背景及特色

一　宋明理學興起的背景

1. 偃武修文的政策：宋太祖趙匡胤因陳橋兵變而得權，因此他對武
   將十分防備，而力倡「偃武修文」的政策，宋之重文，溯本於
   此。於是宋朝文人好學，人才輩出。朝廷重視儒學，由上而下帶
   動了學術風氣的蓬勃發展。

2. 道統文學的提倡：宋代的文學思想，到了理學家才正式建立起道
   統文學的權威，他們非常重視聖道和經學，理學家重視道學思
   想，甚者往往忽略美學與藝術的意義與價值。周敦頤雖提出了
   「文以載道」的口號，但他的議論尚未過偏，並不完全否認藝術
   的價值。其後有二程，一直到了朱子，宋代道統文學的建立，達
   到最成熟的階段。當時理學家語錄體的盛行，即是受此一文學觀
   念影響的結果。

3. 佛教思想的影響：儒家思想在漢代與陰陽讖緯之學雜揉，又經魏
   晉南北朝儒道合一的會通，儒道思想彼此摻雜已深。至隋唐佛學
   興盛時，心性之學又受禪宗「明心見性」之說影響，儒、道、釋
   三種思想，在長期的發展過程中互相吸收、揉合。宋儒談理學，
   往往援佛入儒，以儒證道，而擴大了理學的內涵與論題的層次。
   由於佛道思想的豐富，更促進了理學的發達。另外，由於朝廷有

心發揚儒學，以作為穩定政治的依據。學者從禮教綱常的角度，竭力批斥佛老，也是理學興盛的動力之一。

4. 經學研究的轉向：自漢代儒學變為經學，訓詁之學遂興，思辨之途漸塞。經典的訓詁、注疏已日趨繁瑣，微言大義逐漸乖絕。宋代承隋唐義疏之後，學者治經若仍循義疏之途，已無發揮的空間，於是紛紛自闢途徑，以逞才識。往往「不信注疏，馴至疑經；疑經不已，遂至改經、刪經，移易經文，以就己說。」[1] 學者以一己之意解經，形成標榜「義理之學」的學風。理學家尤其主張以「義理」解經，他們不屑於解釋經文的典章名物，特別熱衷於解說經書中表達思想觀點的經文。二程說：「聖人作經，本欲明道。今人若不先明義理，不可治經。」（《二程遺書》卷二上）許多理學家以解說、議論、或引用經書的形式，強勢地表達他們的理學思想。此時，經學和理學可說互為表裡。經學發展之興衰得失，《四庫全書總目提要》概括無遺，又能以一字而精準斷之：

洛、閩繼起，道學大昌，擺落漢唐，獨研義理，凡經師舊說，俱排斥以為不足信。其學務別是非，及其弊也悍。學脈旁分，攀緣日眾，驅除異己，務定一尊，自宋末以逮明初，其學見異不遷，及其弊也黨。主持太過，勢有所偏，才辨聰明，激而橫決。自明正德、嘉靖以後，其學各抒心得，及其弊也肆。（《四庫全書總目‧經部總敘》卷一）

5. 書院講學的貢獻：宋代書院林立，這些書院多半始建於唐末五

1　皮錫瑞：〈經學變古時代〉，《經學歷史》（臺北市：藝文印書館，1959年），頁95-160。

代，位於山林閑曠之地，為個人讀書、治學、講習之所或家族之
私塾。書院多數有學田，以供經費所需。至宋初，所謂書院「三
大事業」，即講學、供祀與藏書，已初步成形。書院促進民間私
人講學之風盛行。書院制度不僅重視學術知識的傳授與研究，更
重視道德人格的養成。將義理之學、修身之道視為教育的中心課
題，與理學家的理念相合，理學家也多在書院講學，知與行結
合，相得益彰。

6. 印刷技術的進步：唐宋以前的書籍，多用手抄，得書較難，因而
流行不廣。自從唐的雕版和宋的活字印刷發明後，印刷技術提
升。印刷術的普遍使用，對文化普及與傳播，有很大的幫助。書
籍流通方便，更利於學術思想的傳達。

二　宋明理學的特色

重視道德的形上架構，以《中庸》、《易傳》建構孔孟所不及或所
不周全的道德形上學部分。因此闡明義理，高談形上的性命之學
（天理、性命、心、性、理之總稱）大興。

1. 建構形而上的「理」世界：宋儒高談「心、性、理」等術語，乃
因佛老多言心、性、理，儒者不得不入室操戈，從根本語義上轉
換心、性、理的思想涵義，使其從成佛的主體或成仙的根據，轉
回儒家道德之主宰及根據義。並須將佛、老之因緣聚散，如夢似
幻的世界觀及人生觀，扭轉回剛健真實、生生之德流行不已之
義，重建儒家價值體系下的天地宇宙人生觀。佛家習用心、性、
理等語詞，例如：

跋陀三藏云：理心者，心非理外，理非心外；心即是理，理即是

心。心理平等，名之為理；理照能明，名之為心，覺心理平等，
名之為佛心。(《宗鏡錄》卷一百)

2. 「內聖」與「外王」不可分割：宋代儒學的發展過程中，「內
   聖」與「外王」必須視為是整體概念，不可分割為二[2]。今天我
   們一提起理學（或道學），便會馬上聯想到理、氣、心、性等形
   而上的觀念，這在當時張載和二程的語錄中，往往籠統地稱之為
   「道德性命」。「道德性命」是所謂「內聖」之學。從傳統的「道
   統大敘事」或現代的哲學史的理論研究中，往往將其與「外王」
   分開，而自成一獨立的「內聖」理論領域。但若回歸宋代儒學發
   展的歷史而言，理學不能只是簡單的等同於「內聖」。在宋代理
   學家的構想中，內聖外王始終是不可分割的整體，而「內聖」的
   開拓，正是為了保障「外王」的實現。

3. 士被期待成聖成賢：宋代理學家所施教及期待對象主要是
   「士」，唯有培養希聖希賢以「治天下」的人才，才能承擔道統
   與治統共建天下秩序的重責大任。宋代理學的特色為，既建構了
   一個形而上的「理」的世界；又發展了種種關於精神修養的理論
   和方法，指點士人如何「成聖成賢」。以上兩條開拓「內聖」的
   道路，都是為了通過「治道」以導向人間秩序的重建。這是宋代
   儒學的主流所在，自古文運動一直貫通到朱熹時代。理學家必須
   預設此「理世界」，作為他們理想中的人間秩序的永恆而又超越
   的保證，以作為重建秩序之要求的依據。

2　余英時在《宋明理學與政治文化》（臺北市：允晨文化公司，2004年7月，初版）一
　　書中特別說明。

貳　宋代儒學的先驅：中唐韓愈、李翱

一　韓愈傳略與思想概述

> 韓愈字退之，鄧州南陽人。……長慶四年（西元824年）卒，年
> 五十七。……自晉迄隋，佛老顯行，聖道不斷如帶。諸儒倚天下
> 正議，助為神怪。愈獨喟然引聖，爭四海之惑，雖蒙訕笑，跲而
> 復奮。始若未之信，卒大顯於時。昔孟軻拒楊墨，去孔子才二百
> 年。愈排二家，乃去千餘歲。撥衰反正，功與齊而力倍之。所以
> 過況雄為不少矣。自愈沒，其言大行。學者仰之如泰山、北斗
> 云。（《新唐書・韓愈傳》卷一百七十六）

1. 道統論
   （1）何謂道統說
   ①孟子把從堯、舜、湯、文、武、周公至孔子以來的聖
   人，建立了「五百年而有聖人出」的道統論，認為此乃
   天道之常。至於他說五百歲而有聖人出，「五百歲」只
   是一個推論辭，並不是一個精準且必然的數字。
   ②《孟子》以道統論作為全書的終章，孟子相信聖賢之學
   必不絕，後世仍必有聖人興，所以他以興起斯文為己
   任，積極辯異端、闢邪說，務使孔子聖人之道煥然復
   明。「道統論」為孟子在文化思想的發展上，取得了認
   同於孔子而後與孔子所代表的文化權威合同的發言地
   位。此外，道統論更已凸顯學術與政治的分道趨勢，反
   映出戰國時代已從政教合一到政教分離的事實。

③在《孟子》書中（〈萬章上〉、〈盡心下〉）曾兩次提到道
　統的說法，以闡述自己紹述孔子之志的心意，孟子此一
　道統說，可能對韓愈有所啟發，韓愈乃繼孟子起而續此
　一脈相傳的道統說。

　　曰：斯道也，何道也？曰：斯吾所謂道也，非向所謂老與
　　佛之道也。堯以是傳之舜，舜以是傳之禹，禹以是傳之
　　湯，湯以是傳之文、武、周公，文、武、周公傳之孔子，
　　孔子傳之孟軻，軻之死，不得其傳焉。（《韓昌黎文集·原
　　道》卷一）

④韓愈在中唐佛老盛行的時代背景下，力倡孔孟仁義之
　道，以別於佛老之道，並再次申明儒統之道乃在行博
　愛，踐仁義的人道擔當，絕不同於佛老的出世捨離。韓
　愈倡仁義、排佛老，有其獨特的時代意義，故被視為是
　宋明新儒學復興的先驅。

　　博愛之謂仁，行而宜之之謂義；由是而之焉之謂道；足乎
　　己，無待於外之謂德。仁與義，為定名；道與德，為虛
　　位。……凡吾所謂道德云者，合仁與義言之也。（《韓昌黎
　　文集·原道》卷一）

（2）尊孟子、重《大學》
　①尊孟子：先秦儒家孟荀二派並興，然漢以後《孟子》之
　　勢不如荀學傳經的實質影響之深。韓愈力倡道統說，以
　　孟學為孔學之真傳，而《孟子》書中又有豐富的道德心

性論，可提供破斥佛老心性空寂之論，韓愈尊孟子，亦促使《孟子》一書成為宋明理學建立道德之學的重要典籍依據。

②重《大學》：韓愈在〈原道〉中以《大學》：「明明德於天下」的條目次第，作為先王之教的具體說明，提供成德的進路，此一觀念亦直接影響了宋明理學由《中庸》、《易傳》講天道誠體，回扣《論語》、《孟子》講仁與心性，最後以《大學》八德目為工夫的系統。

> 傳曰：「古之欲明明德於天下者，先治其國。欲治其國者，先齊其家。欲齊其家者，先修其身。欲修其身者，先正其心。欲正其心者，先誠其意。」然則古之所謂正心而誠意者，將以有為也。今也欲治其心而外天下國家，滅其天常。（《韓昌黎文集・原道》卷一）

2. 人性論

（1）韓愈的人性論，與漢代董仲舒、王充相近，皆分性為上、中、下三品，而以仁、禮、信、義、智為性的內涵。

> 性之品有上中下三；上焉者，善焉而已矣；中焉者，可導而上下也；下焉者，惡焉而已矣。其所以為性者五：曰仁、曰禮、曰信、曰義、曰智。（《韓昌黎文集・原性》卷一）

（2）①韓愈界定了性是「與生俱有」，其內涵是仁義禮智信，就此兩點，看似與孟子的「仁義禮智根於心」及「我固有之」之義相同，然而孟子是就全民之普遍性以論善性。韓

愈卻以此善性是否「五者兼全」而論人性品第之上下，與
孟子本義並不相合。

②可能由於道統論的立場，使韓愈論人性的立場及定義必
須延續孟子之說；復因排佛老之需求，更不能不肯定有
一與生俱有的生生之德的實理存在。但是徵之於現實環
境，由人的經驗觀察，又不得不接受眾生百態品類流雜
之殊異，韓愈遂提出性三品說。

性也者，與生俱生也；情也者，接於物而生也。性之品有
三，而其所以為性者五；情之品有三，而其所以為情者
七。（《韓昌黎文集·原性》卷一）

（3）教化論

①韓愈的三品說，在漢代董仲舒及王充亦均提及。比較三
者的性三品說，可發現各有不同的特色。董仲舒的三品
說，重點在強調君主教化人民的合理性及權威乃源自於
「天意」，另一方面再據此呼籲君主順天意、廣教化。
王充之三品說則在說明「性成命定」之理，即人之秉性
善惡在父母合氣時已決定，教化或許可以讓人之行為有
所改善，但不會改變原定之三品位階。

②韓愈的教化論則大不同於董、王之說。上、下兩品孔子
雖言不移，韓愈卻認為：上品如通過學習，可以使其益
加明智；下品以刑罰威嚇，亦可使之少過錯，此即「上
者可教，下者可制」教化對中品可導而上下。此說有幾
點可議之處：

❶任何將人性分品位者，皆無法交代評等第之標準及公平
性為何？

❷如三品皆可教或可制，則如荀子勸勉教化即可，何必分
　三品？

❸三品之說既流於主觀，又失去對人普遍的平等性尊重，
　皆與孟子之說大異其趣。

上之性就學而愈明，下之性畏威而寡罪。是故上者可
教，而下者可制也；其品則孔子謂不移也。（《韓昌黎文
集‧原性》卷一）

3. 排佛論

（1）①韓愈一方面以先王禮法道統自任，一方面排夷狄之法而欲
　　　去佛教，此實是一體兩面之事。

　　②韓愈排佛的理由：首先，佛乃夷狄之法「不知君臣之
　　　義，父子之情」，與中國先王之人倫觀念不合。其次，
　　　佛教傳入後，君王因崇佛而誤國，亂亡相繼、運祚不
　　　長。再者，天子奉佛而百姓競效，傷風敗俗、傳笑四
　　　方等。

夫佛本夷狄之人，與中國言語不通，衣服殊製，口不言先
王之法言，身不服先王之法服，不知君臣之義，父子之
情。（《韓昌黎文集‧論佛骨表》卷八）
漢明帝時始有佛法，明帝在位，纔十八年耳。其後亂亡相
繼，運祚不長，宋、齊、梁、陳、元魏已下，事佛漸謹，
年代尤促。（《韓昌黎文集‧論佛骨表》卷八）
然百姓愚冥，易惑難曉，苟見陛下如此，將謂真心事佛；
皆云：「天子大聖，猶一心敬信，百姓何人，豈合更惜身

命！」焚頂燒指，百十為羣，解衣散錢，自朝至暮；轉相
仿傚，惟恐後時；老少奔波，棄其業次；……傷風敗俗，
傳笑四方，非細事也。(《韓昌黎文集‧論佛骨表》卷八)

（2）佛教對唐朝的國家財政和社會經濟的影響嚴重，唐朝佛道均
盛，而佛教徒尤眾，由於僧尼、道士、女冠等教徒均為不課
稅、不服勞役之「不課丁」，此已直接衝擊到國家財政及社
會公平。

古之為民者四，今之為民者六（士、農、工、商及釋、
道）；古之教者處其一，今之教者處其三（儒、釋、道）。農
之家一，而食粟之家六；工之家一，而用器之家六；賈之家
一，而資焉之家六。奈之何民不窮且盜也。(《韓昌黎文集‧
原道》卷一)

（3）韓愈排佛與宋儒排佛之比較：
　①韓愈與宋儒排佛在理論深淺，排拒對象、影響力等各方
　　面實有不同。[3]
　②韓愈的主張，是全面性地針對佛教徒而發，直接威脅到
　　佛教徒的生存；而宋儒之排佛，則是士大夫以言說辨析
　　儒釋義理之旨異同而已，對佛教的生存或發展無關緊要。
　③唐代韓愈與佛教正面交鋒，並因此獲罪。道學家張載、
　　二程、朱陸等攻擊的對象，多是士大夫中習禪者，而未
　　全面針對佛教徒而發，因此宋儒排佛立場雖堅決、排佛
　　理論也更精深，但與韓愈直接衝撞佛教仍不可同日而語。

3　余英時：〈「闢佛」與宋代佛教的新動向〉，《宋明理學與政治文化》，頁102-103。

闢佛之說，宋儒深而昌黎淺，宋儒精而昌黎粗。然而披緇
之徒，畏昌黎而不畏宋儒，銜昌黎而不銜宋儒也。蓋昌黎
所闢，檀施供養之佛也，為愚夫婦言之也；宋儒所闢，明
心見性之佛也，為士大夫言之也……使昌黎之說勝，則香
積無煙，祇園無地。……使宋儒之說勝，不過爾儒理如
是，儒法如是，爾不必從我；我佛理如是，佛法如是，我
亦不必從爾。各尊所闢，各行所知，兩相枝柱，未有害
也。故不畏宋儒，亦不甚銜宋儒。（見紀昀，《閱微堂筆
記‧姑妄聽之（四）》卷十八，引五臺僧明玉之言）

4.評述

傅斯年《性命古訓辨證》

退之既為聖統說（即後世道統說所自來），又為君權絕對論，又
以「有為」之義闢佛老，自此儒家乃能自固其藩籬，向釋道反
攻。（《性命古訓辨證》）[4]

二　李翱傳略與思想概述

有謂翱為韓愈弟子。《新唐書》本傳謂：李翱字習之。「始從昌黎
韓愈為文章，辭致渾厚，見推當時。故有司亦諡曰文。」（《新唐
書‧李翱傳》卷一百七十七）然《李翱集》中〈答韓侍郎書〉，
及〈祭吏部韓侍郎文〉皆稱愈為兄。韓愈與李翱之關係，似在師

4　傅斯年：《性命古訓辨證》，收載《傅孟真先生集》（臺北市：臺灣大學，1952年）
　　中編乙，頁198-199。

友之間也。[5]

1. 人性論：〈復性書〉

（1）〈復性書〉要旨：李翱人性論俱見於〈復性書〉上中下三篇，中篇以問答方式開展其思辨，內容多《易傳》、《中庸》及《孟子》之義。下篇主旨在申明〈乾卦爻辭〉：「君子終日乾乾，夕惕，若厲」之旨，強調復性工夫之重要。

（2）性善情惡：李翱〈復性書〉重點落在「滅情復性」的工夫上，因此上篇開宗明義即將「性」與「情」置於對立的定義，而謂性善情昏，性之不善乃受情之惑匿所致。

> 人之所以為聖人者，性也；人之所以惑其性者，情也。喜、怒、哀、懼、愛、惡、欲，七者皆情之所為也，情既昏，性斯匿矣，非性之過也；七者循環而交來，故性不能充也。（《李文公集·復性書上》卷二）

（3）滅情復性：人生而有情，情若能發而中節則未必會影響善性。然而李翱受佛家滅欲觀念影響，過度重視克制情欲，只片面強調情會使性昏匿的負面部分，認為情是邪妄的力量，唯有「妄情熄滅」才能「本性清明」，故而其人性論的修復工夫落在「滅」字。

> 問曰：「人之性，猶聖人之性，嗜欲愛憎之心，何因而生也？」曰：「情者，妄也，邪也，邪與妄則無所因矣。妄情

5 馮友蘭：《中國哲學史》（臺北市：臺灣商務印書館，1993年）下冊，頁804。

滅息，本性清明，周流六虛，所以謂之能復其性也。」（《李
文公集‧復性書中》卷二）

2. 評述

（1）朱子評「滅情復性」說：

李翱論復性則是，滅情以復性則非。情如何滅？此釋氏之說
淆於其中而不知。（《古文辭類纂‧復性書下》，真西山語
引）

（2）傅斯年推崇李翱標出《孟子》、《易傳》及《大學》、《中
庸》，此說後為宋儒所本，而據以建立儒家的道德形上學：

習之繼之（韓愈），試為儒教之性論，彼蓋以為吾道之缺，
在此精微，不立此真文，則二氏必以彼之所有入於我之所
無。李氏亦闢佛者，而為此等性說，則其動機當在此。遍覽
古籍，儒家書中，談此虛高者，僅有《孟子》、《易繫》及戴
記之〈樂記〉、〈中庸〉、〈大學〉三篇，於是將此數書提出，
合同其說，以與二氏相角，此復性書之所由作也。戴記此三
篇，在李氏前皆不為人注意，自李氏提出，宋儒遂奉之為寶
書，即此一端論之，李氏在儒學史上之重要已可概見。（《性
命古訓辨證》）

叁　宋明理學家

一　《宋史·道學傳》列五子

《宋史》於〈儒林〉、〈文苑〉兩傳，別立〈道學傳〉，蓋所彰明有
宋一朝學術之特色。其論周張、二程至朱子，遠接道統之言，孔
孟之遺言乃復得煥然彰明。

孟子沒而無傳……至宋中葉，周敦頤出於舂陵，乃得聖賢不傳之
學，作〈太極圖說〉、《通書》，推明陰陽五行之理，命於天而性
於人者，瞭若指掌。張載作〈西銘〉，又極言理一分殊之
旨。……程顥及弟頤寔生，及長，受業周氏，已乃擴大其所聞，
表彰〈大學〉、〈中庸〉二篇，與語、孟並行。……迄宋南渡，新
安朱熹得程氏正傳，其學加親切焉。大抵以格物致知為先，明善
誠身為要，凡詩書六藝之文，與夫孔孟之遺言，顛錯於秦火，支
離於漢儒，幽沉於魏晉六朝者，至是皆煥然而大明，秩然而各得
其所。(《宋史·道學傳》卷四百二十七)

二　人物與時代

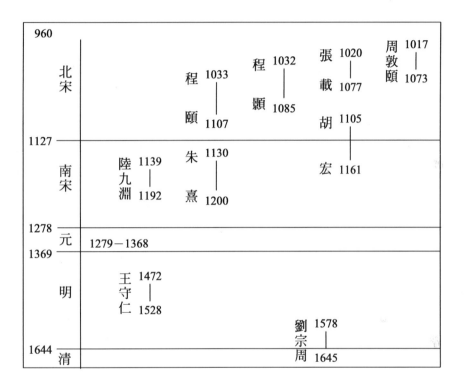

三　人物與分系

1. 兩系說：（1）理學派：二程→朱子
　　　　　　（2）心學派：陸九淵→王守仁
2. 三系說：（1）五峰蕺山系
　　　　　　（2）伊川朱子系
　　　　　　（3）象山陽明系

　　3. 一系說：（1）天道觀階段：周張

　　　　　　　（2）本性論階段：二程

　　　　　　　（3）心性論階段：陸王

肆　宋明理學的分系

　　關於宋明理學的分系，兩系說是明代以後盛行的說法。「三系說」起於近人牟宗三，由於對「心學」與「理學」兩分之說，認為未能分辨二程義理型態之不同，未臻詳備，因此在伊川朱子系、象山陽明系之外，另立五峰蕺山系，而成三系說。至於最晚出的「一系說」，則是今人勞思光所倡，是超越學派傳承的立場，而以宋明儒學整體的發展方向為分判準據。

一　兩系說──傳統說：理學與心學

1. 名稱、起源與發展
   （1）「理學」與「心學」的名詞，盛行於明代以後，原非宋人所習用的名詞。在兩宋及元代，對於周、張、二程等諸儒之學，皆以「道學」稱之，元修《宋史‧道學列傳》也稱之為「道學」。可知宋元之時，並無「理學」、「心學」的慣稱。
   （2）「理學」之稱，最早見於元末張九韶所輯的《理學類編》。該書輯錄周、張、邵、二程及朱子等人之言，但未論及陸象山。朱陸鵝湖之會，雖未標榜派系之名，但論說的內容，實已歧分為二。或可推論，張九韶雖未明提二系之說，但可能亦視陸學與程朱系屬不同。

（3）「心學」之名，見於明代陳真晟所著《心學圖》，內有〈聖
　　人心〉及〈學者心〉二圖。但此時所謂的「心學」，與後世
　　以陸王一派為「心學」，意義並不同，但已啟「心學」之名。

（4）朱陸自鵝湖之會，兩人思想之歧異已明，但尚未有「理
　　學」、「心學」分立對峙之說。「理學」與「心學」分立而對
　　峙，應是後來逐漸形成的強調說法。

2. 理學派：以南宋的朱子為中心，包括北宋的周濂溪、張橫渠和二
　　程，即以朱子為北宋儒學的集大成者。朱子言「性即理」，但性
　　非心，心在理外。

3. 心學派：與朱子同時的陸象山，反對朱子之說，而明代的王陽
　　明，與陸象山為同調，陸王主「心即理」，故稱陸王心學。

4. 兩派立說之歧異：程朱主「性即理」、陸王倡「心即理」，主要在
　　對「心」的定義不同，工夫論亦隨之有異，這是兩派立說的最大
　　歧異處。

二　三系說──牟宗三主張

1. 起源：牟宗三在《心體與性體》書中，檢討宋明理學傳統的「理
　　學」、「心學」分系說，認為這個分系過於粗略，未見二程之異，
　　於是另立三系說。

2. 內容：牟宗三先釐清二程思想本質之異，認為朱子只繼承伊川的
　　思想而未及明道。他分判宋明理學家，而以周、張及明道為一
　　組，但並未分系。思想理路的分系，在三人之後，才分為南宋
　　三系：

（1）伊川、朱子系：朱子以只存有而不活動的「理」為道體，而
　　　心是氣，並非本心之義。論工夫，則重視持敬涵養以使心平
　　　靜專一，由心之虛靈格物以窮理。

（2）象山、陽明系：此系認為道德的本心即是理，即是天道。道
體是即存有、即活動的，「逆覺體證」、「調適上遂」是其工
夫進路。

（3）五峰、蕺山系：此系先論客觀層面的天道、性體，然後再論
主觀層面的心體。以道德心的活動，為天道的具體化，強調
「以心著性」。

3. 另立三系說之理由

牟宗三何以分判二程之異，並另立五峯蕺山一系？

（1）平常所謂「程朱」，實指伊川與朱子，這是以一程（伊川）
概括二程；然而明道的義理，在一般所講的「程朱學」中所
佔的份量不重，故須予以釐清。

（2）明道之義理，是即心、即性、即天。所以在明道的義理系統
裡，不但可以講「性即理」，實亦可講「心即理」。但伊川與
朱子，則不能說心即理（因為心屬於氣）。因此，將明道與
伊川、朱子合為一系，在義理上是有謬誤的。

（3）胡五峰的湖湘學，實是上承北宋前三家周、張及明道而發
展，可算是北宋儒學的嫡系。他開出的「以心著性、盡心成
性」的義理架構，在儒家思想中有其本質上的必要性與重要
性。所以五百年後，劉蕺山猶然呼應「以心著性」之義，完
成一系之義理。

三 一系說──勞思光主張

1. 起源：勞思光主張討論宋明理學的分系，應超越傳承關係與門戶
之別的立場，視宋明儒為一整體，把宋明儒的種種差異，安排在
一整個的過程中。他認為宋明儒是一面排除漢儒傳統，一面堅決

反對外在之佛教，整個宋明六百年儒學的發展，是步步回歸孔孟之學的過程，由是宋明儒可視作一系。又依其中各學說理論是否合於孔孟原義，及其理論效力之高低，而分為三階段。[6]

2. 內容：勞思光論宋明儒學一系三階段為：

（1）天道觀階段：周濂溪、張橫渠屬此。他們是混合形上學及宇宙論，以建立其哲學系統，並以之說明道德。

（2）本性論階段：二程屬此。他們言性即理，即以本性論以建立其哲學理論。以一形上的共同之理，為價值之根源。南宋的朱子，則是周張二程諸家之綜合，並不能代表一新的階段。

（3）心性論階段：陸象山及王陽明代表此階段。陸象山立「心即理」之說，是宋明儒學中首次肯定「主體性」。王陽明言「致良知」，建立一心性論系統，故勞思光認為，以回歸孔孟為方向的儒學運動，至王陽明方告完成。

四　分系說的檢討

1. 林安梧評論[7]上述三種分系的得失：

（1）分系說：包括二系說與三系說；重點在判教，致力於釐清各家的義理綱要、思想型態，及工夫進路的不同，並分判各家對「道體」的體會與認識為何。二系說與三系說的分判理論並無不同，但二系說尚嫌粗略，三系說則較為精詳，三系說實可更名為「二類三系說」，則可兼得兩者之長。

（2）分型說：勞思光以發展的動態觀念，貫通整個宋明儒學為一

6　勞思光：《中國哲學史》三上，頁46。

7　林安梧：〈宋明理學分系問題初探〉，《中國文化月刊》45期（1983年7月），頁80-90。

系，而將其發展分為三個階段，其實應稱之「一系三型說」
較適宜。

（3）一系說之缺失：勞思光認為「心性論中心之哲學」，是孔孟
儒學的核心精義，而隔斷了儒學的超越層面，殊不知先秦孔
孟儒學即已隱含由道德主體性向上發展，上遂道德形上學，
即所謂「下學而上達」、「心性天通而為一」的相通路徑。這
是他對義理發展的誤解所致。

2. 總評：林安梧站在支持三系說的立場，評論一系說的缺失。事實
上這三種說法，都各有其長。三系說對於各家的思想型態及理路
傳承，析之甚詳；對於宋明儒學之學派研究，大有助益。而一系
說則重視宋明儒學的整體性，以不同的發展階段，解釋各家立說
的差異。對義理的詮釋，容或有待商榷，但他著重從理論的大方
向著手，卻可使整個宋明儒學的發展方向豁顯。三系說與一系
說，經由檢討其立場的方向與得失，已提供我們不同的學術觀
點，也使各思想家的異同更清楚朗現。兩種說法互異，理論分判
標準並不相同，故不宜遽論高下。

第廿六章

周敦頤（濂學）

綱要

第廿六章
周敦頤（濂學）

生平

一、姓名：周敦頤

二、時代：生於北宋真宗天禧元年（西元1017年），卒於北宋神宗熙寧六年（西元1073年），享年五十七歲。

三、傳略：周敦頤，字茂叔，道州營道人（今湖南道縣人），雖生於仕宦之家，性素不喜舉業，僅得授鄉縣之官，曾歷任梆縣、桂陽、南昌縣令達二十二年之久。濂溪以治績和學行為時人所推重，二程子皆曾師事之，任南康軍時，在盧山蓮花峰建宅，因山下有清溪，故以「濂溪」名其峰，後學因此稱濂溪先生。濂溪體誠之道，忠於職守而喜提攜後學，為北宋直承孔子道統的第一人。朱子的《伊洛淵源錄》與《近思錄》都以濂溪為首，奠定周子理學開山祖的地位。

四、著作：現今流傳的有〈太極圖說〉、《通書》、及詩文集等，皆收入《周元公集[1]》中。

1　濂溪之書，今得傳世者不過六千餘字，文集亦為後學所編，《四庫全書總目・周元公集提要》云：「（周元公集）在宋代已勉強綴合，為數無多矣。」

壹 「誠」的思想

一 以《中庸》之誠體合釋《易傳》之「乾元」

1. 誠者，聖人之本：《中庸》和《易傳》所闡發的儒家道德形上學的精神相通。周敦頤在《通書》開宗明義即說：

   誠者，聖人之本。「大哉乾元，萬物資始」，誠之源也；「乾道變化，各正性命」，誠斯立焉，純粹至善者也。故曰：「一陰一陽之謂道，繼之者善也，成之者性也。」元亨，誠之通；利貞，誠之復。大哉易也，性命之源乎！（《周子全書·通書·誠上第一》卷二）

2. 宇宙本是一真誠無已的道體：聖人生命之本源及生發，即是本於此誠體而生化流行。萬物之生長、發展、圓熟、循環，無一不是此真誠力量及理則所發動。濂溪以《中庸》裡的「誠體」作為道德本體，而元、亨、利、貞即是此道德本體發用流行的具體表現。此一誠體之力量，實已下貫到萬物生命之本源了。

3. 開發心性義理之精微：濂溪雖與佛老方外人士多所往來，但無礙於其直扣儒家之真精神，而從心性直透之「誠」上立論，並由此關鍵處彰顯儒學「心性義理之精微」，並釐清與佛老所謂「心性」之不同，才能有效排佛老。

   孔孟而後，漢儒止有傳經之學，性道微言之絕久矣。元公崛起，二程嗣之，又復橫渠諸大儒輩出，聖學大昌。故安定、徂徠，卓

然有儒者之榘範，然僅可謂有開之必先。若論闡發心性義理之精
微，端數元公之破暗也。（《宋元學案・濂溪學案上》卷十一，黃
百家語）

4. 乾道變化即是誠體通復：人因有此至善的誠體以為性，故能於一
己之生命中，擴充並體現此一道德力量，豁顯誠體之價值。「大
哉易也，性命之源乎！」《易傳》對道德性命的根源，實在是參
透得既徹底且真實。

5. 重建儒家道德形上學：濂溪對儒學的最大貢獻，便是重新建立儒
家的道德形上學，以《中庸》的「誠」解《易經》，強調天地生
生不息的運行，一舉釐清漢代以後《易經》被陰陽家、道教或佛
學所附上的神秘色彩。

二 釋「誠」的貢獻

1. 以「誠」替代「空」、「無」：濂溪最重要的慧識，就是用「誠」
原理來貫串易經（以及所有人生哲學），以取代佛道兩家的
「空」、「無」原理。濂溪從儒家這套系統來說明人生，使其不再
是佛家因緣和合、如幻如化的人生；或道家虛無恬淡、寂寞無為
的人生；而是儒家主動創造、剛健真實的人生。就這一點，已使
易學（以及其他討論人生的形上學）從佛老籠罩的氣氛中扭轉，
而回歸到儒家。[2]

2. 志伊尹之所志，學顏子之所學：濂溪的貢獻並不只在純思辨的理
論方面，更見諸於他生活行為及理念的具體實踐。他既以「顏

2　王邦雄等著：《中國哲學家與哲學專題》，頁199。

子」之內聖自期，也不忘以伊尹的「外王」承擔自勉，因其內聖
不忘外王的生命理念，故能擺落佛老而為儒學之正宗，並為宋代
道學家之首列。

聖希天，賢希聖，士希賢。伊尹、顏淵大賢也。……志伊尹之所
志，學顏子之所學。(《周子全書・通書・志學第十》卷二)

貳 〈太極圖說〉

一 宇宙論與人生論

1. 宇宙論：其宇宙論的開展為 —— 太極→陰陽兩儀→陰陽化生萬物

   (1)「太極」「無極」均是先秦本有的語詞，太極是最先義，無
       極是無始義，均指宇宙最先本體之義。然天地萬物最初自何
       開始，第一因實難究極，所以濂溪的「無極」其實就是「太
       極」，兩者同義。

   (2) 濂溪以太極為「理」為「道」，而以太極所生之陰陽五行為
       「氣」，理氣觀由此發端，後朱熹倡「理氣為二」，當有受此
       影響之處。

   (3)〈太極圖說〉的根據是《易傳》並繫以圖說，以探究宇宙之
       本源及化生之過程，而《通書》則努力將天地創生之理源會
       通至《中庸》。

   無極而太極，太極動而生陽，動極而靜，靜而生陰。靜極復
   動。一動一靜，互為其根。分陰分陽，兩儀立焉。陽動陰靜

而生水火木金土，五氣順布，四時行焉。五行一陰陽也，陰陽一太極也，太極本無極也。五行之生也，各一其性；無極之真，二五之精，妙合而凝。乾道成男，坤道成女。二氣交感，化生萬物。萬物生生而變化無窮焉。（《周子全書・太極圖說》卷一）

2. 人生論——主靜立人極：

（1）謝无量曾指出《太極圖說》後半之人生論，濂溪之所以示教者三[3]：

　　①人類萬物，其始同一本源。

　　②人類所以為萬物中最靈秀者，以其獨稟仁義禮智信五性，故能異於其他動物，此亦性善存於先天之說。

　　③聖人又為眾人之靈秀者，故當以仁義中正教導眾人，使各復其善。

（2）濂溪的人生論認為人是得天地間最具靈秀之形氣以成，但與天地宇宙尚非是整體合一的；唯有人「定之以中正仁義而主靜」，以確立人道的最高價值意義，此時才能「與天地合其德」，讓生命與天地通貫一致。

（3）濂溪說「無欲之謂靜」，但天行健，天本有剛健之動，為何先預設「動」即是「欲」？可見其主靜之說，實已先受佛老思想的影響。

惟人也，得其秀而最靈。形既生矣，神發知矣，五性感動而善惡分，萬物出矣。聖人定之以中正仁義，而主靜立人極

3　謝无量：《中國哲學史》（臺北市：臺灣中華書局，1967年），頁337-338。

焉。故聖人與天地合其德，日月合其明，四時合其序，鬼神
合其吉凶。君子修之吉，小人悖之凶。故曰：立天之道，曰
陰與陽。立地之道，曰柔與剛。立人之道，曰仁與義。又
曰：原始反終，故知死生之說。大哉易也，斯其至矣。(《周
子全書·太極圖說》卷一)

二　太極圖[4]

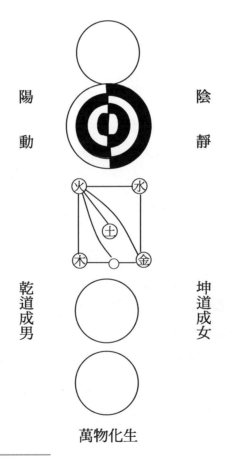

4　《周元公集·太極圖》卷一，《景印文淵閣四庫全書》(臺北市：臺灣商務印書館，
　　1986年)，第1101冊。

叁　工夫論

一　主靜立人極

濂溪提出「主靜」無欲以立人極的工夫論，與釋、道的工夫幾乎是相同了，所以宋明儒「去人欲」以「存天理」的重要觀念，遠溯至李翱之「滅情復性」，近則與濂溪亦不無關係。

二　知幾通微

濂溪據《尚書·洪範》：「思曰睿，睿作聖」，指出思以無思為體，以通微為用，當在隱微處發揮心思之察照功用，「思」即是道德修養上的工夫。

三　默契道妙

濂溪對誠體的體會是無思無為「寂然不動，誠也；感而遂通，神也。」依他的體悟，能起創生流行之用的誠體，最後卻歸於朦朧的寂感之境，所以吳草盧評濂溪是：「默契道妙」。（《宋元學案·濂溪學案下》卷十二）

肆　評述

一、宋代

1. 東坡詩云：

先生本全德，廉退乃一隅，因拋彭澤米，偶似西山夫。(〈東坡全集・故周茂叔先生濂溪〉卷十八)

2. 山谷（黃庭堅）：

周茂叔人品甚高，胸中灑落，如光風霽月。(《山谷集・濂溪詩序》卷一)

3. 朱熹：

濂溪在當時，人見其政事精絕，則以為宦業過人；見其有山林之志，則以為襟懷灑落，有仙風道氣。無有知其學者。(《朱子語類・孔孟周程張子》卷九十三)

二、牟宗三

認為濂溪之造詣猶在觀賞之境界中，只對於誠體有積極之默契，卻落在「心」上說內聖工夫，不合於孟子就「本心」體現心之道德的實體性之義。由於濂溪是從《中庸》、《易傳》入而默契道妙，

因而對於孔子之踐仁與孟子之盡心知性知天，尚無相應之體會。[5]

三、錢穆

指出當時人形容濂溪人品如光風霽月，那是藝術境界，非道德境界；其氣象意境毋寧是更近東漢魏晉，更近道家與釋氏。濂溪雖言：「志伊尹之所志，學顏子之所學」，然濂溪所想像的顏子，可能是以《莊子》書中帶有道家色彩的顏子為主。[6]

5　參見牟宗三：《心體與性體》第一冊（臺北市：正中書局，1989年），頁356-357。

6　錢穆：《中國思想史》，頁176。

第廿七章

張載（關學）

綱要

第廿七章
張載（關學）

生平

一、姓名：張載

二、時代：生於北宋真宗天禧四年（西元1020年），卒於北宋神宗熙
　　寧十年（西元1077年），年五十八。

三、傳略：張載，字子厚，號橫渠，生於河南開封，因其父累任外官
　　並卒於任，故舉家寓居陝西鳳翔郿縣橫渠鎮（關中地區），故學
　　者亦稱其橫渠先生。曾與二程論學，學推本六經，治學極勤，後
　　因其弟忤王安石，故退居關中故里講學，開後世所謂關學一派。
　　晚年受薦於呂大防，詔知太常禮院，後因疾歸，卒於途中。

四、著作：著有〈西銘〉、〈東銘〉各一篇，《正蒙》十篇，《經學理
　　窟》十二篇，橫渠《易學》三卷，《語錄》、《文集》各一卷，其
　　中《易學》今已亡佚，後人編有《張子全書》。

壹　天道與性命相貫通

一　思想代表

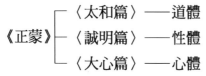

1. 天道與性命相貫通：張橫渠在《正蒙》中，自覺地提出「天道性命相貫通」的基本觀念。

2. 人以天道為性：簡明而精要地說明「性與天道」、「命與性」皆可相通的根源事實；所以人可以如天道般實現一切生化、創造的活動，由此而使天道與人性的價值同時豁顯。

　　天所性者通極於道，氣之昏明不足以蔽之；天所命者通極於性，遇之吉凶不足以戕之。（《張子全書・正蒙・誠明篇》卷二）

3. 本體宇宙論義涵：自濂溪言「誠體」、論「太極」以降，宋明儒多論及本體宇宙論的實體，然名稱紛繁，牟宗三為種種名詞義涵一一分梳如下[1]：

　（1）就整體而言：

　　　①這本體宇宙論的實體有種種名：天、帝、天命、天道、太極、太虛、誠體、神體、仁體、中體、性體、心體、寂感真幾、於穆不已之體等等，皆是。

　　　②這個實體亦可總名之曰「天理」或「理」。

1　牟宗三：《心體與性體》第一冊，頁19-42。

③這個理，靜態地為本體論的「實有」，動態地為宇宙論
　的生化之理，同時亦即道德創造（道德行為之純乎不
　已）的創造實體。

④它是理，同時亦是心，亦是神，所以是「即存有即活
　動」的。

（2）就分殊而言：

①天道：就其自然的動序而言。

②天命：就其淵然有定向而常賦予（於穆不已地起用）而
　言。

③無極：就其為極至而無以加之而言。

④太虛：就其無聲無臭、清通而不可限定而言。

⑤誠體：就其真實無妄、純一不二而言。

⑥神體：就其生物不測、妙用無方而言。

⑦仁體：就其道德的創生與感潤而言。

⑧中體：就其亭亭當當而為天下之大本而言。

⑨性體：就其對應個體而為個體所以能起道德創造之超越
　根據而言，或總對天地萬物而可以使之有自性而言。

⑩心體：就其為明覺而自主自律、自定方向，以具體而真
　實地成就道德行為之純乎不已、或形成一存在的道德決
　斷而言。

二　天地之性與氣質之性

1. 天地之性與氣質之性的區分：橫渠首先提出天地之性與氣質之性
　的區分。朱熹推崇張載此說「極有功於聖門，有補於後學。」

道夫問：氣質之說，始於何人？曰：此起於張、程，某以為極有
功於聖門，有補於後學，讀之使人深有感於張、程，前此未曾有
人說到此。（《朱子語類‧性理一》卷四）

2.變化氣質以返天地之性
（1）天地之性：人所本有的道德善性，只要能自覺於此，逆覺體
　　　證則道德力量即可沛然而滿。
（2）氣質之性：指人個性剛柔、緩急，材質能力高低的部分。人
　　　的氣質有昏明之別，人之所以有不善即常由此出，故須變化
　　　氣質，以使之返善而合於天地之性（義理之性）。

形而後有氣質之性，善反之則天地之性存焉。故氣質之性，
君子有弗性者焉。（《張子全書‧正蒙‧誠明篇》卷二）
人之剛柔、緩急，有才與不才，氣之偏也。天本參和不偏，
養其氣，反之本而不偏，則盡性而天矣。（《張子全書‧正
蒙‧誠明篇》卷二）

貳　對道體的體悟

一　太和所謂道

1.道體與氣化活動：橫渠以此語論「道」，是將道體與氣化活動綜
　合在一起說。道是超越的實有，是使氣化流行成為可能的本體，
　道並不是氣化流行，但道離不開具體的氣化流行。道便是氣化流
　行之所以可能的內在動力，故在氣化活動處，便可見到道的發

用，凡天地間的氣化流行都是道。無論浮沈、升降、動靜，都是氣化的活動。在絪縕相盪、勝負屈伸的過程中，都是道的力量在其中妙運之，可謂「即氣見道，即用顯體」。

2. 神與氣：太和是形上的道體，它雖是清通而抽象的，但卻是各種神奇作用之所以能發用的原理根據。氣化是形下的活動，經由陰陽的氣化活動，而見具體散殊的事功表現。

　　太和所謂道，中涵浮沈、升降、動靜、相感之性，是生絪縕、相盪、勝負、屈伸之始。其來也幾微易簡，其究也廣大堅固。起知於易者乾乎！效法於簡者坤乎！散殊而可象為氣，清通而不可象為神。（《張子全書・正蒙・太和篇》卷二）

二　心性論

1. 太虛是氣之本體：所謂氣之本體，即是太虛之神，太虛並不是抽象的靜態本體，也不是形下的氣本身，太虛是遍運乎氣而妙運之的本體，是氣之聚散變化的形上根據。

2. 氣化與神化

（1）氣化：就現象界生發變化之現實，可見氣化之流轉。

（2）神化：即用以明體，通體以達用，可領神化之妙用。

（3）神體氣化之不即不離：實理與實事，形下與形上，通貫合一。

　　太虛無形，氣之本體，其聚其散，變化之客形爾；至靜無感，性之淵源，有識有知，物交之客感爾。客感客形與無感無形，惟盡性者一之。（《張子全書・正蒙・太和篇》卷二）

3. 錢穆比喻：「所過者化，所存者神」

（1）錢穆曾在成功大學的演講中舉過一個咖啡的例子（漢學大師不說茶，倒提起洋人的咖啡，是有趣的事）：「讓我再作一淺譬。一杯開水，調進兩匙咖啡，咖啡就在水裡發生了變化，但水還在那裡，咖啡也還在那裡。再加進一些牛奶和糖，又變了。但這杯水和咖啡、牛奶、糖，也還在那裡，這樣你便可以拿來喝。這是一路積存，一路變化。一路變化，同時也一路積存。『所過者化』，不是過去了，乃是變化了。『所存者神』，這更奇妙。諸位要知道這杯咖啡怎麼地成，或許諸位喝慣了不注意。它便是一個『存』，同時又是一個『神』。你喝它，它會在你身內起變化，那不是『神』嗎？」[2]

（2）「所過者化」，咖啡粉、糖、奶精均溶在水中，水也變黑了，但它們不是消失，而是「化」，是改變、變化了。可以藉此以瞭解陰陽氣化活動的歷程；它們的個別形體雖然變化不見，卻還是一種存在，並且有一種「神」的作用，喝了咖啡，亢奮難眠，那就是「所存者神」，所存的即是道體原理的神奇妙運力量。

叁　對性體的體悟

一　太虛即是人性

1. 太虛即是人性：橫渠謂天道性命相貫通，可知人之善性秉受於天

2　引自詹宏志：《人生一瞬》（臺北市：馬可孛羅文化事業公司，2006年10月），頁145。

道，他又以太虛即是天道，所以太虛即是人性，這是性的本義。

> 由太虛，有天之名；由氣化，有道之名；合虛與氣，有性之名；合性與知覺，有心之名。（《張子全書・正蒙・太和篇》卷二）

2. 性即天道：天道性命的貫通乃是經由寂感之發用，使其無論屈伸、動靜、始終均能通而為一。天地生萬物，所受雖有不同，卻時時刻刻都在感通流行之中。一切皆可感通為一，無論是飲食男女，日用人倫無一不是道德價值體現處。

> 感者性之神，性者感之體。惟屈伸、動靜、始終之能一也，故所以妙萬物而謂之神，通萬物而謂之道，體萬物而謂之性。（《張子全書・正蒙・乾稱篇》卷三）
>
> 天性，乾坤、陰陽也。二端，故有感；本一，故能合。天地生萬物，所受雖不同，皆無須臾之不感，所謂性即天道也。（《張子全書・正蒙・乾稱篇》卷三）
>
> 有無、虛實通為一物者，性也；不能為一，非盡性也。飲食男女皆性也，是烏可滅。（《張子全書・正蒙・乾稱篇》卷三）

肆　對心體的體悟

一　契合於孟子之心性論

1. 盡心知性以知天：橫渠認為人若能大其心，擴盡本心則能盡體善性，進而便可體天下之物，此說契合於孟子「盡心知性以知天」之義。

大其心，則能體天下之物；物有未體，則心為有外。世人之心，
止於聞見之狹。聖人盡性，不以見聞梏其心，其視天下無一物非
我，孟子謂盡心則知性知天，以此。(《張子全書‧正蒙‧大心
篇》卷二)

2. 心能盡性：心只要自覺的擴盡谿顯，此即是人本自具之道德性體
的體現，人能弘道，亦即是以心盡性之義。

心能盡性，人能弘道也，性不知檢其心，非道弘人也。(《張子全
書‧正蒙‧誠明篇》卷二)

二　德性之知與聞見之知

1. 德性之知與聞見之知的區別：橫渠首明德性之知與聞見之知的
　區別：
　(1) 德性之知：天德良知→天良能本吾良能。
　(2) 聞見之知：物交而知→以耳目見聞累其心。
2. 德性之知是天生本有：人真正的道德良知是性體所具，天生本
　有，非由後天外在學習而得，人真正的主體是道德的心知，此心
　知是根源於太虛本體，不受形氣、聞見的桎梏，人若能自覺體證
　之，即是心知主體價值的呈顯。

人病其以耳目見聞累其心，而不務盡其心。故思盡其心者，必知
心所從來而後能。(《張子全書‧正蒙‧大心篇》卷二)
天大無外，故有外之心不足以合天心，見聞之知，乃物交而知，
非德性所知。德性所知，不萌於見聞。(《張子全書‧正蒙‧大心
篇》卷二)

誠明所知，乃天德良知，非聞見小知而已。（《張子全書‧正蒙‧誠明篇》卷二）

伍 〈西銘〉──民胞物與

一 民胞物與、萬物一體

1. 民胞物與：〈西銘〉直揭人與萬物同源，人與萬物既皆稟受天地之形氣而成，故義理天性皆相同，故人須以天地為父母，德澤萬物才是盡天地之性。

2. 萬物一體：先秦孔子言仁，多就「人」為主而立論，並未以「萬物一體」為論學重點；至孟子謂「老吾老以及人之老，幼吾幼以及人之幼」，亦只是主張推吾人之心於他人，亦尚未強調萬物一體同源之旨。宋儒則多從宇宙論言萬物一體同源，以明示人對天地及萬物亦應有的態度及責任。

　　乾稱父，坤稱母；予茲藐焉，乃混然中處，故天地之塞，吾其體，天地之帥，吾其性。民吾同胞，物吾與也。（《張子全書‧西銘》卷一）

二 慎保善性

人當謹慎保存上天所賦予的善性，把天地的德性體現在具體的生命中，才是不愧天地大父母的孝子；也要時時存養自己的本心善性，才能無愧地奉承天之所命。

於時保之，子之翼也；樂且不憂，純乎孝者也。違曰悖德，
害仁曰賊。濟惡者不才，其踐行惟肖者也。知化，則善述其
事，窮神，則善繼其志。不愧屋漏為無忝，存心養性為匪
懈。（《張子全書‧西銘》卷一）

三　〈西銘〉與「兼愛」之辨

1. 楊時曾就橫渠的〈西銘〉致信伊川，問〈西銘〉與「兼愛」之說
　 是否有合流之嫌？伊川以「理一分殊」、「體用兼顧」是〈西銘〉
　 之旨，與兼愛之「體用不分」，兩者本義絕不相類。

〈西銘〉之書，發明聖人微意至深，然而言體不及用，恐其流遂
至於兼愛，則後世有聖賢者出，推本而論之，未免歸罪於橫渠
也。（《龜山先生全集‧寄伊川先生》卷十六）

2. 橫渠謂若能體知萬物生命本同一理源，故萬物一體，愛必兼愛。
　 但橫渠並未進一步釐清其所謂「兼愛」，與墨子之「兼愛」語義
　 是否相同？

性者，萬物之一源，非有我之得私也。惟大人為能盡其道，是故
立必俱立，知必周知，愛必兼愛，成不獨成。（《張子全書‧正
蒙‧誠明篇》卷二）

3. 楊時再回信伊川，表示自己可以明白橫渠〈西銘〉與二程所說的
　 「仁者以天地萬物為一體」的本義，與墨家「愛無差等」的兼愛
　 定義容或有所不同；然楊時仍堅持〈西銘〉中「理一」之旨所論

甚是，但「分殊之用」，所論則有所未盡，與兼愛之說恐猶有混淆之處。

4. 〈西銘〉與墨家兼愛之辨析，除楊時與伊川反覆討論外，朱熹在論「理一分殊」之旨時亦就此問題提出論斷，詳見「朱熹」章。

前書所論，謂〈西銘〉之書，以民為同胞，長其長，幼其幼，以鰥寡孤獨為兄弟之無告者，所謂明理一也。然其弊無親親之殺，非明者默識於言意之表，烏知所謂理一而分殊哉！故竊恐其流遂至於兼愛，非謂〈西銘〉之書為兼愛而發，與墨氏同也。（《龜山集·答伊川先生》卷十六）

陸　橫渠判儒釋

一、橫渠以「太虛」對治老子之「無」及佛學之「空」

1. 氣聚為萬物，散而為太虛：橫渠認為在氣化流行的聚散往來之間，道皆貫通於其間而主宰萬物的創生，使合於天道的價值得以體現。佛教視氣之聚散為緣起性空，橫渠則視此為道的主宰性、創生性與理則性的綜合表現。

天地之氣，雖聚散、攻取百塗，然其為理也，順而不妄。氣之為物，散入無形。適得吾體；聚為有象，不失吾常。太虛不能無氣，氣不能不聚而為萬物，萬物不能不散而為太虛。循是出入，是皆不得已而然也。（《張子全書·正蒙·太和篇》卷二）

2. 儒家聖人兼體不累：儒家之天道本是清通虛體之神，不為形下之

氣的相、跡所滯累，能兼合各體各相而無所偏滯。天道的運行，
無論氣之聚散、往來、生死等兩面，皆能體現最高的道德價值。
至於佛教嚮往寂滅，道教追求長生，則皆有所偏。佛教「語寂
滅，往而不返」是無生之說；道教「徇生執有，往而不返」在求
長生；唯有儒家如實體會到「聚散皆吾體」，但求聚散皆能不違
天道性命之理，「盡性」以應日用人倫諸事即是。如此則能體知
「生無所得」、「死無所喪」，故超越佛教寂滅無生或道教執有長
生的迷惑。

> 然則聖人盡道其間，兼體而不累者，存神其至矣。彼語寂滅者，
> 往而不返，徇生執有者，物而不化，二者雖有間矣，以言乎失道
> 則均焉。（《張子全書·正蒙·太和篇》卷二）

3. 道體死而不亡：氣雖有聚散之客形，但太虛本體卻是恆常遍在。

> 聚，亦吾體，散，亦吾體，知死之不亡者，可與言性矣。（《張子
> 全書·正蒙·太和篇》卷二）

柒　評述

一、錢穆題括橫渠之人生為「六有四為」

若謂濂溪高潔，康節豪放，橫渠則是堅苦卓絕。橫渠自述其生活
與志願，錢穆題括為「六有四為」。

> （六有）：言有教，動有法，晝有為，宵有得，息有養，瞬有

存。（《張子全書・正蒙・有德篇》卷三）

（四為）：為天地立心，為生民立命，為往聖繼絕學，為萬世開太平。（《張子全書・近思錄拾遺》卷十四）

二、朱子

描述橫渠的生活如曾子、墨翟：若比濂溪為顏淵，康節是莊周，橫渠卻像曾子、墨翟。

橫渠教人道：「夜間自不合睡，只為無可應接，他人皆睡了，己不得不睡。」他做《正蒙》時，或夜裡默坐徹曉。他直是恁地勇，方做得。（《朱子語類・張子之書二》卷九十九）

三、蔡仁厚評論中肯

橫渠不但正式說出「天道性命相貫通」，而且實已通澈到「心性天是一」的境界。只因太和、太虛、氣等一套詞語所造成的烟霧，掩蔽了他的義理之實，所以使人覺得他客觀面之意味重，而主觀面猶不免有虛歉之感。其實主客觀兩面之合一，固已涵於《正蒙》的義理之中，當然，《正蒙》多滯辭、蕪辭，因此說到義理之清澈圓熟，橫渠自非明道之比。[3]

四、余英時

宋代理學家是將「理一而分殊」當作人間秩序的最高構成原則而提出……，張載和程朱都是先構思了一個理想的人間秩序，然後

3　蔡仁厚：《中國哲學史大綱》，頁210-211。

才將這一構想提升為宇宙論或形上學的普遍命題。在他們的構想
中，人間世界必須建立在兩個相反的因素之上：「理一」是統合
性（integative）的因素，將人間世界融成一整體；分殊則是規定
性（regulative）因素，將內部無數歧異——包括功能的、類群
的、個人的——安排成一個井井有條的秩序。由此可見理學家已
將儒家所重視的政治、社會思維，甚至萬物與自然界的關係，都
提升至抽象理則的高度思維。[4]

4　余英時：〈理學與政治文化〉，收載《宋明理學與政治文化》，頁199。

第廿八章

程顥與程頤
——二程（洛學）

綱要

第廿八章
程顥與程頤
——二程（洛學）

生平

一、程顥

　　1. 姓名：程顥（大程、明道先生）

　　2. 時代：生於北宋仁宗明道元年（西元1032年），卒於北宋神宗
　　　元豐八年（西元1085年），享年五十四歲。

　　3. 傳略：字伯淳，學者稱明道先生，家世顯赫，曾祖輩即為高
　　　官，十歲能文，年十三即老成練達若成人，稟氣溫和恭謹，雖
　　　遇政敵王安石的惡評，仍不改其常度，時人皆以聖人視之。王
　　　安石當政時，因不合其政而辭官，哲宗時罷新法，欲重新起用
　　　明道，未行而卒。明道之學推本六經，直承先秦之儒，其自述
　　　云：「遂厭科舉之業，慨然有求道之志。未知其要，泛濫於諸
　　　家，出入於老釋者幾十年。返求諸六經，而後得之。」（《二程
　　　文集·伊川文集·明道先生行狀》卷十一）明道曾回憶與周濂
　　　溪相會後的心情：「詩可以興。某自再見茂叔後，吟風弄月以
　　　歸，有吾與點也之意。」（《二程遺書》卷三）

　　4. 著作：計有《明道文集》五卷，《二程遺書》二十八卷，《二程
　　　外書》十二卷，其他關於義理的言論，尚可見於《二程語

錄¹》，後人輯有《二程全書》。

二、程頤

1. 姓名：程頤（小程、伊川先生）

2. 時代：生於北宋仁宗明道二年（西元1033年），卒於宋徽宗大觀元年（西元1107年），享年七十五歲。

3. 傳略：字正叔，為程顥的胞弟，少明道一歲。二程稟氣，大程溫和而重直覺；小程剛烈而重客觀，其學對後世格物致知的理學派影響極大。少從胡瑗學，胡氏嘆其才，其人剛健嚴謹，直言不諱，時人多敬畏之。蘇軾任翰林院時，名士多慕其才而歸之，東坡豪爽不拘小節，與程頤之個性扞格不入，遂起洛（指程頤）蜀（指蘇軾）黨爭，後來程頤因此謫避涪州，仍不改其故，徽宗時亦因直言不諱而遭左遷，及至卒前不久，方復起用，年七十五時卒於官。小程治學，重刻苦與客觀，雖不及其兄的直截，但指引後學進德修業，大成洛學，實有其功，明道亦稱之為：「異日能使人尊嚴師道者，吾弟也。」（《二程遺書‧伊川先生年譜》）

4. 著作：經學和思想的著作主要有《程氏易傳》四卷、《程氏經說》八卷、《伊川文集》八卷，以及和大程合錄的語錄以及遺書。

1　《二程語錄》當中除了部分有明標「明道先生語」、「伊川先生語」以外，多不知出於兄弟何人，後學編輯時多以「二程先生語」記之。

壹　程顥——明道先生

一　明道論道——一本論

1. 道器合一論：明道對道體的體悟是當下即是、生生不已。道體的作用徹上徹下，「器亦道，道亦器」，舉凡大事小事皆可見道體的活潑體現。明道重視直覺體會，強調「即用見體，即器見道」之意。

> 「忠信所以進德」，「終日乾乾」，君子當終日「對越在天」也。蓋上天之載，無聲無臭，其體，則謂之易；其理，則謂之道；其用，則謂之神；其命於人，則謂之性。率性則謂之道，修道則謂之教，孟子在其中，又發揮出浩然之氣，可謂盡矣。故說神「如在其上，如在其左右」，大小事而只曰「誠之不可揜如此夫」。徹上徹下，不過如此。形而上為道，形而下為器，須著如此說。器亦道，道亦器，但得道在，不繫今與後，己與人。（《二程遺書》卷一）

2. 默而識之：明道解釋《易傳・繫辭》形上、形下之別，有其理論上的必要，就理解而言，道與陰陽畢竟不同；然就具體的生命而論，形下之器的萬事萬物皆是形上之道的活動具現，人只要專心誠意地「默而識之」，便能如實的領略「元來只此是道」。

> 〈繫辭〉曰：「形而上者謂之道，形而下者謂之器。」……又曰：「一陰一陽之謂道。」陰陽亦形而下者也，而曰道者，惟此

語截得上下最分明，元來只此是道，要在人默而識之也。(《二程遺書》卷十一)

3. 誠敬體道：強調以「誠敬」的態度，於生命中不懈地實踐道德，便能與生生不息的天道相契合。

「天地設位而易行乎其中」，只是敬也。敬則無間斷，體物而不可遺者，誠敬而已矣，不誠則無物也。(《二程遺書》卷十一)

二　天理

1. 體貼天理：明道認為「天理」是人所固有，不是靠外在的學習授受而來，所以他重視體會，少用概念分解，認為只要自己確實地體會貼現，便可體知天理道德之真實無妄。

吾學雖有所受，天理二字，却是自家體貼出來。(《二程外書》卷十二)

2. 元無少欠、百理具備：天理是天地宇宙間亙古恆存的道理，不因人事得失而有任何加減、少欠。它貫通於萬事萬物之中，是恆常的、超越的。當人能體貼到天理時，便能自作道德的主宰，處事應世進退有據，不再輕易受世之功名事業所左右。

天理云者，這一箇道理，更有甚窮已？不為堯存，不為桀亡，人得之者，故大行不加，窮居不損，這上頭來，更怎生說得存亡加減？是它元無少欠，百理具備。(《二程遺書》卷二上)

得此義理在此，甚事不盡？更有甚事出得？視世之功名事業，真
譬如閒！視世之仁義者，真煦煦孑孑，如匹夫匹婦之為諒也！自
視天來大事，處以此理，又曾何足論？若知得這簡義理，便有進
處。若不知得，則何緣仰高鑽堅，在前在後也，竭吾才，則又見
其卓爾。（《二程遺書》卷二上）

三　心、性、理

1. 盡心知性以知天：明道論心與性，性與理皆是同一事；只要至
   誠，盡心便可知性。道德力量的根源處便是生命價值的所在處，
   當下即可體現，當處便應認取，不假外求。

   嘗喻以心知天，猶居京師往長安，但知出西門，便可到長安，此
   猶是言作兩處。若要誠實，只在京師，便是到長安，更不可別求
   長安。只心便是天，盡之便知性，知性便知天，當處便認取，更
   不可外求。（《二程遺書》卷二上）

2. 天命、義理、人性、人心，其實一也：聖人相傳之道，並非有一
   外在具體可傳之道、可遞之心，而被聖人代代相傳。所謂聖賢之
   道乃是在啟迪眾人本有之心，此心若能擴充豁顯，即與聖人之心
   無異，故謂「人皆可以為堯舜」。聖賢之心與一般人的本心，皆
   本之於同一天理，絕無二致。明道直言「天命」、「義理」、「人
   性」、「人心」，只是說解時用語不同，但其內涵意義，其實一也。

   先聖後聖，若合符節，非傳聖人之道，傳聖人之心也。非傳聖人
   之心也，傳己之心也。己之心無異聖人之心，廣大無垠，萬善皆

備。欲傳聖人之道，擴充此心焉耳。（《宋元學案・明道學案上》卷十三）

在天為命，在義為理，在人為性，主於身為心，其實一也。（《二程遺書》卷十八）

3. 窮理、盡性、知命，一時並了：明道認為天理流行，萬物生化皆是人之至誠生命的活動體現，所以要論天地之化，「窮理」、「盡性」，乃至「知命」，皆是一事，只要就具體的實踐活動中體會認取，就能如實體知天理性命之精義。

言體天地之化，已剩一體字，只此便是天地之化，不可對此別有天地。（《二程遺書》卷二上）

窮理盡性以至於命，三事一時並了，元無次序，不可將窮理作知之事。若實窮得理，即性命亦可了。（《二程遺書》卷二上）

四　工夫論

1. 〈識仁篇〉：旨在發明孟子「萬物皆備於我」，只要「反身而誠」，即可「仁者渾然與萬物同體」。

（1）明道從「仁者與物同體」論仁，與橫渠之〈西銘〉（原名〈訂頑〉）的物我同體共感之義相通。道德的工夫，首在覺察仁心，並時時以誠敬存之，務使之不至於痿痺不仁。若能反身而誠，又能「博施濟眾」，己立立人，己達達人，就是仁的體現。

學者須先識仁，仁者，渾然與物同體。義、禮、知、信皆仁

也，識得此理，以誠敬存之而已，不須防檢，不須窮索。（《二程遺書》卷二上）

醫書言手足痿痺為不仁，此言最善名狀。仁者以天地萬物為一體，莫非己也。認得為己，何所不至？若不有諸己，自不與己相干。如手足不仁，氣已不貫，故不屬己。故博施濟眾，乃聖人之功用。（《二程遺書》卷二上）

（2）明道直扣孟子「萬物皆備於我」而謂心理本同一道德本源，主張成德唯在「反身而誠」的逆覺體證工夫，即工夫即本體，更不假外求。

孟子言萬物皆備於我，須反身而誠，乃為大樂。若反身未誠，猶是二物有對，以己合彼，終未有之，又安得樂？〈訂頑〉意思，乃備言此體。以此意存之，更有何事？（《二程遺書》卷二上）

2.〈定性書〉

（1）橫渠提出「以定性未能不動，猶累於外物」的問題，就教於明道。

（2）明道指出人之所以有受外物牽累的困擾，是因為不解物我相通無別之理，而執陷於人、我，內、外的私心分別中。人應將道體仁心普及人我，遍及內外，或動或靜都能充分體現萬物一體，才是根本解決受外物引誘牽累之道。

（3）佛老在人生態度及工夫方面，皆有重心性輕外物，提倡靜而壓抑動的傾向。明道則能本著儒家陽剛動健之立場以會通內外，體會動靜無礙，皆是道德。

> 所謂定者，動亦定，靜亦定，無將迎，無內外。苟以外物為
> 外，牽己而從之，是以己性為有內外也。且以性為隨物於
> 外，則當其在外時，何者為在內？是有意於絕外誘，而不知
> 性之無內外也。（《二程文集・明道文集・答橫渠先生定性
> 書》卷二）

貳　程頤──伊川先生

一　性與理──性即理

1. 性即理：伊川論天理，直言「性即理」，此性是義理之性，此性
此理是形上的、超越的、普遍的，是道德的應然之理。理原來無
有不善，惡則是起於氣質之性。

> 性即理也；所謂理，性是也。天下之理，原其所自，未有不善。
> （《二程遺書》卷二十二上）

2. 一陰一陽之謂道：伊川以理智分析的方式詮釋「一陰一陽之謂
道」，指出道是形上的存有，陰陽是形下的器，感寂是氣的活
動，而不是道體的活動。如此一說，道體反而失去了主體的活動
性，成為只是靜態的存有之理。

> 「一陰一陽之謂道」，道非陰陽也，所以一陰一陽，道也，如一
> 闔一闢謂之變。（《二程遺書》卷三）
> 「寂然不動，感而遂通」，此已言人分上事。若論道，則萬理皆
> 具，更不說感與未感。（《二程遺書》卷十五）

3. 伊川論理與明道不同：明道的天理，可體貼而得。伊川則認為，
   天下萬物只是一理，就萬物之所以然而言，理是「一」；就理之
   無所不在而言，則分殊之理是「多」。此說影響到後來朱熹「理
   一分殊」的看法。

> 凡眼前無非是物，物物皆有理，如火之所以熱，水之所以寒。至
> 於君臣父子間皆是理。（《二程遺書》卷十九）

二　理（性）與氣——義理之性與氣質之性

1. 「生之謂性」與「天命之謂性」：
   （1）明道論性不多，論氣更少；伊川則對性、氣所論較多，而對
       性與氣的關係亦有分析。
   （2）伊川主張「性即理」，合天理的性是無不善的，他解釋孟子
       所說的「性善論」，「性」即是指「義理之性」，亦即「天命
       之謂性」。
   （3）至於告子所謂的「生之謂性」的「性」，是指由氣形成的
       「氣性、才性」，表現在人身上則有剛柔、緩急之別。義理
       之性與氣性、才性，兩者內涵實不相同。

> 「生之謂性」與「天命之謂性」，同乎？曰：性字不可一概
> 論。「生之謂性」，止訓所稟受也。「天命之謂性」，此言性之
> 理也。今人言天性柔緩，天性剛急，俗言天成，皆生來如
> 此，此訓所稟受也。若性之理也，則無不善，曰「天」者，
> 自然之理也。（《二程遺書》卷二十四）

2. 稟氣清濁與善惡：伊川認為具體的人須依氣所成之質體而存在，所以會受氣稟清濁的限制，而有賢、不肖的分別。孟子之見獨出諸儒，特別彰明本善之性理。至於韓愈等將人性分品第或謂善惡混的說法，都是因為對義理善性與氣質清濁之性混淆不分，才會有種種紛云而未切中要旨之說。

孟子言人性善是也。雖荀、揚亦不知性，孟子所以獨出諸儒者，以能明性也。性無不善，而有不善者，才也。性即是理，理則自堯舜至於塗人，一也。才稟於氣，氣有清濁。稟其清者為賢，稟其濁者為愚。(《二程遺書》卷十八)

又問：「才出於氣否？」曰：「氣清則才善，氣濁則才惡。稟得至清之氣生者，為聖人；稟得至濁之氣生者，為愚人，如韓愈所言、公都子所問之人，是也。」(《二程遺書》卷二十二上)

3. 變化氣質以復善性之本：稟氣清濁固然可能影響人的善惡，但也只是可能性而已，並非確定不變的事實。人只要不自暴自棄，且勤於自我涵養，學而知之，就可以變化氣質，去惡返善，復性之初善。

若夫學而知之，氣無清濁，皆可至於善而復性之本。所謂「堯舜性之」，是生知也；「湯武反之」，是學而知之也。孔子所言上智下愚不移，亦無不移之理，所以不移，只有二：自暴自棄是也。……今人說有才，乃是言才之美者也，才乃人之資質。循性修之，雖至惡，可勝而為善。(《二程遺書》卷二十二上)

三　心、性、情三分

1. 心性情三分：

（1）伊川將道體懸置成「只是理」，成了只存有不活動的道體。將仁性、情愛、羞惡歸之於心。

（2）若伊川謂「心本善」，此心與天命、義理、人性其實一也。則此心與理同義，即是先天的、超越的、實理的道德力量。以此本心直發，自當是如孟子的「盡心知性」的純善。而伊川卻說「心本善，發於思慮則有善有不善」，此心忽又**翻轉**成後天的、經驗性的，且可能為善或不善的心，而與原來自主自律的本善之心分途為二了。伊川論「心」有其不自覺的駁雜，而難以直接確定「心性是一還是二」？但較可以確定的是伊川極重視以認知心的致知途徑，達到成德的進學目標。

（3）伊川論心多指實然的心氣，但並不等於性，其心與性已然為二而相對，如此便成了心、性、情三分的理論。

問：「心有善惡否？」曰：「在天為命，在義為理，在人為性，主於身為心，其實一也，心本善，發於思慮則有善有不善。若既發，則可謂之情，不可謂之心。」（《二程遺書》卷十八）

2. 隱有心統性情之義：人之善不善，由喜怒哀樂之發而中不中節決定；發而中節即善，發而不中節則不善，如此善惡之根源則在心而不在理。他說：「心是所主處，仁是就事言」，所以心才是善性的主宰。又「心譬如穀種，生之性便是仁也」，可見其心才是仁性之根源，在伊川的理論裡，心常奪「性即理」的最高善理根據及自做主宰之地位，而隱有「心統性情」之義。

性即理也,所謂理,性是也。天下之理,原其所自,未有不
善。喜怒哀樂未發,何嘗不善?發而中節,則無往而不善。
發不中節,然後為不善。(《二程遺書》卷二十二上)

問:「仁與心何異?」曰:「心是所主處,仁是就事言。」
曰:「若是,則仁是心之用否?」曰:「固是。若說仁者心之
用,則不可。心譬如身,四端如四支。四支固是身所用,只
可謂身之四支。如四端固具於心,然亦未可便謂之心之
用。」或曰:「譬如五穀之種,必待陽氣而生。」曰:「非
是。陽氣發處,卻是情也。心譬如穀種,生之性便是仁
也。」(《二程遺書》卷十八)

四　工夫論

1. 主「敬」

（1）持敬:二程皆「主敬」,不同於濂溪之「主靜」。

敬則自虛靜,不可把虛靜喚作敬。(《二程遺書》卷十五)
纔說靜,便入於釋氏之說也。不用靜字,只用敬字。(《二程
遺書》卷十八)
涵養須用敬,進學則在致知。(《二程遺書》卷十八)

（2）二程雖皆主敬,但伊川「主敬」尚需與「集義」合論。
「敬」是自律自發的誠意,而「集義」則須先研求事物的事
理是非,及如何實踐的客觀認知,才能以主觀的誠敬配合客
觀的集義,「知先行後」而後才能完成道德的實踐。伊川論
孝,強調具體實踐的重要性,「所以侍奉當如何、溫凊當如

何」，就是必須知道怎麼做才是真正的「盡」孝，而不是空談孝道。

> 敬只是涵養一事。必有事焉，須當集義。只知用敬，不知集義，卻是都無事也。……敬只是持己之道，義便知有是有非。順理而行，是為義也。若只守一箇敬，不知集義，卻是都無事也。且如欲為孝，不成只守著一箇孝字？須是知所以為孝之道。所以侍奉當如何，溫清當如何，然後能盡孝道也。(《二程遺書》卷十八)

2. 窮理：伊川所謂窮理，較接近知識、經驗的窮究，他以「認知的態度」討論人倫道德的問題，是「由智達德」的進路。其窮理方法亦多端，或讀書講明義理，或論古今人物而析別是非，或應接事物而求其得當。

> 格猶窮也，物猶理也，若曰窮其理云爾。窮理然後足以致知，不窮則不能致也。(《二程粹言·論學篇》卷上)
>
> 求之性情，固是切於身。然一草一木皆有理，須是察。(《二程遺書》卷十八)
>
> 或問：「進修之術何先？」曰：「莫先於正心誠意。誠意在致知。『致知在格物。』格，至也，如『祖考來格』之格。凡一物上有一理，須是窮致其理。窮理亦多端：或讀書，講明義理；或論古今人物，別其是非，或應事接物而處其當，皆窮理也。」或問：「格物須物物格之，還只格一物而萬理皆知？」曰：「怎生便會該通？若只格一物便通眾理，雖顏子亦不敢如此道。須是今日格一件，明日又格一件，積習既多，然後脫然自有貫通處。」(《二程遺書》卷十八)

3. 致知：伊川提供格物、窮理，目的在使人獲得真知、真理。伊川更進一步相信人若能見事物之真理，知之深則行之必至，必能知行合一。

> 真知與常知異。嘗見一田夫，曾被虎傷，有人說虎傷人，眾莫不驚，獨田夫色動異於眾。若虎能傷人，雖三尺童子莫不知之，然未嘗真知，真知須如田夫乃是。故人知不善而猶為不善，是亦未嘗真知，若真知，決不為矣。（《二程遺書》卷二上）
>
> 須以知為本，知之深則行之必至。無有知之而不能行者。知而不能行，只是知得淺。（《二程遺書》卷十五）

五　評述

馮友蘭說：

（1）程伊川，為程朱理學一派之先驅。

（2）程明道，為陸王心學一派之先驅。

六　二程思想義理比較簡表

明道生性圓通豁達，進德重視直覺妙悟的體會；伊川擅長理智分析，進德重視下學上達的工夫。

義理	明道（大程）	伊川（小程）
為學特色	重直覺圓頓之體現	重理智分析之詮釋
理	天理	性即理
理氣關係	理氣心性命等皆一	形上／形下　二分

義理	明道（大程）	伊川（小程）
性氣關係	論性不論氣，不備； 論氣不論性，不明。 （未再深入分析）	天地之性／氣質之性　二分
心性情關係	心、性、理是一	心、性、情三分
工夫	仁者與萬物同體 只一「體」字	持敬 窮理 格物

第廿九章
朱熹（閩學）

綱要

第廿九章
朱熹（閩學）

生平

一、姓名：朱熹。

二、時代：生於南宋高宗建炎四年（西元1130年），卒於南宋寧宗慶
　　元六年（西元1200年），享年七十一歲。

三、傳略：朱熹，字元晦，別號晦庵、晦翁、遯翁等，祖籍徽州婺源
　　（今安徽婺源），因其父在福建南建（今南平）作縣尉時，在福
　　建尤溪出生，故後學又稱其「閩學派」。朱熹十四歲時喪父，從
　　父遺命受教於劉彥和（屏山），十九歲中進士，後問學於伊川三
　　傳弟子李侗，並與呂祖謙（東萊）等儒學名士往還，朱熹四十六
　　歲時，東萊訪朱子於寒泉精舍，同編《近思錄》一書。同年四
　　月，呂東萊促成朱子與陸九齡、陸九淵（象山）兄弟會於信州
　　（今江西廣信）的鵝湖寺，史稱「鵝湖之會」[1]。朱、陸對「尊
　　德性」或「道問學」何者為先，各持立場而不能下，自此二家之
　　學便漸趨於分離。淳熙五年（西元1178年），朱子訪白鹿洞書
　　院，上疏乞復其舊觀，並為之制定學規，並延請象山升席講《論
　　語》。朱子在五十歲後[2]，開始積極的從事教育事業，門人遍佈海

1　「鵝湖之會」參見本書〈第三十章、陸九淵〉。

2　朱子在五十歲前多任閒職，《宋史・朱熹傳》云：「熹登第五十年，仕於外者僅九
　　考，立朝才四十。」一生多在教育和學術中度過，經其手興建、修復的教育學術
　　機構有《白鹿洞書院》、《武夷精舍》、《嶽麓書院》、《滄州精舍》，各處從學者皆數
　　百人。

內，晚年胡紘、沈繼祖劾其為偽學，寧宗下詔禁「道學」。史稱
「慶元黨禁」，弟子故交皆免官廢黜，至朱子死後方得平反，追
諡文，並得配祀於孔廟。

四、著作：朱子著書極多，其著作的方向有二，一是將理學的主流從
易傳回歸至四書方面，這方面的著作有《四書集註》、《詩集
傳》、《周易本易》等，一方面是綜合北宋先儒之學，其編纂的書
有《程氏遺書》、《謝上蔡（良佐）語錄》等等，計達四十九種，
四〇五卷。

壹　理

　　新儒學之集大成：朱子之道德形上學，是以周濂溪之〈太極圖說〉為骨幹，而以邵康節之數，橫渠之氣，兼綜二程之理氣論融合而成，故朱子之學，可謂集北宋五子之大成。

一　理一分殊

1. 朱熹「理一分殊」受程頤及張載影響：至若一事一物與宇宙全體之關係，宇宙普遍之一理與萬物分殊眾理之關係，朱熹主張以太極觀念統和各種關係。

    （1）程頤主張理一分殊。

    > 天下之志萬殊，理則一也。（《伊川易傳》卷一）
    >
    > 天下之理一也，塗雖殊而其歸則同。（《伊川易傳》卷三）

    （2）張載在其名著〈西銘〉中，示人以民胞物與之愛；但同時在分殊方面，兼顧親其親、長其長之特殊分際的道德表現。程頤及諸儒俱盛贊〈西銘〉理一而分殊，亦即愛之理一，而施於人倫關係則分殊。此類理論，偏重在倫理的關懷。

    （3）朱子以其說推之於形上學之領域，而從兩方面闡發「一與多」的關係：

    ①理一用殊：合天地萬物皆由同一之理，理是一。但各物復各有其特殊之理，理是多。

    ②太極是理之極致，然而各物亦自有其理；因此太極統萬物而為一，同時物物亦各具一太極。

2. 太極是極好至善之德：朱子以「太極」明理，太極指極好至善的
道理，為事事物物之極善，它是形上無形無影的理則，它不是光
光輝輝的具體事物，卻是天地間一切存在之所以能存在的根本
道理。

「無極而太極」，不是說有箇物事，光光輝輝地在那裡。只是說
這裡當初皆無一物，只有此理而已。(《朱子語類‧周子之書》卷
九十四)

太極只是箇極好至善底道理。……周子所謂太極，是天地人物萬
善至好底表德。(《朱子語類‧周子之書》卷九十四)

形而上者，無形無影是此理；形而下者，有情有狀是此器。(《朱
子語類‧程子之書一》卷九十五)

二　太極與陰陽

太極是形而上的本體，陰陽是形而下的氣。太極中有動靜之理，
故氣能循此一動靜之理而有動靜，並在動靜流行中循此生生不息
的創造之理化生萬物，同時又將此太極下降到萬物的生化活動
歷程。

曰：「有這動之理，便能動而生陽；有這靜之理，便能靜而生
陰。既動，則理在動之中；既靜，則理又在靜之中。」曰：「動
靜是氣也。有此理為氣之主，氣便能如此否？」曰：「是也。」
(《朱子語類‧周子之書》卷九十四)

三　理一分殊與墨家兼愛之分判

1. 太極是天地萬事萬物的總名：天地間的太極之理，是唯一而整全的理；世間萬物分殊的理，都只是這唯一而整全之理的一部分體現而已，此即「理一分殊」之說。

問：「太極不是未有天地之先，有箇渾成之物，是天地萬物之理總名否？」曰：「太極只是天地萬物之理。在天地言，則天地中有太極；在萬物言，則萬物中各有太極。未有天地之先，畢竟是先有此理。動而生陽，亦只是理；靜而生陰，亦只是理。」（《朱子語類・理氣上》卷一）

2. 伊川於回答楊時論〈西銘〉時，曾提過「理一分殊」的概念。他認為天下萬物只是一理，就萬物存之所以然而言，理是「一」，就理之下降為萬物而無所不在而言，理是「多」，此即「理一分殊」。楊時以〈西銘〉之說類比於墨子兼愛，伊川認為兩說不同義，〈西銘〉明辨理一而分殊，墨氏則「二本而無分」應區分之：

〈西銘〉之為書，推理以存義，擴前聖所未發，與孟子性善養氣之論同功，豈墨氏之比哉？〈西銘〉明理一而分殊，墨氏則二本而無分。分殊之蔽，私勝而失仁，無分之罪，兼愛而無義。分立而推，理一以止私勝之流，仁之方也。無別而迷，兼愛至於無父之極，義之賊也。子比而同之，過矣。且謂言體而不及用，彼欲使人推而行之，本為用也，反謂不及，不亦異乎？（《二程文集・答楊時論西銘書》卷十）

3. 朱熹接受伊川「理一分殊」的觀念，及其對〈西銘〉與墨家兼愛
   的分判。朱熹並進一步說明，「仁者與天地萬物為一體」的精神
   是本著「同一仁心」而涵攝萬物，但在具體的仁心實踐中，則仍
   須循著「理一分殊」之理，依小大之分、親疏之等及尊卑貴賤之
   異，而有分殊性的具體表現；墨家為求兼愛而忽略分殊差異，勉
   強將十百千萬之差別，皆要求一視同仁的齊頭式平等，〈西銘〉
   與墨家兼愛在根本精神上是不同的。

   天地之間，理一而已，然乾道成男，坤道成女，二氣交感，化生
   萬物，則其小大之分，親疏之等，至於十百千萬而不能齊也，不
   有聖賢者出，孰能合其異而返其同哉！〈西銘〉之作，意蓋如
   此。程子（伊川）以為「明理一而分殊」，可謂一言以蔽之矣。
   （《張子全書・西銘》卷一）

貳　理氣關係

朱熹之前，二程已將理之觀念發展至高峰，依二程之意，「理」
為自明自足，不增不損，為人最高之道德主宰。萬事萬物之理皆歸於
此一「天理」，此「理」即是恆常真實的力量，是宇宙秩序，也是自
然萬物創造的理則。就二程粗略相較之，程顥較重理氣之合，程頤較
重理氣之殊；但兄弟兩人對理氣關係尚無深入而清晰的闡述。理氣兩
者究竟是相同？還是相異？主從如何？先後如何？朱子及門人對此
「理氣」問題，反覆辯難，討論深入。

一　理能生氣

就理論而言，「理」既是形上的天地萬物的創生存在根源，氣是
形下的材質，如此推論自是理先氣後。

天地之間，有理有氣。理也者，形而上之道也，生物之本也。氣
也者，形而下之器也，生物之具也。是以人物之生，必稟此理，
然後有性，必稟此氣，然後有形。（《晦庵先生朱文公集‧答黃道
夫》卷五十八）

二　理先氣後

理是形而上，氣是形而下；就形而上下分論，是理先氣後。

問曰：「先有理，抑先有氣？」曰：「理未嘗離乎氣。然理形而上
者，氣形而下者。自形而上下言，豈無先後？理無形，氣便粗，
有渣滓。」（《朱子語類‧理氣上》卷一）

三　理氣不雜不離

就理論的分析而言，是理先氣後。但若就真實的生命、具體的生
活而言，則形上與形下，原理與實物實事，本是同時俱存；欲強
分誰先誰後，其實「皆不可得而推究」。因此朱子只好說「不離
不雜」，以表明理氣是不能混雜而論的，但也不能截然分離而被
體會。理本在氣中，氣循理而行。

或問曰：「必有是理，然後有是氣，如何？」曰：「此本無先後之可言。然必欲推其所從來，則須說先有是理。然理又非別為一物，即存乎是氣之中。無是氣，則是理亦無掛搭處。」（《朱子語類‧理氣上》卷一）

或問曰：「先有理後有氣之說。」曰：「不消如此說。而今知得他合下是先有理，後有氣邪？後有理，先有氣邪？皆不可得而推究。」（《朱子語類‧理氣上》卷一）

四 理只存有而不活動

1. 朱熹理氣論的特色並不在他將理氣二分，而是他的理氣觀之「理」，實際上是「只存有而不活動」，一切的造化流行反而落到氣上討論了。

   氣則能凝結造作，理卻無情意，無計度，無造作，只此氣凝聚處，理便在其中。（《朱子語類‧理氣上》卷一）

2. 朱熹將「理」視為是一個淨潔無染的境界，理在氣中，但理卻不能主宰氣，如此他的理便如明儒曹月川（曹端）所批評的：「理為死理，不足以為萬物之原」，「理」空有最高道德義的地位，然卻無實際自主的動力，流於只是靜態的存有。

   及觀語錄，卻謂太極不自會動靜，乘陰陽之動靜而動靜耳。遂謂「理之乘氣，猶人之乘馬，馬之一出一入，而人亦與之一出一入。」以喻氣之一動一靜，而理亦與之一動一靜，若然，則人為死人，而不足以為萬物之靈，理為死理，而不足以為萬物之原。理何足尚，而人何足貴哉？（《曹端集‧辨戾序》卷一）

叁　人性論

一　理

朱子認為一個具體的個人，是理氣凝結生聚而成，人之所以能言語、動作、焦慮、營為，都是氣的作用。

> 人之所以生，理與氣合而已。天理固浩浩不窮，然非是氣，則雖有是理而無所湊泊。故必二氣交感，凝結生聚，然後是理有所附著，凡人之能言語動作，思慮營為，皆氣也，而理存焉。（《朱子語類・性理一》卷四）

二　稟氣清濁與善惡

天理之性是純然全善，但因人的形質是稟氣而生，若具體的個人稟氣較偏濁，則惡便可能由此而生。

> 問：「理無不善，則氣胡為有清濁之殊？」曰：「才說著氣，便自有寒有熱，有香有臭。」（《朱子語類・性理一》卷四）
> 就人之所稟而言，又有昏明清濁之異。（《朱子語類・性理一》卷四）

三　氣質之性與義理之性

1. 氣質之說，起於橫渠、伊川。朱子認為此說有功於聖門，有補於後學。

2. 朱子評論諸子的人性論：韓愈的性三品說，是未理解義理之性與
   氣質的分別，義理之性即是天理、天道，天理、天道本只有一
   種，何來三品之說？至於孟子謂人「固有」且「皆有」本性之
   善，他個人雖能如實體證天道、性理，然對於「惡從何來」的問
   題，卻無法提出令眾人信服的解釋。孟子對於現實之惡乃源於人
   氣稟之不同，未曾論及，所以引起後世許多的誤解。若是張、程
   之說早出，就不會有各種人性論的爭議了。

   道夫問：「氣質之說，始於何人？」曰：「此起於張程。某以為極
   有功於聖門，有補於後學，讀之使人深有感於張程，前此未曾有
   人說到此。如韓退之〈原性〉中說三品，說得也是，但不曾分明
   說是氣質之性耳，性那裡有三品來！孟子說性善，但說得本原
   處，下面卻不曾說得氣質之性，所以亦費分疏。諸子說性惡與善
   惡混，使張程之說早出，則這許多話自不用紛爭。故張程之說
   立，則諸子之說泯矣。」因舉橫渠：「形而後有氣質之性，善反
   之，則天地之性存焉。故氣質之性，君子有弗性者焉。」又舉明
   道云：「論性不論氣，不備；論氣不論性，不明；二之則不
   是。」且如只說箇仁義禮智是性，世間卻有生出來便無狀底，是
   如何？只是氣稟如此。若不論那氣，這道理便不周匝，所以不
   備。若只論氣稟，這箇善，這箇惡，卻不論那一原處只是這箇道
   理，又卻不明。此自孔子、曾子、子思、孟子理會得後，都無人
   說這道理，謙之問：「天地之氣，當其昏明駁雜之時，則其理亦
   隨而昏明駁雜否？」曰：「理卻只恁地，只是氣自如此。」（《朱
   子語類・性理一》卷四）

3. 橫渠首標義理之性與氣質之性之分：他認為義理之性即是天地間

純粹的理則善性，此為眾人「固有」亦「皆有」；氣質之性則是陰陽之氣聚合變化成的個人稟氣，人人分殊。人的氣質有剛柔、緩急、才與不才之殊，因此由分殊的個體去體現同一種「天理」，在客觀上本會有不同的表現，因此須變化氣質，使氣質之性與義理之性相合無礙。他又特別強調，討論人根本的善性，不適合從「氣質之性」作為定義處。

4. 大程提出論人性必須「氣」、「性」兼備，不可切割而單獨論述其一，至於氣性關係為何，大程則未再深入闡述。

肆　心統性情

一　性只是理

朱子認為「性即理」，亦「只是理」，與伊川論「理」相同，他們的理都只是存有而不活動的本體。

> 問：「靈處是心，抑是性？」曰：「靈處只是心，不是性，性只是理。」（《朱子語類‧性理二》卷五）

二　心在理外

人的知覺、思慮等具體活動，是由形下氣化合成的心所發用，所以心是身之主。以心觀物，則心與物相對；理在物中，則心與理相對。由此可知朱子是「心」、「理」分立而論，主張「心在理外」。

曰：夫心者，人之所以主乎身者也，一而不二者也，為主而不為
客者也，命物而不命於物者也。故以心觀物，則物之理得，今復
有物以反觀乎心，則是此心之外復有一心而能管乎此心也。(《晦
庵集·觀心說》卷六十七)

三 心、性、情三分

朱子論心，提出「性者，心之理」，「性」是心所根據的道理；而
「情者，心之動」，「情」則是心遇物而發的種種情感反應。因此
要處理人種種的情緒紛擾，在千頭萬緒中應從「心」緊緊把握住。

性者，心之理；情者，心之動；才便是那情之會恁地者。情與才
絕相近，但情是遇物而發，路陌曲折恁地去底；才是那會如此
底。要之，千頭萬緒，皆是從心上來。(《朱子語類·性理二》卷
五)

四 心統性情

1. 性是形上抽象而非具體的事物，故無不善。情是人對經驗世界的
   情緒反應，是從心上發出來的；心則是氣之中最清靈的，具有思
   慮抉擇的能力，所以朱子主張以心統攝性、情，使人歸於善。
2. 就心與情的關係而言，「動處是情，主宰是心」，故以心統攝情的
   說法，尚可接受。
3. 然而就朱子「心者，性情之主」的心統性情之說，「性」的最高
   主宰地位，已隱然為心所替代，心反成了人善惡的主宰。性、理
   似乎只是一理想性、靜態性的道德境界而已，反而失去了自存、
   自明、自主的主宰性動力了。

性者，心之理；情者，性之動；心者，性情之主。（《朱子語類·性理二》卷五）

性對情言，心對性情言。合如此是性，動處是情，主宰是心。大抵心與性，似一而二，似二而一，此處最當體認。（《朱子語類·性理二》卷五）

人多說性方說心，看來當先說心。古人製字，亦先製得「心」字，「性」與「情」皆從「心」。以人之生言之，固是先得這道理。然才生這許多道理，卻都具在心裡。（《朱子語類·性理二》卷五）

伍　工夫論

一　存天理、滅人欲

朱子認為從孔子、《中庸》、《大學》、《書》對於道德存養的方法，看似千言萬語，要言之，就是教人「存天理、滅人欲」。朱子將心一分為二，分指「人心」、「道心」。他又把人心等同於人欲，人欲往往「流至於濫」，所以唯有克制人欲、澄治人心，以「敬」抵敵，如此才能存全天理、道心。

孔子所謂「克己復禮」。《中庸》所謂「致中和」、「尊德性」、「道問學」。《大學》所謂：「明明德」。《書》曰：「人心惟危，道心惟微，惟精惟一，允執厥中」。聖人千言萬語，只是教人明天理，滅人欲。……所以程先生說「敬」字，只是謂我自有一箇明底物事在這裡，把箇「敬」字抵敵，常常存個敬在這裡，則人欲自然

來不得。夫子曰:「為仁由己,而由人乎哉!」緊要處正在這裡。(《朱子語類‧學六》卷十二)

二 道問學

1. 朱子理學派之成德工夫,以道問學為先,強調在實事上博文約禮,而象山心學派則以尊德性為要。

性命之理雖微,然就博文約禮實事上看,亦甚明白,正不須向無形象處東撈西摸,如捕風繫影,用意越深而去道越遠。(《晦庵先生文公集‧答廖子晦》卷四十五)

大抵子思以來,教人之法惟以尊德性、道問學兩事為用力之要。今子靜所說,專是尊德性事,而熹平日所論,卻是道問學上多了。所以為彼學者多持守可觀,而看得義理全不仔細,又別說一種杜撰道理遮蓋,不肯放下。而熹自覺雖於義理上不敢亂說,卻於緊要為己為人上,多不得力。今當反身用力,去短集長,庶幾不墮一邊耳。(《晦庵先生文公集集‧答項平父》卷五十四)

2. 朱熹重視道問學,他說明《四書》的特色及成德的次第如下:

(1) 《大學》:

① 提供地基及骨幹。

② 待人自用工夫做將去。

(2) 《論語》:

① 《論語》不說心,只說事實。

② 孔子教人極直截,當下就有下手處。

（3）《孟子》：

　①《孟子》較費力，必要充廣發越。

　②《孟子》說心，後來遂有求心之病。

（4）《中庸》：

　①《中庸》都說無形影，如鬼神如天地等類，說得微妙虛
　　高。

　②說下學處少，說上達處多。

> 先讀《大學》，以定其規模；次讀《論語》，以立其根本；次
> 讀《孟子》，以觀其發越；次讀《中庸》，以求古人之微妙
> 處。（《朱子語類・大學一》卷十四）

三　格物致知

1. 朱子的思想主要承襲自伊川，所以程子所重視的典籍依據〈大
學〉自也為朱子所重。然因程朱皆認為古本大學有錯簡或脫文，
其中八條目之首：「致知在格物」應亦有脫落，朱子遂自謂是竊
取程子之意以補之，此即著名的〈大學格物補傳〉。朱子於《大
學》章首即說：

> 子程子曰：「大學，孔氏之遺書，而初學入德之門也。」於今可
> 見古人為學次第者，獨賴此篇之存，而論孟次之。學者必由是而
> 學焉，則庶乎其不差矣。（《四書集註・大學章句》）

2. 格物致知：

（1）朱子在〈大學格物補傳〉中，以格物窮理解釋格物致知，認

為事事物物均要詳加窮究，只要用力既深且久，則自有貫通
之時。就《語類》而論，朱子所謂「物」有時指人倫道德之
事，有時雜指客觀事物；所謂「知」兼指主觀良知與客觀認
知而言。就「格物」而言，若是以客觀的觀察分析方法，當
可以獲得認知的累積；若是主觀內省地窮究道德之是非，自
能體證良知之發用，方法與結果之間應有其合理的對應性。
若方法錯置，則結果並沒有理論上的必然性。

（2）朱子非常重視由客觀認知的方式，以達到道德良知的體證，
卻不察其方法與目的之間，理論上並沒有必然性，故受陸王
學派譏為「支離事業竟浮沈」。

（3）王陽明曾依朱子之法格竹，格了七天七夜，並未到達良知之
全體大用皆明的境界，反而格出一身病。朱熹未確認當即物
以窮理的時候，心是根據什麼標準來判定一項道德經驗的是
非對錯？在格之既久以後，是否必然會有「物之表理精粗無
不到，而吾心之全體大用無不明」的「豁然貫通」境界呈
現？

　　　所謂致知在格物者，言欲致吾之知，在即物而窮其理也。蓋
　　人心之靈，莫不有知，而天下之物，莫不有理；惟於理有未
　　窮，故其知有不盡也。是以大學始教，必使學者即凡天下之
　　物，莫不因其已知之理而益窮之，以求至乎其極。至於用力
　　之久，而一旦豁然貫通焉，則眾物之表裡精粗無不到，而吾
　　心之全體大用無不明矣。此謂物格，此謂知之至也。（《四書
　　集註‧大學章句》）

（4）王夫之對朱熹〈大學格物補傳〉所說的「一旦豁然貫通」，

深不以為然，他認為「一旦」二字，下得太驟太猛。孔子重視「下學上達」，步步積學皆是剛健真實，達德實踐是盈科而後進的，朱子反而將過程視為只是工夫，只有「一旦」間忽然上達之德，才是真實的道德。若以朱子之意則孔子之「下學上達」，就變成了「下學忽達」，已近於禪氏漸修「頓悟」之旨了。王夫之肯定孟子「是集義所生者」之說，重視由「集」而循循日「生」，對道德的累積與實踐應並進的體認，精切不妄。

只下學處有聖功在，到上達卻用力不得。……乃朱子抑有忽然上達之語，則愚所未安，若立個時節因緣，作迷悟關頭，則已入釋氏窠穴。朱子於〈大學補傳〉亦云：「一旦豁然貫通焉。」「一旦」二字亦下得驟。想朱子生平或有此一日，要未可以為據也。孟子曰：「是集義所生者。」一「生」字較精切不妄。循循日生而已，豁然貫通，固不可以期也。……下學而上達，一「而」字說得順易從容。云「一旦」云「忽然」，則有極難極速之意。且如懸之解，而不謂之達矣。忽然上達，既與下學打作兩片，上達以後便可一切無事，正釋氏磚子敲門，門忽開而磚無用之旨。釋氏以頓滅為悟，故其教有然者。聖人反己自修，而與天為一，步步是實，盈科而進，豈其然哉！故曰發憤忘食，樂以忘憂，不知老之將至，聖人之上達，不得「一旦」「忽然」也明矣！（《讀四書大全說》卷一）

3. 朱子之學，以「窮理」為旨，故被稱為「理學」派。朱子對二者的意義所以把捉不住，主要是因為他把「致知」的道德目的，與

零細的「格物」認知工夫做緊密的結合，堅持「由智達德」的下
學上達路線，故難免有時對「知」究為良知或認知會有混淆。

格物，是物物上窮其至理；致知，是吾心無所不知。格物，是零
細說；致知，是全體說。（《朱子語類・大學二》卷十五）

4. 朱子格物致知說的貢獻：

（1）朱子在「格物致知」說的發展，為儒學建立了有效排佛老的
立場。「致知」心態對傳統儒家的重大意義之一，是它可使
封閉的心性轉為開放的心性，孟子一系的心學派只重逆覺體
證而不與物交的內悟工夫，無法擺落與佛老的糾葛。朱子如
此肯定經驗世界的真實性與意義性，必然始終把牢外向求知
的理路。

（2）儘管朱子也重視敬的工夫，但與格物致知說合看，所謂
「敬」不過是有助於格物致知時的一種心理狀態。他辨別敬
與靜，與格物合者曰：「敬」，與格物離者曰：「靜」。所以格
物中便自有敬在，格物才是朱子最重要的工夫。

（3）朱子對任何問題，主要是順著認知心態一條鞭地想下去，這
種方想法是否能相應而有效地去解決問題，他卻缺乏反思的
過程。假如朱子對自己與孟子之間的差異有充分自覺，而能
順著自己的理路充分發展下去，不必處處去湊合孟子，他的
新儒學，或許有更大成就。蓋重建儒學，不只是重建其信仰
和理想，還要使它經得起認知方法和認知態度的考驗。[3]

3　韋政通：《中國思想史》下冊，頁1178。

陸　朱子判儒釋

一　儒者以理為不生不滅，釋氏以神識為不生不滅

朱子言性，以為吾人之性，即太極之全體，性已包舉萬理。儒家以性為實，所以世界不會是空。釋氏說性空而不知本體實理的存在，誤認心為性，所以視一切皆空，而不知天地宇宙自有不生不滅的「天理」。

故上蔡云：「佛氏所謂性，正聖人所謂心；佛氏所謂心，正聖人所謂意。」（《朱子語類‧釋氏》卷一百二十六）

儒者以理為不生不滅，釋氏以神識為不生不滅。（《朱子語類‧釋氏》卷一百二十六）

彼（釋氏）見得心空而無理，此（儒家）見得心雖空而萬理咸備也。（《朱子語類‧釋氏》卷一百二十六）

二　佛老滅人倫

朱子評佛老滅人倫、逃責任，並非真超脫。

天下只是這道理，終是走不得。如佛老雖是滅人倫，然自是逃不得。如無父子，卻拜其師，以其弟子為子，長者為師兄，少者拜師弟。但只是護得箇假底，聖賢便是存得箇真底。（《朱子語類‧釋氏》卷一百二十六）

柒　評述

陳榮捷肯定朱熹的成就[4]

1. 新儒家哲學之完成：

（1）確定新儒家方向：十一世紀末，新儒學約有四種趨勢，一、
雖唯理而帶有道家氣息；二、集中於氣；三、數；四、理。
朱子所偏好於張、邵之哲學，或周敦頤道家之傾向，則新儒
學在近七百五十年來之往程，必將全異其塗轍。但朱子採擇
二程兄弟唯理哲學，尤以程頤思想為甚。所以整個新儒學運
動，至今稱之為理學或程朱學派。在朱子抉擇中，使新儒學
免淪為道家之厄。

（2）理與氣關係之釐清：二程兄弟以理作為其哲學之骨幹，但二
程兄弟於理氣關係並無清晰之闡述。理與氣兩者間究相同
乎？抑相異乎？孰為先後？朱子及其門人於此問題則反覆辯
難，討論極多。

（3）太極觀念之發展：唯有朱子始創明太極即理。此一創明，乃
朱子本人以新儒學為理學之發展所必需。太極同於理之思
想，正用以闡釋形而上與形而下之關係，或一與多之關係以
及創造之過程。

（4）仁之觀念發展之極致：朱子復將程頤以生生釋仁之義，置於
理之基礎上。惟有由於天地以生物為心之理，始能生愛。此

4　陳榮捷：〈朱熹集新儒學之大成〉，收載《朱學論集》（臺北市：臺灣學生書局，
　　1988年4月增訂再版）。

　一結論賦予儒家倫理形而上學之根據。此為最重要之一步，使儒學成為新儒學，同時此亦為最重要之一步，使新儒學得以完成。

2. 道統觀念之完成：朱子門人黃榦撰《朱子行狀》，謂「道之正統，待人而後傳。自周以來，任傳道之責、得統之正者，不過數人。而能使斯道彰彰較著者，一二人而止耳。由孔子而後，曾子、子思繼其微，至孟子而始著。由孟子而後，周程張子繼其絕，至先生而始著。」（《勉齋先生文集‧行狀》卷八）黃榦之言，為宋史與極多數新儒家所認同。

3. （1）以四書代五經：以四書取代五經，《大學》《論語》《孟子》與《中庸》合為四書，其哲學意義有三：

　①脫離五經權威地位之羈絆。

　②直探孔孟基本義理之教。

　③引介合理之治學（治經）方法。

　（2）五經與四書之比較，其異有三：

　①最要者，《論》《孟》乃直記孔孟之言，而五經為間接資料。朱子嘗說《詩》《書》是隔一重兩重，說《易》《春秋》是隔三重四重。今欲直得聖人本意不差，先須於《論語》《孟子》中專意。《書》《詩》則一以寫史實，一以抒情意。

　②四書乃理之觀念之源泉，如性、心、仁、義，俱是。朱子云：「《大學》《中庸》《論》《孟》四書道理粲然。……何理不可究？何事不可處？」（《朱子語類‧大學一》卷十四）在其他方面，《易》以致精微而不及實事與道理原理，《春秋》則品評歷史，而不指示修養。

　③四書示吾人以系統治學方法（治經），朱子釋之曰：「先

讀《大學》以定規模，次讀《論語》以言其根本，次讀《孟子》以觀其發越，次讀《中庸》以求古人之微妙處。」（《朱子語類・大學一・綱領》卷十四）

第三十章
陸九淵（心學）

綱要

第三十章
陸九淵（心學）

生平

一、姓名：陸九淵

二、時代：生於南宋高宗紹興六年（西元1136年），卒於南宋光宗紹
　　　熙三年（西元1192年），享年五十四歲。

三、傳略：陸九淵，字子靜，自號存齋，江西撫州金溪人，兄弟俱有
　　　賢名，尤以五兄陸九齡最著。少聰穎，十二歲讀三國六朝史，年
　　　十三即體悟「吾心即是宇宙之理」，三十四歲時中進士，極受當
　　　時任考官的呂祖謙（東萊）的賞識，後築室於雲台，自號象山，
　　　益有賢名。九淵開課授徒，力倡「心即理」之學，並以朱熹之學
　　　為支離。淳熙二年，此年象山三十七歲，朱熹四十六歲，東萊促
　　　成朱熹、陸九淵相會於鵝湖寺，兩人各有主張與堅持，自此二家
　　　之學不復同流。不過，朱熹雖無法認同象山之說，但仍在淳熙八
　　　年（西元1181年），趁著象山請朱熹為剛去世的兄長陸九齡寫祭
　　　文而專訪南康時，邀請象山至白鹿洞書院講學，象山所講的「義
　　　利之辨」，在朱熹要求下刻之於石碑。明年任國子正，在臨安五
　　　年期間，曾講武略（時年四十六歲），四十九歲之年罷官，講學
　　　於鄉里，定期公開講座。五十三歲復主荊門軍，閱武按射。象山
　　　之學，極盡簡明，即「心即理」一事。

四、著作：有後學所編的《語錄》一卷，《年譜》一卷，《遺書》三十
　　　三卷，今有《陸象山全集》行世。

壹 心即理

一 心即理

象山指出聖人千百年相傳之心，即是孟子所謂：「盡心知性以知天」的本心，本心與天性原是相通相同的，故亦可謂「心即理」也。

四端者，即此心也，天之所以與我者，即此心也。人皆有是心，心皆具是理。心即理也。（《陸象山全集·與李宰》卷十一）
孟子云：盡其心者知其性，知其性則知天矣。心只是一箇心，某之心，吾友之心，上而千百載聖賢之心，下而千百載復有一聖賢，其心亦只如此。心之體甚大，若能盡我之心，便與天同。為學只是理會此。（《陸象山全集·語錄下》卷三十五）

二 人心惟危，道心惟微

心是唯一的道德本心，象山認為其他學者將「人心惟危」視為人欲，「道心惟微」視為天理，將人欲與天理視為對立的看法，是一種誤解。在象山而言，「心」只有一個，且是唯一的道德本心。

天理人欲之言，亦自不是至論，若天是理，人是欲，則是天人不同矣！……書云：「人心惟危，道心惟微。」解者多指人心為人欲，道心為天理，此說非是，心一也，人安有二心？（《陸象山全集·語錄上》卷三十四）

三　孔孟仁道善性的直接體現

象山陽明可謂是宋明儒「直承先秦孔孟之學」此成德之旨的體現者，他們都重視由孔子之「仁」與孟子之「本心」直接踐履。

夫子以仁發明斯道，其言渾無罅縫；孟子十字打開，更無隱遁。（《陸象山全集・語錄上》卷三十四）

貳　先立乎其大者──發明本心

一　先立乎其大者

此句名言代表象山學問的神髓。

1.象山明言自己學問的神髓，乃得自《孟子》而有體悟。

因讀《孟子》而自得之。（《陸象山全集・語錄下》卷三十五）

2.道德本心是人所固有，任何道問學的工夫，都必須先掌握到「本心」的存在，由「先立乎其大者」確立起成德的目標，為學才不會流於支離逐末。

吾之學問與諸處異者，只是在我全無杜撰。雖千言萬語，只是覺得他底，在我不曾添一些。近有議吾者云：「除了先立乎其大者一句，全無伎倆。」吾聞之曰：「誠然。」（《陸象山全集・語錄上》卷三十四）

二 悟得本心

悟得本心、發明本心，才能堂堂正正、自立自主做人，而不是只依附於外在條件的定位。

今人略有些氣焰者，多只是附物，元非自立也。若某則不識一箇字，亦須還我堂堂地做箇人。（《陸象山全集‧語錄下》卷三十五）

三 為學之道

1. 首重「盡我之心」，若能「滿心而發以充塞宇宙」，便是道德的整全發用。

萬物森然於方寸之間，滿心而發，充塞宇宙，無非此理。（《陸象山全集‧語錄上》卷三十四）
宇宙便是吾心，吾心即是宇宙。（《陸象山全集‧雜說》卷二十二）

2. 象山明確指出為學最重要的就是「學為人」，學如何在各種義利、公私的關係中「盡人道」。

凡欲為學，當先識義利公私之辨。今所學果為何事？人生天地間，為人自當盡人道。學者所以為學，學為人而已。（《陸象山全集‧語錄下》卷三十五）

叁　工夫論

一　格物說

在象山而論，天地宇宙之萬事萬物，皆是本心之中所可同感共通的，故心外無物；象山格物說所指的「物」，自是根本且唯一的「本心」，而非枝節零細的外物。人若不能先格省本心，反而先去格究外物，則是舍本逐末了。所以象山的格物，等於發明本心。

格物者，格此者也，伏羲仰象俯法，亦先於此盡力焉耳。不然，所謂格物，末而已矣。（《陸象山全集・語錄下》卷三十五）

聖人之言自明白，且如「弟子入則孝，出則弟。」是分明說與你入便孝，出便弟，何須得傳注。學者疲精神於此，是以擔子越重。到某這裡，只是與他減擔，只此便是格物。（《陸象山全集・語錄下》卷三十五）

二　尊德性

象山提撕人的成德之路，應是先「尊德性」，而後才「道問學」。象山並不反對讀書，只是認為比讀書更首先也更重要的是本心的純正潔淨。以良好的動機讀書，能夠助成道德的實踐；但若動機不純正，知識也可能轉而為惡人所利用了。

學者須是打疊田地淨潔，然後令他奮發植立。若田地不淨潔，則奮發植立不得。古人為學，即讀書然後為學可見。然田地不潔

淨，亦讀書不得。若讀書，則是假寇兵，資盜糧。(《陸象山全集‧語錄下》卷三十五)

為學有講明，有踐履。……必一意實學，不事空言，然後可以謂之講明。(《陸象山全集‧與趙詠道》卷十二)

今之學者，讀書只是解字，更不求血脈。……須是血脈骨髓理會實處始得，凡讀書，皆如此。(《陸象山全集‧語錄下》卷三十五)

肆　鵝湖之會

一　鵝湖之會

1. 時地：
   (1) 時間：南宋孝宗淳熙二年六月（西元1175年）。
   (2) 地點：江西信州府鉛山縣鵝湖寺。
2. 人物：
   (1) 發起人：呂祖謙（金華學派），其他尚有雙方門人及其他學者。
   (2) 雙方代表：①朱熹。
   　　　　　　　　②陸九淵、其兄陸九齡。
3. 議題：希望能交流調解朱熹與陸九淵兩派的學術異同。
   (1) 入學之道。
   (2) 為學工夫。
   (3) 為學宗旨。
4. 討論內容與互評：
   (1) 朱熹：

①欲令人泛觀博覽而後歸之約。

②朱評陸之教人為「太簡」。

③朱於鵝湖之會三年後，作詩自述：「舊學商量加邃密，
　新知培養轉深沉。」

　　鵝湖之會，論及教人。元晦之意，欲令人泛觀博覽，而後
　歸之約。二陸之意，欲先發明人之本心，而後使之博覽。
　朱以陸之教人為太簡，陸以朱之教人為支離，此頗不合。
　先生更欲與元晦辯，以為堯舜之前何書可讀？復齋止之。
　（《陸九淵集·年譜》卷三十六·三十七歲條）

　　德義風流夙所欽，別離三載更關心；
　　偶扶藜杖出寒谷，又枉籃輿度遠岑。
　　舊學商量加邃密，新知培養轉深沉；
　　卻愁說到無言處，不信人間有古今。
　　（《晦庵先生文集·鵝湖寺和陸子壽》卷四）

（2）陸九淵：

①欲發明人之本心而後使之博覽。

②陸以朱之教人為「支離」。

③陸詩：易簡工夫終久大（指自己的「心即理」主張）。
　支離事業竟浮沉（評朱熹的「格物窮理」主張）。

　　墟墓興哀宗廟欽，斯人千古不磨心；
　　涓流積至滄溟水，拳石崇成泰華岑。
　　易簡工夫終久大，支離事業竟浮沈；
　　欲知自下升高處，真偽先須辨只今。
　　（《陸象山全集·鵝湖和教授兄韻》卷二十五）

二 鵝湖會後

1. 朱熹評陸氏兄弟：朱熹欽佩象山兄弟，認為陸氏兄弟氣象甚好。
   然陸氏兄弟盡廢講學而專務踐履，於踐履中只要人提攜省察，悟
   得本心，朱熹則認為以此法教人，太過簡易，恐為其弊。
2. 呂祖謙之見：較肯定朱子道問學為先，講貫誦繹之為學通法；也
   指出雖有學者因此而流於支離，但那是個人學習有所偏差的問
   題，不可因噎廢食而廢此通法。

   講貫誦繹，乃百代為學通法。學者緣此支離泛濫，自是人病，非
   是法病。見此而欲盡廢之，正是因噎廢食。（《東萊集・別集・與
   邢邦用》卷十）

3. 評論：陸象山雖提醒後之學者必先發明本心，致力踐履，但因提
   醒太過，後學若盡用此工夫，難免又流於一偏。然綜觀陸象山卻
   是自幼熟讀經史，博識前言往行，於古今興亡治亂與是非得失，
   無不廣覽詳究，學養根柢深厚，復又踐履不輟，故他本人能成其
   大而不偏。

   曾讀《春秋》，知中國夷狄之辨，二聖之讐，豈可不復？……今
   吾人高居無事，優遊以食，亦可為恥，乃懷安非懷義也。（《陸象
   山全集・語錄下》卷三十五）
   平居或觀書，或撫琴。佳天氣，則徐行觀瀑。至高，誦經訓，歌
   楚辭及古詩文，雍容自適。（《陸象山全集・年譜》卷三十六）
   前言往行，所當博識。古今興亡治亂、是非得失，亦所當廣覽而
   詳究之。顧其心苟病，則於此等事業，奚啻聾者之想鐘鼓，盲者

之測日月，耗氣勞體，喪其本心。非徒無益，所傷實多。（《陸象山全集・與陳正己》卷十二）

三　朱陸通訊往來

1. 時間：從淳熙二年－紹熙三年（1175-1192）幾年間的書信往來。
2. 人物：朱熹、陸九淵。
3. 議題：關於太極、無極問題的爭辯。
4. 討論內容：
   （1）朱熹：
   　　①朱熹以為太極圖書是周敦頤所作。
   　　②無極即是無形，太極即是有理，主張太極之上應有無極。
   （2）陸九淵：
   　　①懷疑太極圖書非周敦頤所作，其內容與《通書》義理不相同。
   　　②太極即是道亦是心，不能心外有太極，更不能在太極之上有無極。

四　朱熹、陸九淵思想比較表

	朱	陸
理（學說根本歧異處）	性即理	心即理
心性理氣的關係	＊心在理外（二元論） 　理／心 　理／氣 　道／氣	心＝性＝理＝氣＝天＝道（一元論）

	朱	陸
工夫	*道問學為先 泛覽博觀歸之約 即物窮理 格物致知	*尊德性為先 先立乎其大者 辨義利
互評	陸教人之法「太簡」	朱人教之法「支離」

伍　象山分判儒釋

一、象山以義利為分判儒釋的準則

二、象山分判儒釋的差異，約之如下
　　儒：義，大公之人道擔當→經世。
　　釋：利，自私之人道捨離→出世。

　　某嘗以義利二字判儒釋，又曰公私，其實即義利也。儒者以人生
天地之間，靈於萬物，貴於萬物，與天地並而為三極。天有天
道，地有地道，人有人道，人而不盡人道，不足與天地並。(《陸
象山全集·與王順伯》卷二)
　　人有五官，官有其事。於是有是非得失，於是有教有學。其教之
所從立者如此，故曰義曰公。(《陸象山全集·與王順伯》卷二)
　　釋氏以人生天地間，有生死，有輪迴，有煩惱，以為甚苦，而求
所以免之。……故其言曰：「生死事大。」……其教之所從立者
如此，故曰利曰私。惟義惟公，故經世；惟利惟私，故出世。儒
者雖至於無聲、無臭，無方、無體，皆主於經世；釋氏雖盡未來
際普度之，皆主於出世。(《陸象山全集·與王順伯》卷二)

第卅一章
王守仁（心學）

綱要

第卅一章
王守仁（心學）

生平

一、姓名：王守仁

二、時代：生於明憲宗成化八年（西元1472年），卒於明世宗嘉靖七
　　年（西元1528年），享年五十七歲。

三、傳略：王守仁，字伯安，浙江餘姚人，因曾於浙江築陽明洞自
　　學，故學者亦稱之為陽明先生。出身於官宦之家，其父王華曾官
　　至吏部尚書，少年時即有豪氣，自述任俠、神仙、騎射、辭章、
　　神仙之學皆遊習之。弘治五年（西元1492年）時年二十歲，依朱
　　子「格物致知」之法格竹，病而無所得。當時的學術主流是程、
　　朱理學[1]，陽明亦從而學之。乃悔昔日用功雖勤，而無所得者，
　　欲速故也。因循序以求之，然物理、吾心終分為二，沈鬱既久，
　　舊疾復作。二十八歲中進士，曾與心學大儒陳白沙弟子許璋等人
　　交游，正德元年（西元1506年）因劾劉瑾事而下獄，「已而廷杖
　　四十，既絕復甦」（《王文成全書・年譜一》卷三十二，三十五歲
　　條），後貶貴州龍場驛驛丞。陽明困於貴州期間，與死為鄰，忽
　　中夜大悟「格物致知」之旨，不覺呼躍而起，從者皆驚。始知聖
　　人之道，吾性自足，昔之求理於物，往昔誤矣！翌年講學於貴州

1　元代欽定程朱理學為官學，明成祖時敕撰《性理大全》七十卷，皆取程朱之說；考
　　試的《四書》、《五經》用宋儒注疏，不用漢唐舊注。

書院，標「知行合一」之旨。正德五年（西元1510年），劉瑾伏
誅，陽明升任廬陵知縣，此後仕途較順。時江南寇變迭興，陽明
受詔進討，屢建奇功，如平寧王朱宸濠叛亂，拜南京兵部尚書。
正德十年（西元1515年）時年四十三歲，擬諫迎佛疏，後未上
疏。正德十二年（西元1517年）思恩、田州之亂起，陽明以左都
御史巡撫江西，總制四省軍務以平亂。陽明於戎馬之際，仍與門
人王畿（龍溪）、錢德洪（緒山）論學，專以「致良知」之學訓
課學者。若以事功治學而論，陽明實為其「知行合一」說之最佳
典範。正德十五年（西元1520年），陽明四十八歲，弟子王艮三
十八歲，與陽明論學，遂執弟子禮。正德十六年（西元1521
年），專揭「致良知」之教。

四、著作：陽明的哲學理論多見於其門人徐愛、錢德洪等人輯錄的
　　《傳習錄》，後人編有《王文成公全書》，最稱完備。

壹　心即理

一　心即理

陽明的思想，一般將他與陸象山同歸於心學派，皆主張心即理之說，重視本心的擴盡。他認為處世遇事，只要本心全然豁顯，本心絲毫不受私欲障蔽，自然會有合宜的是非判斷與行動，而無須就繁雜的人間事，一一尋求個別因應的方法。陽明的重點在提點人應確認自己行為的動機及是非的判斷，至於具體實踐的細節項目，則須因人因事制宜。

愛問：「至善只求諸心。恐於天下事理，有不能盡。」先生曰：「心即理也，天下又有心外之事，心外之理乎？」愛曰：「如事父之孝，事君之忠，交友之信，治民之仁，其間有許多理在，恐亦不可不察。」先生嘆曰：「此說之蔽久矣。豈一語所能悟？今姑就所問者言之。且如事父，不成去父上求箇孝的理。事君，不成去君上求箇忠的理。交友治民，不成去友上民上求箇信與仁的理。都只在此心，心即理也。此心無私欲之蔽，即是天理。不須外面添一分。以此純乎天理之心，發之事父便是孝。發之事君便是忠。發之交友治民便是信與仁。只在此心去人欲存天理上用功便是。」（《傳習錄・徐愛錄》卷上，3條）

二　道德之理從本心而發

陽明認為關於道德實踐的行為與條件，只要人的本心純乎天理，

自然會去尋找並知道具體實踐的方法為何。弟子徐愛一再追問的
重點是，有一顆善良的心想做對的事，但要怎麼做才能把事情做
對？陽明仍一再強調道德力量的無所不用，但並未正面回答經驗
與知識對道德實踐的必要性為何。

愛曰：「如事父一事，其間溫凊定省之類，有許多節目，不知亦
須講求否？」先生曰：「如何不講求？只是有箇頭腦。只是就此
心去人欲存天理上講求。就如講求冬溫，也只是要盡此心之孝，
恐怕有一毫人欲間雜。講求夏凊，也只是要盡此心之孝，恐怕有
一毫人欲間雜。只是講求得此心。此心若無人欲，純是天理，是
箇誠於孝親的心，冬時自然思量父母的寒，便自要去求箇溫的道
理。……這都是那誠孝的心發出來的條件。卻是須有這誠孝的
心，然後有這條件發出來。」（《傳習錄·徐愛錄》卷上，3條）

貳　知行合一

一　知行合一

1. 陽明反對朱熹「知先行後」說，因此倡「知行合一」說。致良知
   即是行，人必致良知於行動，然後良知之知方為完成，亦即「知
   是行之始，行是知之成。」陽明主張的知行學說，並不是就客觀
   知識的探索而論；其目的在由「知行合一」以踐成「內聖」的工
   夫。
2. 「知行合一」的宗旨在於啟人明曉「一念發動處，便是行了」，
   必須從心底根本克倒惡念，才是真正做到內聖工夫的知行合一。

陽明的「知行合一」，偏重於從道德層面立論，對於客觀的事實問題，討論不足。

> 問知行合一。先生曰：「此須識我立言宗旨。今人學問，只因知行分作兩件，故有一念發動，雖是不善，然卻未曾行，便不去禁止。我今說箇知行合一，正要人曉得一念發動處，便即是行了。發動處有不善，就將這不善的念克倒了，須要徹根徹底，不使那一念不善潛伏在胸中。此是我立言宗旨。」（《傳習錄‧黃直錄》卷下，226條）

3. 對於知行問題，陽明除力倡「合一」之外，也重視「行」的實踐效果。

> 凡謂之行者，只是著實去做這件事。（《王文成全書‧答友人問》卷六）
>
> 以求履其實而言，謂之行。（《傳習錄‧答顧東橋書》卷中，136條）
>
> 如稱某人知孝，某人知弟。必是其人已曾行孝行弟，方可稱他知孝知弟。不成只是曉得說些孝弟的話，便可稱為知孝弟。（《傳習錄‧徐愛錄》卷上，5條）

二　對朱熹「知先行後」的評論

陽明認為古人將知、行分做兩件事，是「古人不得已補偏救弊的說語」，而不是真要人將知、行分別來看。陽明「知行合一」之說的「知」與「行」，都是就道德的良知良能而言，良知良能只

能從反求諸己，擴充本心的活動中去體證，而無法以客觀的認知方法去把握。但朱子的「知」與「行」則兼指道德良知與客觀認知兩者，若就客觀認知層面而言，朱子倡「知先行後」，亦有其可取之處。

愛曰：「古人說知行做兩箇，亦是要人見箇分曉。一行做知的工夫，一行做行的工夫，即工夫始有下落。」先生曰：「此卻失了古人宗旨也。某嘗說知是行的主意，行是知的工夫；知是行之始，行是知之成。……古人所以既說一箇知，又說一箇行者，只為世間有一種人，懵懵懂懂的任意去做，全不解思惟省察。也只是箇冥行妄作。所以必說箇知，方纔行得是。又有一種人，茫茫蕩蕩，懸空去思索。全不肯著實躬行。也只是箇揣摸影響。所以必說一個行，方纔知得真。此是古人不得已，補偏救弊的說話。若見得這箇意時，即一言而足。」（《傳習錄・徐愛錄》卷上，5條）

（朱子）曰：「知與行，工夫須著並到，知之愈明，則行之愈篤；行之愈篤，則知之愈明，二者皆不可偏廢。……然又須先知得，方行得。」（《朱子語類・大學一》卷第十四）

叄　致良知與覺民行道

一　致良知

1. 良知

（1）陽明所指的良知指「是非之心」，此心具有辨別是非的能力。

良知只是箇是非之心。是非只是箇好惡。只好惡，就盡了是
非。只是非，就盡了萬事萬變。（《傳習錄・黃省曾錄》卷
下，288條）

（2）良知也是主體的自覺性，是人實踐道德的主宰。

爾那一點良知，是爾自家底準則。爾意念著處，他是便知
是，非便知非。（《傳習錄・陳九州錄》卷下，206條）
良知原是完完全全；是的還他是，非的還他非。是非只依著
他，更無有不是處，這良知還是你的明師。（《傳習錄・黃省
曾錄》卷下，265條）

（3）良知即是天理，良知一明即是貫徹天理。

天理在人心，亙古亙今，無有終始。天理即是良知。（《傳習
錄・黃省曾錄》卷下，284條）
人若知這良知訣竅，隨他多少邪思枉念，這裡一覺，都自消
融。真箇是靈丹一粒，點鐵成金。（《傳習錄・陳九川錄》卷
下，209條）

（4）自龍場悟道之後，陽明便傾盡全部的精神在發揚「致良知」
之教上。

先生嘗曰：「吾良知二字，自龍場以後，便已不出此
意。」（陳榮捷編，《傳習錄拾遺》[2]，10條）

2　《傳習錄拾遺》，收載陳榮捷《王陽明傳習錄詳註集評》（臺北市：臺灣學生書局，
　　1983年）。

2. 致良知

（1）陽明對「良知」的體悟，是從百死千難中而得，並非蹈空虛
談之言，因此他提醒學者應「實落用功」，去精察內在的那
一點靈明，而不應當作境界空談，辜負了自己的良知。

某於此良知之說，從百死千難中得來，不得已與人一口說
盡。只恐學者得之容易，把作一種光景玩弄，不實落用功，
負此知耳。《王文成全書・年譜二》卷三十三，五十歲條）
先生曰：「諸公在此，務要立箇必為聖人之心。時時刻刻須
是一棒一條痕，一摑一掌血，方能聽吾說話，句句得力。若
茫茫蕩蕩度日，譬如一塊死肉，打也不知得痛癢。恐終不濟
事。」（《傳習錄・黃以方錄》卷下，331條）

（2）陽明因遭劉瑾之害，而有廷杖之辱及貴州龍場驛貶謫之難。
於蠻荒瘴癘之地，從者皆病，生死之迫乃切身之事，陽明乃
作石墎端居澄默以克服對生死的恐懼。他不斷省覺聖人之道
與患難之事該如何看待？遂有著名的「龍場悟道」。

是年始悟格物致知。……時瑾憾未已，自計得失榮辱皆能超
脫，惟生死一念尚覺未化，乃為石墎自誓曰：「吾惟俟命而
已！」日夜端居澄默，以求靜一；久之，胸中灑灑。而從者
皆病，自析薪取水作糜飼之；又恐其懷抑鬱，則與歌詩；又
不悅，復調越曲，雜以詼笑，始能忘其為疾病夷狄患難也。
因念：「聖人處此，更有何道？」忽中夜大悟格物致知之
旨，寤寐中若有人語之者，不覺呼躍，從者皆驚。始知聖人
之道，吾性自足，向之求理於事物者誤也。乃以默記《五

經》之言證之，莫不吻合，因著《五經臆說》。（《王文成全書‧年譜一》卷三十二，三十七歲條）

（3）人到純乎天理方是聖，金到足色方是精：

　①良知之學的實踐，即是知行合一的體現，能到達「心純乎天理」的境界，便是聖人。人之才力雖有大小，但無礙作聖之成色純度；猶如「金到足色方是精」，大小分兩雖有不同，然皆是精金。

　②作聖的工夫乃在天理上體會踐履，而不是從書冊名物上考察累積。

希淵問：「聖人可學而至。然伯夷伊尹於孔子，才力終不同。其同謂之聖者安在？」先生曰：「聖人之所以為聖，只是其心純乎天理，而無人欲之雜。猶精金之所以為精，但以其成色足而無銅鉛之雜也。人到純乎天理方是聖，金到足色方是精。然聖人之才力，亦有大小不同。猶金之分兩有輕重。……分兩雖不同，而足色則同。皆可謂之精金。……後世不知作聖之本是純乎天理。卻專去知識才能上求聖人。以為聖人無所不知，無所不能。我須是將聖人許多知識才能，逐一理會始得。故不務去天理上著工夫。徒弊精竭力。從冊子上鑽研，名物上考察，形迹上比擬。知識愈廣而人欲愈滋，才力愈多而天理愈蔽。正如見人有萬鎰精金，不務煅鍊成色，求無愧於彼之精純。而乃妄希分兩，務同彼之萬鎰。錫鉛銅鐵，雜然而投。分兩愈增，而成色愈下。既其梢末，無復有金矣」。（《傳習錄‧薛侃錄》卷上，99條）

（4）陽明以「致」表示工夫，所謂「致」，即是將內在的道德自
　　覺擴充到底。

> 我輩致知，只是各隨分限所及。今日良知見在如此，只隨今
> 日所知，擴充到底。明日良知又有開悟，便從明日所知，擴
> 充到底。（《傳習錄・黃直錄》卷下，225條）

二　致良知與覺民行道

1. 仕者以道：衡諸陽明百死千難的際遇，實與其「從道不從君」的
儒家仕道有密切的關切。面對喜好妾婦之順的無道之君，儒者空
有「內聖外王」的理想，除了滿心焦慮而動輒得咎，甚至因滿腔
熱血而使自己蒙受「失身枉道」的恥辱外，全然無濟於事。

> 龍場生曰：「夫子之來也，謫也，非仕也。子於父母，惟命之
> 從，臣之於君，同也。不曰事之如一，而可以拂之，無乃為不恭
> 乎？」陽明子曰：「吾之來也，謫也，非仕也；吾之謫也，乃仕
> 也，非役也。役者以力，仕者以道；力可屈也，道不可屈
> 也。……君猶父母，事之如一，固也。不曰就養有方乎？惟命之
> 從而不以道，是妾婦之順，非所以為恭也。」（《王文成全書・龍
> 場生問答》卷二十四）

2. 覺民行道：
（1）陽明在正德元年以前，仍有「內聖外王」的理想。貶謫龍場
　　之後，他的理想破滅，深知「吾今不得行道矣」（見〈龍場
　　生答問〉），但是他又無法退至「獨善其身」，也苦無「致君

行道以平治天下」的機會。[3]

> 僕誠賴天之靈，偶有見於良知之學，以為必由此而後天下可得而治。是以每念斯民之陷溺，則為之戚然痛心，忘其身之不肖，而思以此救之。亦不自知其量者。天下之人見其若是，遂相與非笑而詆斥之，以為是病狂喪心之人耳。（《傳習錄·答聶文蔚》卷中，181條）

> 今誠得豪傑同志之士，扶持匡翼，共明良知之學於天下，使天下之人，皆知自致其良知，以相安相養。去其自私自利之蔽，一洗讒妒勝忿之習，以濟於大同，則僕之狂病，固將脫然以愈，而終免於喪心之患矣，豈不快哉！（《傳習錄·答聶文蔚》卷中，183條）

（2）陽明一方面通過切身體驗，認識到「致君行道」在當時是一條走不通的路，另一方面卻仍堅持「以道自任」的儒家精神；宋儒的秩序重建也仍是他的中心價值。龍場頓悟終使他脫出了這一進退兩難的困境，發現「仕」途之外另有一條「平治天下」的大道。

> 伊尹曰：「天之生斯民也，使先知覺後知，使先覺覺後覺。予天民之先覺也，非予覺之何誰也？」是故大知覺於小知，小知覺於無知；大覺覺於小覺，小覺覺於無覺。夫已大知大覺矣，而後以覺於天下，不亦善乎？（《王文成全書·答儲柴墟》卷二十一）

3　余英時：〈明代理學與政治文化發微〉，收載《宋明理學與政治文化》。

（3）陽明轉從良知之學作為其平治天下之道，他的眼光不再是投
向高高在上的皇帝和朝廷，而是轉而關注下面的社會和平
民，致力於推動「覺民行道」的政治文化理念，而使「良知
之教」不僅是哲學思想的詮釋，同時也成為具濃厚的社會性
格的道德使命。

> 你們挈一箇聖人去與人講學。人見聖人來，都怕走了。如何
> 講得行？須做得箇愚夫愚婦，方可與人講學。（《傳習錄・黃
> 以方錄》卷下，313條）
> 我這裡言格物，自童子以至聖人皆是此等工夫。……如此格
> 物，雖賣柴人亦是做得；雖公卿大夫，以至天子，皆是如此
> 做。（《傳習錄・黃以方錄》卷下，319條）

（4）陽明「天理即是良知」之說，貫通士人理學系統與庶民民間
思想，進入民間的日常生活，使「天理」、「良知」等成為百
姓日用倫常的口語與行為準則。例如陽明與聾啞者楊茂之筆
談記載：

> 你口不能言是非，你耳不能聽是非，你心還能知是非否？
> （答曰：「知是非」。）如此你口雖不如人，你耳雖不如人，
> 你心還與人一般。（茂時首肯拱謝）大凡人只是此心。此心
> 若能存天理，是箇聖賢的心；口雖不能言，耳雖不能聽，也
> 是個不能言不能聽的聖賢。心若不存天理，是箇禽獸的心；
> 口雖能言，耳雖能聽，也只是箇能言能聽的禽獸。（茂時扣
> 胸指天）（《王文成全書・諭泰和楊茂》卷二十四）

肆　工夫論

一　即體即用

陽明與象山同，論學並不討論形上形下之分，而特重本心之發用，其學皆主張「即體即用」，不另作工夫的討論，故陸王的工夫論皆可以本心之發用，良知之體現涵攝。在陽明，心即是理、知行合一、致良知，格物致知看似多項，其實只是同一事，皆是鼓勵道德本心之踐履。

二　格物致知

在陽明而言，天下無心外之事、心外之理，天理不是外在客觀的物理，也不是抽象虛空的玄理，而是內在本心真誠的動力，故「心外無理」、「心即理」、「良知即天理」，所以格物的「物」純指一物，即是本心。「格」指糾正本心之偏蔽，使心去惡歸善。「知」指人之良知。陽明所謂「格物致知」純粹是道德的省察與導正的逆覺活動，無關乎客觀事物與認知等問題，與朱子重視以客觀認知的方式，通向主觀道德踐成的「格物致知」說有所出入。

格者，正也。正其不正以歸於正之謂也，正其不正者，去惡之謂也，歸於正者，為善之謂也。（《王文成全書‧大學問》卷二十六）朱子所謂格物云者，在「即物而窮其理」也。即物窮理，是就事事物物上求其所謂定理者也。是以吾心而求理於事事物物之中，

析心與理而為二矣。……若鄙人所謂致知格物者，致吾心之良知
於事事物物也，吾心之良知，即所謂天理也。致吾心良知之天理
於事事物物，則事事物物皆得其理矣。致吾心之良知者，致知
也。事事物物皆得其理者，格物也，是合心與理而為一者也。
（《傳習錄・答顧東橋書》卷中，135條）

三 〈大學問〉

1. 朱熹極重視〈大學〉，並以此作為修養的工夫方針，其中特別強
調「格物致知」之旨。陽明亦重視〈大學〉，並作〈大學問〉以
述其講學要旨，由師生問答，可知此篇之寫作緣起：

德洪曰：「大學問者，師門之教典也。學者初及門，必先以此意
授。」……門人有請錄成書者，曰：「此須諸君口口相傳，若筆
之於書，使人作一文字看過，無益矣。」嘉靖丁亥八月，師起征
思田，將發，門人復請，師許之。（《王文成全書・大學問》卷二
十六）

2. 陽明以〈大學問〉之要義，即是所謂「堯舜之正傳」、「孔氏之心
印」，其旨則在：「明明德」、「親民」及「止於至善」，此實自孔
孟起之儒者一貫相承之生命學問，始於自身道德之啟蒙，終於將
仁心擴至天地萬物為一體之境。

敢問大人之學，何以在於明明德乎？陽明子曰：「大人者，以天
地萬物為一體者也。……大人之能以天地萬物為一體也，非意之
也，其心之仁本若是，其與天地萬物而為一也。」（《王文成全

書・大學問》卷二十六）

然則何以在親民乎？曰：「明明德者，立其天地萬物一體之體也；親民者，達其天地萬物一體之用也。」（《王文成全書・大學問》卷二十六）

然則又烏在其為止於至善乎？曰：「至善者，明德親民之極則也。天命之性，粹然至善，其靈昭不昧者，此其至善之發見，是乃明德之本體，而即所謂良知者也。」（《王文成全書・大學問》卷二十六）

四　成學三變

陽明之學雖屢有變化，早年溺於辭章，後出入於佛老，至謫官龍場悟「致良知」之旨。「致良知」則是其四十三歲後的定論，其所謂「格物致知」即是「致良知」，即是「知行合一」，徹上徹下皆是「心即理」之義，與朱熹「格物致知」之學牴牾不合，在朱熹析心與理為二，「心在理外」。

守仁早歲舉業，溺志詞章之習。既乃稍知從事正學，而苦於眾說之紛撓疲恭，茫無可入，因求諸老釋，欣然有會於心，以為聖人之學在此矣。然於孔子之教間相出入，而措之日用，往往缺漏無歸。依違往返，且信且疑。其後謫官龍場，居夷處困，動心忍性之餘，恍若有悟；體念探求，再更寒暑，證諸五經四子，沛然若決江河而放諸海也。……獨於朱子之說有相牴牾，恆疚於心。（《王文成全書・朱子晚年定論序》卷三）

伍　陽明分判儒釋

一　佛氏「不著相」之說

陽明認為這其實是佛家對人倫責任的逃避。儒家則如實承擔起父子、君臣、夫妻的仁義與責任。

先生嘗言：「佛氏不著相，其實著了相。吾儒著相，其實不著相。」請問。曰：「佛怕父子累，卻逃了父子。怕君臣累，卻逃了君臣。怕夫婦累，卻逃了夫婦。都是為箇君臣、父子、夫婦著了相，便須逃避。如吾儒有箇父子，還他以仁。有箇君臣，還他以義。有箇夫婦，還他以別。何曾著父子、君臣、夫婦的相？」（《傳習錄·黃直錄》卷下，236條）

二　有意即是著相

佛家有意於「不著相」，有意即是著相；佛家有意於求「無」，有意即不是真「無」。唯有儒家順人的良知本能發用，一切的發用流行都源於良知的動力，而非刻意的安排。所以世間一切人倫道德，都是本心自然之事，而非本心的障礙，此與釋氏出世之說大不相同。

仙家說到虛，聖人豈能虛上加得一毫實？佛氏說到無，聖人豈能無上加得一毫有？但仙家說虛，從養生上來。佛氏說無，從出離生死苦海上來。卻於本體上加卻這些子意思在，便不是他虛無的

本色了，便於本體有障礙。聖人只是還他良知的本色，更不著些子意思在。……聖人只是順其良知之發用，天地萬物，俱在我良知的發用流行中，何嘗又有一物超於良知之外，能作得障礙。（《傳習錄・黃修易錄》卷下，269條）

陸　四句教

一　天泉證道

1. 丁亥年九月，先生（陽明）征思田，將行，德洪與汝中論學，於天泉橋有此一段師生問答之內容。「天泉證道」所論，即是陽明辨析「四有句」與「四無句」的異同，並闡述利鈍根器雖有別，殊途實可同歸之旨。
2. 此番談話，見載於《傳習錄》卷下、《緒山陽明年譜》，又見於《龍溪集天泉證道紀》，翌年七月陽明卒，故此四句教可視為是陽明的晚年定論。

二　四有句與四無句之分判

	四有句	四無句
內容	無善無惡心之體 有善有惡意之動 知善知惡是良知 為善去惡是格物	心是無善無惡的心 意是無善無惡的意 知是無善無惡的知 物是無善無惡的物
提出者	王陽明（提出） 錢德洪（不敢改易一字）	王龍溪

	四有句	四無句
陽明分判二說	德洪之見，為其次立法： 1. 鈍根之人，習性障蔽本體。 2. 順從意念上落實為善去惡的工夫。 3. 渣滓去盡，本體亦明盡了。	汝中之見，是接利根人： 1. 利根之人，直從本原悟入；一悟本體，即是工夫，內外一時齊透。 2. 人心本體原是明瑩無滯，故無須論其善惡之分立對峙。
提點	1. 汝中須用德洪工夫，德洪須透汝中本體。 2. 二君之見，正好相資，不可偏執一邊。 3. 陽明特別提點學子： （1）利根之人，世亦難遇，本體工夫一悟盡透，此顏子、明道所不敢承擔，豈可輕易望人？ （2）人有習心，不教他在良知上實用為善去惡工夫，只去懸空講個本體，一切事為俱不著實，不過養成個虛寂。此病不是小小的，不可不早說破。	
流弊	陽明後學流於虛寂空談，束書不觀之弊，早在陽明意料之中，即使提早說破也無法補偏救弊。陽明本人有百死千難的際遇，早已在生命實落處用功琢磨累積，而其他後學則無相應之生命努力，最後終不免流於當境界空話而夸夸其談了。	

柒　評述

一、黃宗羲論陽明的學問宗旨

先生憫宋儒之後學者，以知識為知，謂「人心之所有者不過明覺，而理為天地萬物之所公共，故必窮盡天地萬物之理，然後吾心之明覺與之渾合而無間。」說是無內外，其實全靠外來聞見以

填補其靈明者也。先生以聖人之學，心學也。心即理也，故於致知格物之訓，不得不言「致吾心之天理於事事物物，則事事物物皆得其理」。夫以知識為知，則輕浮而不實，故必以力行為工夫。良知感應神速，無有等待。本心之明，即知；不欺本心之明，即行也。不得不言「知行合一」。此其立言之大旨，不出於是。(《明儒學案‧姚江學案》卷十)

二、王船山嚴厲批評陽明之學

1. 姚江王氏陽儒陰釋，誣聖之邪說。(《張子正蒙注‧序論》)

2. 密室傳心之法，乃玄禪兩家自欺欺人事，學者未能揀別所聞之邪正。且於此分曉，早已除一分邪惑矣。王龍溪、錢緒山天泉證道一事，乃摹倣慧能、神秀而為之。其「無善無惡」之四句，即「身是菩提樹」四句轉語。(《俟解》)

第卅二章
明末清初思想概述

綱要

一、重知識

二、重經驗、重力行

三、反專制

四、重商、重功利

第卅二章
明末清初思想概述

壹　明末清初思想興起的概況

一　啟蒙期——對宋明理學的反動與復古

梁啟超在《清代學術概論》[1]中，將明清之際的思潮，類比於歐洲的文藝復興，他從「文藝復興以反動而復古的精神」觀察清初的思潮，將此期稱為啟蒙期；並從代表人物、思想興起及發展趨勢三方面論述此期特色：

1. 代表人物與貢獻——此期之復古，可謂由明以復於宋，且漸復於漢唐：

（1）啟蒙期運動之代表人物：顧炎武、胡渭、閻若璩。其時正值晚明王學盛極而蔽之後，學者習於「束書不觀，遊談無根」，理學家不復能繫社會之信仰。顧炎武等乃起而矯之，大倡「捨經學無理學」，教學者擺脫宋明儒之羈勒，直接反求之於古經。閻若璩辨偽經，喚起「求真」觀念，渭攻「河洛」，掃架空之說，於是清學之規模確立。

（2）顏元、李塨重力行的實踐學派：除顏李一派中絕外，其餘皆有傳於後。

---

1 梁氏全書分清代發展為四期：啟蒙期、全盛期、蛻分期、衰落期。詳見梁啟超：《清代學術概論》。但因本書《中國思想史概論》之取材時間及人物僅至全盛期戴震而止，未及於以後兩期，故蛻分期、衰落期略而不論。

（3）黃宗羲、萬斯同一派：以史學為根據，而推之於當世之務。

（4）王錫闡、梅文鼎一派：專治天算，開自然科學之端。這幾派學者研究學問的方法，皆與明儒有根本差異。

2. 思想多元而蓬勃發展之因：

（1）承明學極空疏之後，人心厭倦，相率返於沈實。

（2）經改朝換代大亂後，社會比較安寧，故人得有餘裕以自屬於學。

（3）異族入主中夏，有志節者恥不事異族；故刊落聲華，專集精力以治樸學。

（4）舊學派權威既墜，新學派系統未成，無「定於一尊」之弊，故自由研究之精神特盛。

3. 思想研究的趨勢：

（1）因矯晚明不學之弊，乃勸讀古書，愈讀而愈覺求真解之不易，則先求諸訓詁名物典章制度等等，於是考證一派出。

空談臆斷，考證必疎，於是博雅之儒引古義以抵其隙，國初諸家，其學徵實不誣，及其弊也瑣。（《四庫全書總目‧經部總敘》卷一）

（2）自明末，利瑪竇等輸入西學到中國，學問研究方法受到外來的影響而變化；最初影響到天文曆算學者，後來則漸漸普及並應用於其他學術領域。

（3）學風既由空返實，於是有從書上求實者，有從事上求實者；南人明敏有條理，故向著作方面發展；北人樸實堅卓，故向力行方面發展。

二　全盛時期──考據學是正統派

　　繼清初啟蒙思想後為全盛時期，此時前期各學派皆已衰落或中絕，惟考據學獨盛，而為正統派。

1. 其他學派或衰或絕

　（1）顏李之力行派，陳義甚高。顏元之教，有墨子的精神，然在此現實界而惟恃其單純嚴冷的道德義務觀念，教人犧牲一切享樂，難以成為天下之達道，故後繼無人。

　（2）當時「經世學派」曾經興起，由於明末諸大師仍志存匡復明室，諸大師始終不為清廷所用。其後文字獄頻興，學者漸惴惴難以自保，凡學術之觸時諱者，不敢講習。後清潮時局已定，復明無望，此派即衰。

2. 考據學獨盛之因：

　（1）研究方法精良：中國積數千年文明，眾古籍實有研究之價值，如蘊藏豐富的金礦等待開採研究，以整理琢磨出其中的學術精華。故考據研究法一開，學者既感其有味，又感其必要，愈析而愈密，愈濬而愈深，考據學遂靡然成風。

　（2）大師輩出：清代考證學，顧閻胡惠戴諸師，實闢出一新途徑，供後人共循；賢者識大，不賢識小，皆可勉焉。此學派在當時是大有開拓餘地的學術領域，凡加入者，只要能忠實研究，或大或小都能有所成就，所以在各學派中一枝獨秀。此期此派的有力人士甚多，皆互相師友，成黨結派的「群眾化」力量，更推動其勢。

3. 考據學的客觀研究方法，為何未能成為發展科學的助力？

　（1）凡一學術之興，一方面須有相當之歷史，一方面又須乘特殊之機運，我國數千年學術，皆集中社會方面，於自然界方面

素不措意，此無庸為諱也，而當時又無特別動機，能促使學者精力轉向於此。

（2）當考證新學派初興，可開拓之領域太多；才智之士正趨焉，自不能分力於他途。天算者，經史中所固有也，故能以附庸之資格，連帶發達。至於自然科學方面，無人有心於此。

貳　學術思想的內在演變

一　經世致用——明清思想的總趨向

1. 天崩地解與亡國遺民：明末清初，清兵入關（西元1644年），這一年，梨洲三十四歲，亭林三十二歲，船山二十六歲，逢「天崩地解」[2]之時，正值諸大儒思想及人格由醞釀進入成熟期的階段，對成為亡國遺民自深有所痛所憾，故致力思索儒者如何能明道救世？「經世致用」遂成為此期最重要的主導觀念。

2. 代表人物：清初三大家[3]

　（1）梨洲之學本於陽明、蕺山，但特別留意經史以收攝心學體系，重建經世之學的宏觀，並著《明夷待訪錄》以落實其經世精神。

　（2）亭林自述君子之為學，旨在「明道救世」：「君子之為學也，

2　黃宗羲把明朝滅亡比擬為「天崩地解」，他說：「天崩地解，落然無與吾事，猶且說同道異，自附於所謂道學者，豈非逃之者之愈巧乎？」（〈留別海昌同學序〉，《南雷文定前集》卷一）

3　明清之際值得闡述者眾，除清初三大家之外，其他如顏（元）李（塨）學派，方以智等其學術均卓有特色，但因筆者時間及心力所圍，僅取清初三大家為代表而不及其他。以下各種學術發展之論述析例，亦皆以三大家為例；遺珠疏漏，勢不可避。

非利己而已也。有明道淑世之心，有撥亂反正之事，知天下之勢之何以流極而至於此，則思起而有以救之。」（《亭林餘集·與潘次耕札》）在思想方面，他提出博學於文、行己有恥等落實的人格要求，並作《日知錄》、《天下郡國利病書》等，提出經世致用的具體主張。

（3）王船山重視以史學研究作為治世的參考，有《讀通鑑論》、《宋論》等寓志之作。並有「六經責我開生面」的大願，著有《讀四書大全說》，及有關《周易》、《尚書》等書，著述宏富，致力於通經致用的研究。

3. 對晚明學風的檢討：諸大儒由於亡國之痛，因此對晚明學風「清談誤國」有嚴厲的批判，而立「經世致用」之志。清初三大家一面提倡「經世致用」之學，另一方面批評過偏的「宋明理學」，並同時對宋明理學予以調和，希望能提供一套足供「明道救世」的理論依據。因此提倡「經世致用」與「批判宋明理學」可說是一體兩面，同時互成的。

4. 對「通經致用」模式的反省：由於時代變局的衝擊，及對學風荒疏的檢討，「經世致用」遂成為明清之際最重要的核心觀念。然受限於儒家由內聖通向外王的政治模式，及通經方能致用的文化思維，使諸大儒在面對時代變局時，仍然脫離不了回返儒家經典，尋找解決問題的根據的固有途徑。尊經史、尊傳統，雖然是士人應有的文化態度，但「時移事異」，儒家經典是否的確具備夠完整的應變治世之道？暢明經義是否就真能致用以解決千瘡百孔的現實問題？這些傳統士人所關注的應變之道，實值得重新檢討與評價。

二　對宋明理學的批評與調和

1. 對王學的批評

　（1）批評王學末流的空疏玄虛及逃於禪：

　　①其中以亭林最是激烈，他罵陽明致良知之說是「以一人而易天下，其流風至於百有餘年之久者。」（《日知錄・朱子晚年定論》卷十八）終導致清談孔孟而誤國。

　　②王船山就朱熹「格物致知」中的「一旦豁然貫通」，指責其說近於釋氏頓悟之說，而對陸王批評亦厲：「自異端有直指明心見性之說，而陸子靜、王伯安附之，陷而必窮，動之不善宜矣。」（《周易內傳》卷四）

　　③梨洲對宋明理學的態度比較接近反省與重整，而不只是批判與否定。他編著《明儒學案》與《宋元學案》，以冷靜的學術整理、反省並思考如何補偏救弊，遂強調尊經史之重要性。梨洲為陽明之後傳門人，但他對「四句教」的本旨與流弊，也同樣有所反省。

　（2）諸大儒對於儒學轉向「用心於內」的工夫多批評其近佛老。由思想史的角度可發現，宋明儒為排佛老而「入室操戈」，企圖從佛老的宇宙論與習用術語入手，轉換其意涵而使其義重回儒家道德價值系統的涵攝，然而此一手法究竟是能有效釐清儒釋本質之不同？抑是落入「陽儒陰釋」的流沙坑裡？其次，全力開發心性工夫的內聖之學，是否真能有效保證外王理想的經世能力？最後，在不斷作內聖工夫的生命歷程中，凡是注重事功（如南宋陳亮、葉適）或力行實踐的學者（如顏元、李塨），無不注意到若陷入無止無盡的內聖歷程，事實上已壓縮掉外王經世的活動時間與能量了。因此，

心性工夫與經世事業如何平衡實踐？這些都是此期學者思索的重點。

2. 對朱陸之學的調和：從二元論的分立走向一元論的整合

（1）重氣重器：此期思想的重點已從傳統重形上／形下二分，且以形上為先、為優的觀念，轉成重視一元論的立場。傳統舊說往往將「道」、「理」視為是超越的、形上的，是形下現象界一切之所以「可能」的最高根據。到此期則將道／氣、理／氣、道／器等二分的觀念，統攝於一體的隱顯存用之中；意即將道、理等原理視為是器的內在理則，隱而發揮其原理力量；但道、理等絕不能離器或氣而獨立存在，遂轉而重視客觀實在的萬有之器的氣化活動。

（2）理欲合一觀：

①此期人性論的重點，一方面在批評宋明儒對義理之性／氣質之性的二分對立說，終至流於禮教束縛並傷害到正常人性，另一方面在反省並重建一元論的人性論，將「自然本能之欲」與「道德義理之善」，同時視為是人性所應有的完整內涵，惟有「理欲合一」才是健康而整全的人性論。

②重視由人生的實踐工夫以體現人性的力量，努力擺落標榜空談的道德。如亭林重視在日用人倫間的行動實踐皆應「行己有恥」，並應有「博學於文」的下學，以篤實體證道德人格的上達。王船山「習與性成」強調動態的「命日生、性日成」，人不必擔憂道德力量枯竭，應重視的是如何透過學習與實踐，使這些源源不竭的力量獲得最完滿的踐成。

叁 學術思想的外在發展

由於對宋明理學的批判與明經救世的時代使命感，促使明清之際的學者在對傳統學術的突圍過程中，也有許多新課題的開展，或方法論的心得收穫；唐君毅[4]提到：「從明末到現代，中國思想逐漸由著重人生的精神價值的新價值的新儒家精神中游離出來，轉為對社會、功利、技術與人生的自然層面的價值的重視。」

一 重知識

此期儒者有鑑於束書不觀及游心於內的弊病，故其治學無不強調知識累積及生活實踐的重要，因此重知識是此期學者普遍的特色。

1. 梨洲認為「讀書不多，無以證斯理之變化」。他反對明人濫襲語錄糟粕而講學，也反對理學家以格物致知而將學問割裂，終致「析之者愈精，而逃之者愈巧」（《南雷文定前集·留別海昌同學序》卷一）的弊病。

2. 亭林直呼「博學於文」。

3. 王船山亦強調：「多聞而擇，多見而識，乃以啟發其心思而會歸於一，又非徒恃存神而置格物窮理之學也。」（《張子正蒙注·大心篇》卷四）又「見聞不足以累其心，而適為護心之助。」都強調了知識的重要與必要。

4　唐君毅：《中國人的心靈》（臺北市：聯經出版公司，1984年2月），頁184。

二　重經驗、重力行

此期學者對經驗及力行的重視，主要是從對「知行問題」的思考而來，確立了力行實踐比空談靜態的境界重要的立場。

1. 黃梨洲雖是心學基柢，但他對陽明「致良知」的闡釋，特別著重在「致」字。

致之於事物，致字即是行字，以救空空窮理，只在知上討個分曉之非。（《明儒學案・姚江學案》卷十）

2. 王船山主張「行先知後」，他認為知難行易，所以要先易後難，以免才力不濟而半途中廢。再者，「知」必須由「行」才能貫徹知的價值；徒然「知」非實然「行」，亦無法得到「知」所說的具體效果。可知此期學者不贊成脫離客觀的實際事物而談知，反對紙上談兵的知，他們重經驗、重力行，強調「知行」合一的具體實踐效果。

三　反專制

明代專制集權可謂是歷代最烈，知識份子受此禍害亦最深。亡國遺民一方面反省國之所以亡，必然對專制而致亡國深有所歎，因此紛紛有反專制、重民本的思想，其中又以《明夷待訪錄》為最精彩的代表作。書中重新定位君臣的本質及互動，同時呼籲人臣不應行「妾婦之順」，君臣乃是分工合作的關係，而不應如主僕般的唯命是從。另外，如亭林對體制的檢討，建議「寓封建於郡縣」。

四 重商、重功利

自孔孟倡義利之辨，又經歷漢代行重農抑商政策後，中國知識份子對商業活動的價值，一直不能予以相應的了解與肯定。到此期學者由於對各種客觀形勢的了解，對與民生息息相關的商業活動較能有所肯定。

1. 如亭林本身即善理財，對興利生財與教化的關係，也有了解。

使民興孝興弟，莫急於生財。(《日知錄·未有上好仁而下不好義者也》卷六)

今天下之大患，莫大於貧，用吾之說，則五年而小康，十年而大富。(《亭林文集·郡縣論六》卷一)

2. 梨洲肯定工商皆是民生經濟之本，不宜側重或偏廢。

世儒不察，以工商為末，妄議抑之；夫工固聖王之所欲來，商又使其願出於途者，蓋皆本也。(《民夷待訪錄·財計三》)

3. 至於王船山個人雖不欣賞商賈之流的人格，但他對巨賈富商對於國家經濟的影響，也不得不有正面的肯定。

卒有旱潦，長吏請蠲賑，卒不得報，稍需日月，道殣相望。而懷百錢、挾空券、要豪右之門，則晨戶叩而夕炊舉矣，故大賈富民者，國之司命也。(《黃書·大正第六》)

第卅三章

顧炎武
——清初三大家

綱要

第卅三章
顧炎武
——清初三大家

生平

一、姓名：顧炎武

二、時代：生於明神宗萬曆四十一年（西元1613年），卒於清聖祖康熙二十一年（西元1682年），享年七十歲。

三、傳略：顧炎武，原名絳，字寧人，明亡後改名炎武，或自署「蔣山傭」，學者稱亭林先生，世為江東望族，江蘇崑山人。亭林由其母王氏撫養成人，其母王氏曾許顧家子弟同吉婚約，後因同吉早逝，王氏誓守望門寡，顧家感其意，遂將亭林過繼與王氏撫養，性至孝。明亡，其母絕食卒，遺言勿事異朝，亭林恪遵，終身未出仕清廷。曾與歸莊等人起兵抗清，事敗後，遠遊四方，考天下金石、地理、經濟之學，主張「經世致用」。所至皆自墾為生，其甥徐乾學時任禮部尚書，多次延之入朝，皆不就。晚年寓居陝西華陰，清廷開博學鴻詞科，朝臣皆爭薦之，亭林以死自誓，遂不就，後卒於華陰。亭林之學，一掃明末王學末流束書不觀之弊，皆由履踐實學，考索群書而來，以為欲明聖道，當從小學始。

四、著作：計有《日知錄》、《天下郡國利病書》、《音學五書》、《金石文字記》等。

壹 對宋明儒學（宋明理學）的批評

一 清談誤國

亭林認為宋明心學高談明心見性之空言，而忽略修己治人之實學，學風因而虛荒，國政敗壞，明代終因清談誤國而亡。

五胡亂華，本於清談之流禍，人人知之。孰知今日之清談，有甚於前代者。昔之清談談老莊，今之清談談孔孟，未得其精而已遺其粗，未究其本而先辭其末。不習六藝之文，不考百王之典，不綜當代之務，舉夫子論學、論政之大端一切不問，而曰：「一貫」，曰：「無言」。以明心見性之空言，代修己治人之實學。股肱惰而萬事荒，爪牙亡而四國亂，神州蕩覆，宗廟丘墟。（《日知錄・夫子之言性與天道》卷七）

二 對宋明理學的反動

1. 宋明清談的對象是孔孟之學，但亭林指明孔子對於性命天道並未多言，孔門只以博學有恥的平易可循之道教人。

竊歎夫百餘年以來之為學者，往往言心言性，而茫乎不得其解也。命與仁，夫子之所罕言也。性與天道，子貢之所未得聞也。性命之理，著之《易傳》，未嘗數以語人。其答問士也，則曰：「行己有恥」；其為學，則曰：「好古敏求」；其與門弟子言，舉堯舜相傳所謂危微精一之說，一切不道，而但曰：「允執其中，

四海困窮，天祿永終。」嗚呼！聖人之所以為學者，何其平易而可循也！（《亭林文集‧與友人論學書》卷三）

2. 批評王陽明「致良知」之說：亭林嚴厲檢討晚明學風之衰敗，係源於陽明以「致良知」之心性空說，移易一時代之學風，致士人無本又無恥。

3. 梁啟超說：「當此反動期而從事於『黎明運動』者，則崑山顧炎武其第一人也。炎武對於晚明學風，首施猛烈之攻擊，而歸罪於王守仁。」（《清代學術概論》四）

以一人而易天下，其流風至於百有餘年之久者，古有之矣。王夷甫之清談，王介甫之新說，其在於今，則王伯安之良知是也。（《日知錄‧朱子晚年定論》卷十八）

蓋自弘治、正德之際，天下之士厭常喜新，風氣之變，已有所自來。而文成以絕世之資，倡其新說，鼓動海內。嘉靖以後，從王氏而詆朱子者，始接踵於人間。而王尚書（世貞）發策謂「今之學者，偶有所窺，則欲盡廢先儒之說而出其上；不學，則借一貫之言以文其陋；無行，則逃之性命之鄉，以使人不可詰。」此三言者，盡當日之情事矣。故王門高弟為泰州（王艮）、龍溪（王畿）二人。泰州之學，一傳而為顏山農（鈞），再傳而為羅近溪（汝芳）、趙大洲（貞吉）。龍溪之學，一傳而為何心隱（本名梁汝元），再傳而為李卓吾（贄）、陶石簣（望齡）。昔范武子之論王弼、何晏二人之罪深於桀、紂，以為一世之患輕，歷代之害重，自喪之惡小，迷眾之罪大。（《日知錄‧朱子晚年定論》卷十八）

4. 批評明儒是無本之人講空虛之學：亭林批評明儒，尤其是陽明心學派的末流，高談虛玄之理，盡廢先儒之說，高談性命虛空之語，終使學者成為「無本之人」，而無經世應事的能力。他反對向內的、主觀的心性道德之學，而重視向外的、客觀的知識與具體的實踐。

嗚呼！士而不先言恥，則為無本之人；非好古而多聞，則為空虛之學。以無本之人而講空虛之學，吾見其日從事於聖人而去之彌遠也。(《亭林文集‧與友人論學書》卷三）

三 對語錄的批評

亭林溯源陽明心學至於程門之傳（此「程門」當指大程，明道先生），至象山「收拾精神，掃去階級」則已近禪宗，離儒家內聖外王之路漸遠，至陽明及其後學則更是虛空無力。

今之言學者，必求諸語錄。語錄之書，始于二程，前此未有也。今之語錄，幾於充棟矣，而淫於禪學者實多，然其說蓋出於程門。……象山則自立一說，以排千五百年之學者；而其所謂收拾精神，掃去階級，亦無非禪之宗旨矣。後之說者遞相演述，大抵不出乎此。而其術愈深，其言愈巧，無復象山崖異之迹，而示人以易信。苟讀此編，則知其說固源於宋之三家也。(《亭林文集‧下學指南序》卷六）

四　肯定程、朱道問學的工夫

亭林對宋明儒學及明代學風批評雖屬，惟伊川、朱熹一系道問學的泛覽博觀工夫，因與亭林博學有恥的理念較近，所以較受亭林肯定。

惟絕學首明於伊洛，而微言大闡於考亭；不徒羽翼聖功，亦乃發揮王道。啟百世之先覺，集諸儒之大成。（《亭林文集・華陰縣朱子祠堂上梁文》卷五）

五　對《孟子》的質疑

1. 強為孟子之義曲說：亭林對於陽明心學既然批評如此之激，則其對於心學精神所本的《孟子》亦不能無疑。他曾為孟子的「求其放心而已矣」的內省路線，與孔子「學思並進」的主張，感到扞格不入。卻又因尊敬孔孟聖人，而強為孟子之義曲說，謂孟子要人先「求放心」而後再「做學問」。

2. 「學問」之定義不同：亭林遂將孟子的「學問之道無他，求其放心而已矣」拆解成兩階段，然實與孟子本義有所違異。此誤解實導因於兩人所謂的「學問」所指其實不同。孟子所指是生命的成德學問，所以強調要回扣本心的省覺發用。亭林則認為道德工夫，豈能離開知識的活動？其實亭林的質疑，一直是儒學所存在的工夫先後本末的爭議。例如，先秦孟子重「盡心」、荀子重「積學」；又如宋儒陸象山之「尊德性」與朱熹之「道問學」的工夫歧異之爭。孟子及其後之孟子系的學者，主張道德本心具有自我主宰的動力及省覺力，此一力量乃生命與生所俱，本質上並

不需知識的支持。知識可能是輔助性的提點，但並非第一序位的動力根源。荀子及其後之強調外在知識、經驗等累積之必要性的學者，往往對孟子之說感到流於高談闊論而不踏實。不同生命型態的人對彼此的成德工夫既不甚相知，亦難以互相信任。

（孟子曰）「學問之道無他，求其放心而已矣。」然則但求放心，可不必於學問乎？與孔子之言「吾嘗終日不食，終夜不寢，以思，無益，不如學也者。」何其不同耶？他日又曰：「君子以仁存心，以禮存心。」是所存者，非空虛之心也。夫仁與禮，未有不學問而能明者也。孟子之意蓋曰：能求放心，然後可以學問。（《日知錄・求其放心》卷七）

貳　經學即理學──明道以救世

一　經學即理學

亭林認為真正的理學應是「經學」，即古之五經之學，而宋明的理學，捨棄孔子的語錄《論語》，卻別採後儒空談心性的語錄，然其內容實已近於禪學。

然愚獨以為「理學」之名，自宋人始有之。古之所謂理學，經學也，非數十年不能通也。……今之所謂理學，禪學也，不取之五經而但資之語錄，校諸帖括之文而尤易也。又曰：「《論語》，聖人之語錄也。」舍聖人之語錄而從事於後儒，此之謂不知本矣。（《亭林文集・與施愚山書》卷三）

晚益篤志六經，謂古今安得別有所謂理學者，經學即理學也。自
有舍經學以言理學者，而邪說以起。（全祖望，《鮚埼亭集·亭林
先生神道表》卷十二）

二　明經救世

亭林為矯宋明學風之弊，乃力倡經學即理學，激勵學者要能擺落
宋明儒以來的心性空談，而直接反求於五經。他尊經的目的在救
世，亦即他認為孔子刪述六經的用心，乃在明「伊尹、太公救民
於水火之心」。由於通經致用的強烈宗旨，使亭林不遺餘力地要
學者以經學之道救世。此一主張既帶動了清初對宋明理學的反動
思潮，也提出了返求於五經的復古路線。

孔子之刪述六經，即伊尹、太公救民於水火之心，而今之注蟲
魚、命草木者，皆不足以語此也。故曰：「載之空言，不如見諸
行事。」……愚不揣，有見於此，故凡文之不關於六經之旨，當
世之務者，一切不為。（《亭林文集·與人書三》卷四）

三　明經以救世的檢討

亭林為救世而反矯心學之弊，故而積極提倡重視經籍及典章制度
之五經知識，希望以經典的學問作為社會改革的致用方針。然而
時移世異，五經的學問，是否仍能在二千年後發揮救世之用，則
有待商榷。

叁 聖人之道乃在「博學於文」、「行己有恥」

一 博學於文

亭林標舉「博學於文」為做學問的方法,「行己有恥」為做人的方法。他呼籲學者要能通經致用,要通經則務須博學於文。然明清時去五經原版為時已久,兼之宋儒治經好以己意疑經、改經,各版本之錯簡、訛誤均多。各版本又經過大量的印刷流傳,故博學必須兼採博證核校的方法,才能暢明經典之原義,以通救世之用。在《四庫全書‧日知錄提要》中就指出了亭林此一旁徵博證的特色:「炎武學有本源,博贍而能貫通,每一事必詳其始末,參以佐證,而後筆之於書,故引據浩繁,而牴牾者少。」

二 行己有恥

1. 行己有恥:宋明學者高談心性道德之學,初期一些學者尚有厚實的學養,生命也經歷過各種承擔或考驗,所以尚能體現「內聖」堅韌的生命力量。至於末流,則往往濫唱高調以博取虛名,行為舉止卻肆無忌憚。尤其晚明政治險暗,士人浮誇無志節者尤甚,亡國之際卻又厚顏鮮恥以爭事新朝權貴,亭林於此痛心陳言:「士大夫之無恥,是謂國恥」,因此他呼籲士人應樹立起堅強有恥的骨氣,以抵抗亂世的惡勢力。

   《五代史‧馮道傳論》曰:「『禮義廉恥,國之四維。四維不張,國乃滅亡。』善乎,管生之能言也!禮義,治人之大法;廉恥,

立人之大節。蓋不廉則無所不取，不恥則無所不為。」……然而四者之中，恥尤為要。故夫子之論士，曰：「行己有恥。」孟子曰：「人不可以無恥。無恥之恥，無恥矣。」又曰：「恥之於人大矣！為機變之巧者，無所用恥焉。」所以然者，人之不廉而至於悖禮犯義，其原皆生於無恥也。故士大夫之無恥，是謂國恥。（《日知錄・廉恥》卷十三）

2. 勞思光評亭林論「恥」：亭林重視「行己有恥」，他指出人之一切道德生活上之過惡，皆視為由「無恥」而致。勞思光認為亭林若以此作為一種日常格言，固無不可；但若作為一理論看，則以「恥」為最根本之德性，殊欠理據。可見亭林談德性問題，原只是在常識層面上提醒，對有關道德哲學之理論則尚無深入了解。

愚所謂聖人之道者如之何？曰：博學於文，曰：行己有恥。自一身以至於天下國家，皆學之事也。自子臣弟友以至出入、往來，辭受、取與之間，皆有恥之事也。恥之於人大矣，不恥惡衣惡食，而恥匹夫匹婦之不被其澤，故曰：「萬物皆備於我矣，反身而誠。」（《亭林文集・與友人論學書》卷三）

三　篤志經史

亭林鼓勵人應讀五經，通史鑑。治經是為了明道，明道才能救世，這是亭林在《日知錄》中自陳的畢生志業。他著書的宗旨乃在：「啟多聞於來者，待一治於後王。」（《亭林文集・與人書二十五》卷四）

君子之為學，以明道也，以救世也，徒以詩文而已，所謂雕蟲篆
刻，亦何益哉！某自五十以後，篤志經史，其於音學，深有所
得，今為《五書》，以續三百篇以來久絕之傳。而別著《日知
錄》，上篇經術，中篇治道，下篇博聞，共三十餘卷。有王者
起，將以見諸行事，以躋斯世於治古之隆，而未敢為今人道也。
（《亭林文集‧與人書二十五》卷四）

肆　政治思想——寓封建於郡縣

一　封建與郡縣各自的得失

封建之失、其專在下；郡縣之失，其專在上：亭林檢討封建制與
郡縣制各自的利弊得失，指出封建制的缺點在於諸侯專權，郡縣
制的缺點則在於君主專權。

二　寓封建於郡縣

針對封建之缺失，應採行郡縣制以補救之。但君主應同時重視地
方分權的需要與必要，使郡縣有充分的生財、治人之權，及其他
各種行政權力的授權，如此才能兼得封建與郡縣之長。

知封建之所以變而為郡縣，則知郡縣之敝而將復變。然則將復變
而為封建乎？曰：不能。有聖人起，寓封建之意（指分權）於郡
縣之中，而天下治矣。……封建之失，其專在下；郡縣之失，其
專在上。古之聖人，以公心待天下之人，胙之土而分之國。今之

君人者，盡四海之內為我郡縣，猶不足也，人人而疑之，事事而
制之，科條文簿日多於一日，而又設之監司，設之督撫，以為如
此，守令不得以殘害其民矣。不知有司之官，凜凜焉救過之不
給，以得代為幸，而無肯為其民興一日之利者，民烏得而不窮，
國烏得而不弱？……然則尊令長之秩，而予之以生財治人之權，
罷監司之任，設世官之獎，行辟屬之法，所謂寓封建之意於郡縣
之中，而二千年以來之敝可以復振。(《亭林文集‧郡縣論一》卷
一)

伍　評述

梁啟超評述亭林在清代學界之特別地位及貢獻如下：

1. 開務實學風：排斥理氣、性理之玄談，專從客觀方面務實考察事
務條理。
2. 開治學方法：勤蒐資料並綜合研究、參驗平日聞見以求實證，虛
心改訂不護前失等。
3. 開學術門類：如參證經訓史蹟，講求音韻，述說地理，精研金石
之類等皆是。
4. 重視經世致用之學：後因政治環境壓迫，此精神到晚清才獲得重
視與發展。[1]

1　梁啟超：《中國近三百年學術史》(臺北市：里仁書局，1995年)。

第卅四章

黃宗羲

——清初三大家

綱要

第卅四章
黃宗羲
——清初三大家

生平

一、姓名：黃宗羲

二、時代：生於明神宗萬曆三十八年（西元1610年），卒於清聖祖康熙三十四年（西元1695年），享年八十六歲。

三、傳略：黃宗羲，字太沖，浙江餘姚人，學者稱其為梨洲先生，父黃尊素，東林黨人，因忤魏忠賢而遇害，遺命宗羲師事劉宗周（蕺山），此對宗羲後來「由智達德」的理路影響深遠。明亡，劉宗周絕食而卒，梨州開始十三年的抗清生涯，歷佐魯王於福建、舟山，事敗後退而著述講學。梨州五十八歲時，恢復當年蕺山講學的證人書院，後又在海昌北寺及寧波延震寺等地講授《易經》、《三禮》，門人極盛，高足有萬斯大、萬斯同兄弟，期間又與顧炎武（亭林）、呂留良（晚村）等人往來。康熙十七年（西元1678年），詔以博學鴻儒，力辭不就，翌年，《明史》館開，館臣張廷玉、徐元文等又力薦之，以病辭，但使其子黃百家及弟子萬斯同兄弟等參修。宗羲治學勤甚，至八十耄老仍著書不輟。後人將他與顧炎武、王夫之並稱為清初三大家。清儒章學誠云：「梨洲黃氏，出蕺山劉氏之門，而開萬氏兄弟經史之學，以至全氏祖望輩，尚存其意。」（《文史通義‧浙東學術》）

四、著作：宗羲雖以心學出發，但其重知的傾向極為明顯，著作的範
　　圍從曆算到學術史都有，其著者有《易學象術論》六卷、《明儒
　　學案》[1]六十卷、《宋元學案》一百卷（未竟，由全祖望補定）、
　　《明夷待訪錄》一卷，《明史案》二百四十四卷等。

1　梁啟超在《中國近三百年學術史》中指出：「中國有完善的學術史，自梨洲之著學
　　案始。著學術史有四個必要條件：第一，敘一個時代的學術，須把那個時代重要各
　　學派全數網羅，不可以愛憎為去取。第二，敘某家學說，須將其特點提挈出來，令
　　讀者有很明晰的觀念。第三，要忠實傳寫各家真相，勿以主觀上下其手。第四，要
　　把各人的時代和他一生經歷大概敘述，看出那人的全人格。梨洲的《明儒學案》，
　　總算具備這四個條件。」梁啟超：《中國近三百年學術史》，頁72-73。

壹　由智達德——《明儒學案》的思想

王學從晚明至清初的演變，梁啟超提到：「王學在萬曆、天啟間，幾已與禪宗打成一片。東林領袖顧涇陽（憲成）、高景逸（攀龍）提倡格物，以救空談之弊，算是第一次修正。劉蕺山（宗周）晚出，提倡慎獨，以救放縱之弊，算是第二次修正。明、清嬗代之際，王門之下唯蕺山一派獨盛，學風已漸趨健實。清初講學大師，中州有孫夏峰，關中有李二曲，東南則黃梨洲。……所講之學，大端皆宗陽明，而各有修正。……梨洲為清代浙東學派之開創者，其派復衍為二：一為史學，二即王學。」（《中國近三百年學術史‧王陽明學派之餘波及其修正》）

一　盈天地皆心

黃宗羲表現了陸王心學尊德性的立場，指出「理」不外於「心」而自存，反對以「理」為存有，而以心為觀理的能力的看法。贊同王學「盈天地皆心」的本旨，而窮理是「窮此心之萬殊」，所以說工夫所至，即其本體。

盈天地皆心也，變化不測，不能不萬殊。心無本體，工夫所至，即其本體。故窮理者，窮此心之萬殊，非窮萬物之萬殊也。（《明儒學案‧原序》）

二 理在心──萬物皆備於我

黃宗羲繼受其師劉蕺山所傳的陽明心學，積極認定天地萬物皆備
於一心之中。他說：「理在心」，所以人心之理，就是天地萬物
之理。

孟子以為有我而後有天地萬物，以我之心區別天地萬物而為理，
苟此心之存，則此理自明，更不必沿門乞火也。(《孟子師說‧食
色性也章》卷六)

太虛中無處非氣，則亦無處非理。孟子言萬物皆備於我，言我與
天地萬物一氣流通，無有礙隔，故人心之理，即天地萬物之理，
非二也。……故曰：理在心，不在天地萬物，非謂天地萬物竟無
理也。(《明儒學案‧江右王門學案七》卷二十二)

三 經史並重

黃宗羲不受己身立場的侷限，為矯正心學末流的空疏，提出「經
史並重」的主張，以為經世之務的方向。

明人講學，襲語錄之糟粕，不以《六經》為根柢，束書而從事於
游談，故問學者必先窮經，經術所以經世，不為迂儒，必兼讀
史。(《清史稿‧黃宗羲傳》卷四百八十一)

貳　盈天地間一氣

一　氣即理

黃宗羲於《子劉子學言》中記載其師「盈天地間一氣」的觀點。劉蕺山（宗周）反對朱熹「理氣二分」的看法，但不反對「理一分殊」之說。

> 盈天地間一氣也，氣即理也。……故曰：「萬物統體一太極，物物各具一太極。」自太極之統體而言，蒼蒼之天亦物也，自太極之各具而言，林林之人，芸芸之物，各有一天也。（《子劉子學言》卷二）

二　造化只有一氣流行

黃宗羲的理氣觀不認為有任何離氣而獨立存在的理；天地間的造化都是一氣的流行而成，所謂「理」是氣流行不失的理則而已，理只是「氣之理」。

> 造化只有一氣流行，流行之不失其則者，即為主宰，非有一物以主宰夫流行。然流行無可用功體，當其不失則者而已矣。（《明儒學案・江右王門學案四》卷十九）
>
> 夫所謂理者，氣之流行而不失其則者也。太虛中無處非氣，則亦無處非理。（《明儒學案・江右王門學案七》卷二十二）

三　理氣合一

理氣、心性，皆是合一而不可二分，天人本於一心相合不隔。

> 夫在天為氣者，在人為心；在天為理者，在人為性。理氣如是，
> 則心性亦如是，決無異也。人受天之氣以生，祇有一心而
> 已。……豈理氣是理氣，心性是心性，二者分，天人遂不可相通
> 乎？（《明儒學案·諸儒學案中一》卷四十七）

叁　民本思想——《明夷待訪錄》

《民夷待訪錄》是黃宗羲的政治理想，內容包含對傳統政治制度
的批評，如〈原君〉、〈原臣〉、〈原法〉等。此外對〈田制〉、〈兵
制〉、〈財計〉等各種制度亦有建議，都有其獨到的價值。對政府組織
及知識學術與政治關係的檢討則有〈置相〉、〈學校〉等篇。

一　論「君」

1.君主職分：君主的職分本在於為天下人，興公利、除公害，必須
　較一般人勤勞千萬倍，以服務天下之人。

> 有生之初，人各自私也。人各自利也；天下有公利而莫或興之，
> 有公害而莫或除之。有人者出，不以一己之利為利，而使天下受
> 其利；不以一己之害為害，而使天下釋其害。此其人之勤勞，必
> 千萬於天下之人。（《明夷待訪錄·原君》）

2. 後代人君之弊：後之人君則混淆公私，假借「天下之大公」之
   名，剝削百姓以滿足君王之「大私」，進而壓榨天下百姓，離散
   天下之子女，以奉君王一人之淫樂；甚至將天下視為是自家的產
   業，傳之子孫，欲代代受享無窮。

   後之為人君者不然，以為天下利害之權皆出於我，我以天下之利
   盡歸於己，以天下之害盡歸於人，亦無不可。使天下之人不敢自
   私，不敢自利，以我之大私為天下之公。始而慚焉，久而安焉。
   視天下為莫大之產業，傳之子孫，受享無窮。(《明夷待訪錄‧原
   君》)
   其既得之也，敲剝天下之骨髓，離散天下之子女，以奉我一人之
   淫樂，視為當然，曰：「此我產業之花息也。」然則為天下之大
   害者，君而已矣！向使無君，人各得自私也，人各得自利也。嗚
   呼！豈設君之道固如是乎？(《明夷待訪錄‧原君》)

3. 「去獨夫」的主張：「君臣之義無所逃於天地之間」是迂腐小儒
   的陋見，實不足取；天地仁愛萬民，絕不會只偏私一人一姓的統
   治者。君主若是未盡興利除害的職分，則已先違「君臣之義」，
   故可行孟子「去獨夫」的主張。

   古者天下之人愛戴其君，比之如父，擬之如天，誠不為過也。今
   也天下之人，怨惡其君，視之如寇讎，名之為獨夫，固其所也。
   而小儒規規焉以君臣之義無所逃於天地之間，至桀、紂之暴，猶
   謂湯、武不當誅之，而妄傳伯夷、叔齊無稽之事。乃兆人萬姓崩
   潰之血肉，曾不異夫腐鼠！豈天地之大，於兆人萬姓之中，獨私
   其一人一姓乎？是故武王，聖人也；孟子之言，聖人之言也。後

世之君，欲以如父如天之空名，禁人之窺伺者，皆不便於其言，至廢孟子而不立，非導源於小儒乎？（《明夷待訪錄・原君》）

二 論「臣」

1. 評「事君之道」：黃宗羲對於所謂的事君之道，並不贊成完全順君意，盲目地為君犧牲即是忠臣的俗論。

有人焉，視於無形，聽於無聲，以事其君，可謂之臣乎？曰：否。殺其身以事其君，可謂之臣乎？曰？否。（《明夷待訪錄・原臣》）

2. 君臣是分工合作的關係：黃宗羲提出「臣道」，當以治天下為目的，而非以君王之僕役自居；臣與君是「分工合作」的關係，應當以天下之治亂為共同努力的目標。就「君道」而言，天下並非是君主一姓的「家天下」，亦絕非君主個人的私產。孟子引《詩經》云：「普天之下，莫非王土，率土之濱，莫非王臣。」（《孟子・萬章上》）是以君王責任範圍既廣且眾，期許君王擔當此重責大任，而非以所有權的觀念合理化君主的不當舉措。天下既是天下人的天下，「臣」當然不能只為「君」一人服務，而是「為天下人」而與君主分工合作。

夫治天下猶曳大木然，前者唱邪，後者唱許。君與臣，共曳木之人也；若手不執紼，足不履地，曳木者唯娛笑於曳木者之前，從曳木者以為良，而曳木之職荒矣。（《明夷待訪錄・原臣》）

三　論「法」

1. 三代以上之法：為處理人民生活的問題，而設立的一切制度。
   一家之法——非法之法：統治者為鞏固個人的權力利益而設的制度或規定。

   三代以上有法，三代以下無法。何以言之？二帝、三王，知天下之不可無養也，為之授田以耕之；知天下之不可無衣也，為之授地以桑麻之；知天下之不可無教也，為之學校以興之；為之婚姻之禮以防其淫；為之卒乘之賦以防其亂。此三代以上之法也，固未嘗為一己而立也。後之人主，既得天下，唯恐其祚命之不長也，子孫之不能保有也，思患於未然以為之法。然則其所謂法者，一家之法，而非天下之法也。是故秦變封建而為郡縣，以郡縣得私於我也；漢建庶孽，以其可以藩屏於我也；宋解方鎮之權，以方鎮之不利於我也。此其法何嘗有一毫為天下之心哉，而亦可謂之法乎？（《明夷待訪錄・原法》）

2. 非法之法：除政治制度的非法之法外，在傳統的君主制度下又有所謂的「祖宗之法」，黃宗羲認為凡是為皇室私利的立場所立之法，皆無可取。

   論者謂：一代有一代之法，子孫以法祖為孝。夫非法之法，前王不勝其利欲之私以創之，後王或不勝其利欲之私以壞之；壞之者固足以害天下，其創之者亦未始非害天下者也。乃必欲周旋於此膠彼漆之中，以博憲章之餘名，此俗儒之勸說也。（《明夷待訪錄・原法》）

3. 有治法而後有治人：若無公利之法，縱使有人才亦處處受限於許多「非法之法」，而難發揮興天下之利的效果；若有完備的公法，則雖非才能特出之人，亦可發揮法治的效力。

即論者謂有治人無治法，吾以謂有治法而後有治人。自非法之法桎梏天下人之手足，即有能治之人，終不勝其牽挽嫌疑之顧盼；有所設施，亦就其分之所得，安於苟簡，而不能有度外之功名。使先王之法而在，莫不有法外之意存乎其間。其人是也，則可以無不行之意；其人非也，亦不至深刻羅網，反害天下。故曰：有治法而後有治人。（《明夷待訪錄・原法》）

肆 評述

一、全祖望評梨洲為學旨趣

公謂明人講學，襲語錄之糟粕，不以《六經》為根柢，束書而從事於游談，故受業者必先窮經。經術所以經世，方不為迂儒之學，故兼令讀經史。又謂讀書不多，無以證斯理之變化；多而不求於心，則為俗學。故凡受公之教者，不墮講學之流弊。公以濂洛之統，綜會諸家：橫渠之禮教，康節之數學，東萊之文獻，艮齋、止齋之經制，水心之文章，莫不旁推交通，連珠合璧，自來儒林所未有也。（全祖望，《鮚埼亭集・梨洲先生神道碑文》卷十一）

二、梁啟超論顧、黃、王三大家特色

顧、黃、王、顏，同一「王學」之反動也，而其反動所趨之方向各不同。黃氏始終不非王學，但是正其末流之空疏而已。顧、王兩氏黜明存宋，而顧尊考證，王好名理。(《清代學術概論》)

王夫之
——清初三大家

綱要

第卅五章

王夫之
──清初三大家

生平

一、姓名：王夫之

二、時代：生於明神宗萬曆四十七年（西元1619年），卒於清聖祖康
熙三十一年（西元1692年），享年七十四歲。

三、傳略：王夫之，字而農，號薑齋，晚年居湘西石船山，學者又稱
船山先生。學無師承，嘗舉明崇禎朝舉人，夫之當明季大亂，曾
受屈於流寇、權臣之手，後值清軍入關，朱明蕩覆，王氏轉戰於
衡山、耒陽、桂林之間，唯明師屢挫，復明無望。遂於三十三歲
之年，隨地托跡，或改名易服，與傜人雜居，或逃入深山，寓於
僧寺，於顛沛流離中，退隱著述而不輟，題其堂辭曰：「六經責
我開生面，七尺從天乞活埋」。以明遺臣自處四十餘年，除與劉
獻廷、方密之相識外，與當時名士鮮有往來，其著述無聞於當
世。道、咸年間，鄧顯鶴收編其著作書目。曾國荃刊刻《船山遺
書》，曾國藩為之序曰：「王船山先生遺書，同治四年十月刻
竣」。船山卒於湘西草堂，遺命禁用僧道，自題其墓曰：「明遺臣
王夫之之墓」，自為銘曰：「抱劉越石之孤忠，而命無從致；希張
橫渠之正學，而力不能企。幸全歸於茲丘，固衘恤以永世。」對
後世湖湘學影響深遠。後人將其與崑山顧炎武、浙東黃宗羲並稱
為「清初三大家」。

四、著作：思想和歷史的著作主要有《周易外傳》、《尚書引義》、《讀
　　四書大全說》、《張子正蒙注》、《讀通鑑論》、《宋論》等等，後人
　　輯為《船山遺書》六十八種三百三十九卷刊行於世[1]，著述之
　　豐，當世罕有其比。

1　據王紹曾《清史稿藝文志補遺》所載，此數合湘潭王氏守經屋、新化鄧顯鶴長沙刻
　　本、湘鄉曾國荃金陵書局、船山書院補刻本，詳王紹曾：《清史稿藝文志補遺》（北
　　京市：中華書局，2000年9月1版），頁2504。

壹　氣化宇宙論──道器合一

一　氣化宇宙論

1. 氣化宇宙論：船山曾自題墓銘：「希張橫渠之正學，而力不能企。」可見他極尊崇橫渠，以橫渠之「天道性命相貫通」的氣化宇宙論為正學，故船山之氣化宇宙論實本之於橫渠之說。其所謂「器」是指由氣化所成的萬物。氣並不是一個靜態的本體，整個宇宙本是一生生不息的動態氣化歷程的流行。氣聚則成萬物，氣散則復歸於太虛；幽明聚散皆是氣的變化方式。

散而歸於太虛，復其絪縕之本體，非消滅也。聚而為庶物之生，自絪縕之常性，非幻成也。（《張子正蒙注・太和篇》卷一）

2. 理氣合一論：船山反對理氣二分的看法，他未將「理」視為是孤立的道德本體，而是從「氣化」之有條理秩序以言「理」，主張理氣即是氣之理，理氣不可判然離析之，理無法離開具存的氣而虛託孤立。

理即是氣之理，氣當得如此便是理，理不先而氣不後。⋯⋯天人之蘊，一氣而已。從乎氣之善而謂之理，氣外更無虛託孤立之理也。（《讀四書大全說・孟子・告子上篇》卷十）

天地間只是理與氣，氣載理而理以秩敘乎氣。（《讀四書大全說・中庸・第二十四章》卷三）

3. 理即氣之理：船山不僅在言辭上盛讚橫渠，同時對橫渠本末一貫
的義理系統亦深相契合，因此在船山的思想體系中，明顯可見其
受橫渠思想系統的影響。橫渠「即氣言理」，謂「理即氣之理」，
他將一切心、性、天、理等觀念皆收攝在氣上說。又將一切萬物
之生化流行，都放在道德性的永恆實有的「氣」上論。

> 蓋言心言性，言天言理，俱必在氣上說，若無氣處則俱無也。張
> 子云：「由氣化，有道之名。」……程子言：「天，理也。」既以
> 理言天，則是亦以天為理矣。以天為理，而天固非離乎氣而得名
> 者也。則理即氣之理，而後天為理之義始成。（《讀四書大全說‧
> 孟子‧盡心上篇》卷十）

二　道器合一論

1. 道者器之道：船山不贊成傳統思想理論，以形而上的「道」先於
形而下的「器」，形而上的「道」超越形而下的器。他提出「即
器即道」，「由器踐道」的看法。

> 天下惟器而已矣。道者器之道；器者不可謂之道之器也。無其道
> 則無其器，人類能言之，雖然，苟有其器矣，豈患無道哉！
> （《周易外傳‧繫辭上傳》卷五）

2. 聖人踐其下：聖人是從有形之器去實踐器之理，而不是從抽象的
「形上」空說。一切抽象的觀念和事物的規律，皆無法離開具體
的人、事、物而獨立存在。「器」是一切道或理的依存處，所以
他重視道器合一論，主張「器外無道」；認為「有形而下而後有

形而上」，肯定形器是人會先接觸認識到的，人應重視的是形器之理，而不是那不可捉摸的「無形之上」的道。聖人踐形，是「踐其下，非踐其上也」。

> 形而上者，非無形之謂。既有形矣，有形而後有形而上。無形之上，亙古今，通萬變，窮天窮地，窮人窮物，皆所未有者也，故曰：「惟聖人然後可以踐形。」踐其下，非踐其上也。（《周易外傳‧繫辭上傳》卷五）

三　君子之道盡乎器

1. 船山主張「君子之道盡乎器」，他以形器為真實的根本，一方面認可客觀世界存在的真實性；另一方面，也希望能扭轉儒學重立本、輕功用的偏蔽。

> 故「作者之謂聖」，作器也；「述者之謂明」，述器也；「神而明之，存乎其人」，神明其器也。識其品別，辨其條理，善其用，定其體，則默而成之，不言而信，皆有成器之心而據之為德也。嗚呼！君子之道，盡乎器而已矣。（《周易外傳‧繫辭上傳》卷五）

2. 船山指出形上生成變化之理，並非在形器之外獨立存在，而是以不可踰越的規律原理「隱存」於形器之中，而發揮其動力原理。

> 「形而上」者，當其未形而隱然有不可踰之天則，天以之化，而人以為心之作用，形之所自生，隱而未見者也。（《周易內傳‧繫辭上傳》卷五）

四　由用得體

1. 船山認為離開具體的現實生活而高談虛寂之道，皆無異於是邪妄之說。唯有通過形器的發用，才能顯揚真正的「道」的作用力。船山據「由用得體」的觀點，批評宋明儒學（尤其是心學）「立體而消用」，只知空談心體，而輕忽具體事功之用。

> 古之善言性者，取之有生之後，閱歷萬變之知能。（《詩廣傳・大雅》卷四）
>
> 天下之用，皆其有者也。吾從其用而知其體之有，悉待疑哉！故善言道者，由用以得體。不善言道者，妄立一體而消用以從之。（《周易外傳・大有》卷二）

2. 船山雖善言哲理，但並不贊成主觀的空談，他主張「體用原不可分作兩截」，而重視生活體用合一的實踐。

> 蓋嘗論之：何以謂之德？行焉而得之謂也。何以謂之善？處焉而宜之謂也。不行胡得？不處胡宜？（《大學衍補傳》）
>
> 體用元不可分作兩截。（《讀四書大全說・大學・傳第七》卷一）

3. 船山主張道器合一，心性理皆一事。他批評「心在理外」的二元論，並欲矯正宋儒過於重視自心的內在狀態或境界，而漸走向與外界事物隔閡不通的流弊。

> 己有物而絕物，則內戕於己；物有己而絕己，則外賊乎物。物我交受其戕賊，而害乃極於天下。況夫欲絕物者，固不能充其絕也。（《尚書引義・堯典一》卷一）

4. 人文觀點：船山一貫主張道器、理氣、心物、體用皆合一。故其
　 對文化生活亦重視積極的體現踐成。

　　樸之為說，始於老氏，後世習以為美談。樸者，木之已伐而未栽
　 者也。已伐則生理已絕，未栽則不成於用，終乎樸則終乎無用
　 矣。……養其生理自然之文，而修飾之以成乎用者，禮也。（《俟
　 解》）

貳　天人合一的人性論

一　批評義理之性與氣質之性二分

　　橫渠首提義理之性與氣質之性，小程繼述此說，朱子極力發揚，
　 此義理之性與氣質之性由「分立」最後發展成二元「對立」的人
　 性論，遂為後儒抨擊，在批評中又能提出新意的，有王船山的
　 「習與性成」及戴東原的「遂欲達情」的理欲觀。

二　人性論

1. 船山的人性論係從天的宏觀系統論開展，他說太虛天道本具健順
　 之整全德性，經由氣化動靜的歷程而下降至人。
2. 次論太虛氣化所降於人之性，乃太虛和氣實有的健順之德與五行
　 之精秀相合而成，人由此途而秉受天命。
3. 再論人性乃涵之於心，心感性則能心性物相通，以參贊萬物之化
　 育。

4. 天人合一：復討論「人」如何能與「天」合德，其本旨同於孟子「盡心知性以知天」及橫渠「天道性命相貫通」之說。

5. 船山之人性論，其思路與《中庸》：「天命之謂性」及《易傳·繫辭上》：「一陰一陽之謂道，繼之者善也，成之者性也」相通。

太虛者，陰陽之藏，健順之德存焉；氣化者，一陰一陽，動靜之幾，品彙之節具焉。秉太虛和氣健順相涵之實，而合五行之秀以成乎人之秉彝，此人之所以有性也。原於天而順乎道，凝於形氣，而五常百行之理無不可知，無不可能，於此言之則謂之性。人之有性，函之於心而感物以通，……故由性生知，以知知性，交涵於聚而有間之中，統一於心，由此言之則謂之心。順而言之，則惟天有道，以道成性，性發知道；逆而推之，則以心盡性，以性合道，以道事天。惟其理本一原，故人心即天；而盡心知性，則存順沒寧，死而全歸於太虛之本體，不以客感雜滯遺造化以疵類，聖學所以天人合一，而非異端之所可溷也。（《張子正蒙注·太和篇》卷一）

三　理欲合一

1. 理欲並重：船山一向重視客觀形器的價值，因此他論人性亦本此天德必下貫於人，而具體存在於形體之內的立場，對「人之聲色臭味之欲」的具體欲望亦須予以肯定。因此他對「性」的定義，除孟子所謂良知良能之天德外，亦涵攝告子所謂的食色之性。船山將「下愚所不能滅」之「理」，與「上智所不能廢」之「欲」，統合成理欲一元觀。

蓋性者，生之理也。均是人也，則此與生俱有之理，未嘗或異，故仁義禮智之理，下愚所不能滅，而聲色臭味之欲，上智所不能廢，俱可謂之為性。……故告子謂食色為性，亦不可謂為非性，而特不知有天命之良能爾。(《張子正蒙注‧誠明篇》卷三)

2. 飲食男女皆有所貞：船山認為天理人欲宜相輔相成，理欲不是衝突性的對立或消長關係，而應以社會公義的觀點，尋找理欲平衡滿足之道，不應標榜重理輕欲而壓抑現實人生的需要。

吾懼夫薄于欲者之亦薄於理，薄於以身受天下者之薄于以身任天下也。……是故天地之產皆有所用，飲食男女皆有所貞。君子敬天地之產而秩以其分，重飲食男女之辨而協以其安。(《詩廣傳‧陳風》卷二)

四　氣質中之性

船山認為氣是論性的基礎。形質是性所依存的實體，而性即是隱然有理紀的氣。性藏存於形質之中，因此說氣質中之性是對的，但若像宋儒將性二分成「氣質之性」與「義理之性」則不宜。

所謂「氣質之性」者，猶言氣質中之性也。(《讀四書大全說‧論語‧陽貨篇》卷七)

質者，性之府也；性者，氣之紀也；氣者，質之充而習之所能御者也。然則氣效於習，以生化乎質，而與性為體，故可言氣質中之性；而非本然之性以外，別有一氣質之性也。性以紀氣，而與氣為體，質受生於氣，而氣以理生質。(《讀四書大全說‧論理‧陽貨篇》卷七)

五　天日命之、人日受之、日生日成

船山的人性論擺脫了王充「性成命定」之說，也反對程朱派的義
理之性與氣質之性二分的說法，他認為氣質之性即是本然的善
性。他提出人秉受善性是「天日命之，人日受之」的動態受命歷
程，「日生日成」更解釋了人天天都有新承的道德力量，日日都
可有所踐成，絕不是父母合氣初生之時即已命定不變。

天日臨之，天日命之，人日受之。命之自天，受之為性，終身之
永，終食之頃，何非受命之時？皆命也，則皆性也。天命之謂
性，豈但初生之獨受乎？（《尚書引義・太甲二》卷三）
夫天之生物，其化不息。初生之頃，非無所命也。何以知其有所
命？無所命，則仁義禮智無其根也。……故天日命於人，而人日
受命於天。故曰：性者，生也；日生而日成之也。（《尚書引義・
太甲二》卷三）

六　習與性成

船山認為後天人為的「習」可以御氣化質，「習與性成」之說，
強調人性是經由不斷的實踐、發展，逐漸塑造而成的，人的主動
學習性，使善惡有變化的可能，是船山人性論的重點。

體移，則氣得其理，而體之移也以氣，乃所以養其氣而使為功者
何恃乎？此人之能也，則習是也。是故氣隨習易，而習且與性成
也。（《讀四書大全說・論語・陽貨篇》卷七）

叁　評述

一、劉獻廷

其學無所不窺，於《六經》皆有發明。洞庭之南，天地元氣，聖賢學脈，僅此一綫耳。（《廣陽雜記》卷二）

二、曾國藩

聖清大定，訪求隱逸。鴻博之士，次第登進。雖顧亭林、李二曲輩之堅貞，徵聘尚不絕於廬；獨先生深閟固藏，邈焉無與。平生痛詆黨人標榜之習，不欲身隱而文著，來反脣之訕笑。用是，其身長邁，其名寂寂，其學亦竟不顯於世。荒山蔽榻，終歲孳孳，以求所謂育物之仁，經邦之禮，窮探極論，千變而不離其宗，曠百世不見知而無所於悔。……固可謂博文約禮，命世獨立之君子已。（《船山遺書・序》）

第卅六章

戴震

綱要

第卅六章
戴震

生平

一、姓名：戴震

二、時代：生於清世宗雍正元年（西元1723年），卒於清高宗乾隆四十二年（西元1777年），享年五十四歲。

三、傳略：戴震，字東原，安徽休寧人，幼年時即展現其對考據、文字的天賦，十七歲時，師事安徽婺源的江永，為後來的考據訓詁打下極佳的基礎。曾赴北京，與乾隆時著名的考據家王鳴盛、錢大昕等人交遊。戴震早年受江永訓詁之學的影響極大，亦極用力於此學，為集樸學吳皖兩派之大成者。三十八歲時以舉人充任四庫全書編纂官。戴震雖以學問名世，但歷次赴試皆不第，後得賜同進士出身，改翰林庶吉士，乾隆四十二年卒於官。戴震生當對宋代理學反動的乾嘉時代，凡言性言理者皆受「枯薄無本」之譏。戴震的義理不從程、朱的觀點出發，而是從訓詁來支持他的義理系統，晚年成《原善》、《孟子字義疏證》二書，亦頗以此自豪，唯時人皆尊其考證而輕視義理，章學誠云：「凡戴君所學，深通訓詁，究於名物、制度、而得其所以然，將以明道也。時人方貴博雅考訂，見其訓詁、名物有合時好，以謂戴之絕詣在此。及戴著《論性》、《原善》諸篇，於天人理氣，實有發前人所未發者，時人則謂空說義理，可以無作，是固不知戴學者矣。」《文史通義‧書朱陸篇後》

四、著作：戴震一生的著作主要在乾嘉樸學上，除了《尚書今古文考》、《春秋改元即位考》、《爾雅文字考》等等，思想方面的著作主要有《原善》、《孟子字義疏證》、〈法象論〉、〈讀孟子論性〉等篇。

壹　理、氣、性、才

一　理氣一本論

東原主張理在氣中，他批評老、莊釋氏以形神為二本，而以無形無迹之神識為實有之根本；宋儒以理氣為二本，亦重視無形無跡之理而視其為實有。這些二本論，均不能正確說明性之本體。

在老、莊、釋氏，就一身分言之，有形體，有神識，而以神識為本。推而上之，以神為天地之本，遂求諸無形無迹者為實有，而視有形有迹者為幻。在宋儒以形氣神識同為己之私，而理得於天，推而上之，於理氣截之分明，以理當其無形無迹之實有，而視有形有迹為粗。……是彼別形神為二本，……此別理氣為二本。(《孟子字義疏證·天道》卷中)

二　陰陽五行即是道

東原以陰陽五行為道之實體內涵，天地萬物均稟受此氣而成形質，均由「氣化」而成萬物。陰陽五行之氣雖不可見，但就是實際內存於事物的形而上之道，待其氣化而成「形以後」，即是形而下之具體器物。亦即「形以前」為形而上之氣，「形以後」為形而下之器。

道，猶行也；氣化流行，生生不息，是故謂之道。《易》曰：「一陰一陽之謂道。」〈洪範〉：「五行：一曰水，二曰火，三曰木，

四曰金，五曰土。」行亦道之通稱。舉陰陽則賅五行，陰陽各具
五行也；舉五行則賅陰陽，五行各有陰陽也。（《孟子字義疏證‧
天道》卷中）

《易》：「形而上者謂之道，形而下者謂之器」，本非為道器言
之，以道器區別其形而上形而下耳。形謂已成形質，形而上猶曰
形以前，形而下猶曰形以後。（《孟子字義疏證‧天道》卷中）

三 血氣、心知俱是氣之性

東原以血氣、心知為性之落實，而血氣心知均是稟受陰陽五行之
氣而成的。血氣指人的自然欲求，心知則指認知、思辨的能力，
兩者俱是氣之性，而非氣質之性外別有義理之性。

性者，分於陰陽五行以為血氣、心知、品物，區以別焉，舉凡既
生以後所有之事，所具之能，所全之德，咸以是為其本。（《孟子
字義疏證‧性》卷中）

四 性與材質

東原認為世間萬物，稟氣有偏全厚薄、清濁昏明之不齊，由於芸
芸事物成性各殊，所以材質有異且品類流雜。人之秉性是潛在的
能力，而材質則是人的行為實現的具體依據，性須待材質才能實
現。由此可知東原論性與材質是從「潛在能力」與「具體實現」
的關係討論，他不贊成宋明理學將氣質與義理邃然分立，甚至流
於對立的偏頗之論。

氣化生人生物，據其限於所分而言，謂之命；據其為人物之本始
而言，謂之性；據其體質而言，謂之才；由成性各殊，故才質亦
殊。才質者，性之所呈也，舍才質，安睹所謂性哉？（《孟子字
義疏證・才》卷下）

五　氣化流行與生生之德

東原以氣化流行說明生命之生生不息，並說明氣之生成變化有一
定的條理秩序，此截然不可亂的條理就是道德禮義，是性之中已
自然具有的。

氣化流行，生生不息，仁也。由其生生，有自然之條理，觀於條
理之秩然有序，可以知禮矣；觀於條理之截然不可亂，可以知義
矣。（《孟子字義疏證・仁義禮智》卷下）

貳　自然與必然──分判孟、荀之人性論

一　東原從性與禮義的關係分判孟、荀之人性論

1. 自然與必然：
   （1）孟子主張道德禮義是人性中「自然」本有，只要盡力「擴而
   充之」此一自然本性到極致，人「必然」能實現道德，所以
   「孟子之重學是有於內而資於外」。
   （2）荀子正視人有天生欲求的「自然」本性，也重視禮義道德對
   人的重要性，但是荀子卻分割了自然本性與禮義道德的內在

必然關聯性，而以禮義為外在人為的結果，所以「荀子之重
學，無於內而取於外。」

2. 孟荀論「性」之異同：

（1）孟子論性，是在嗜欲之性外，又有禮義之性的洞見，孟子雖
強調禮義道德是人所獨具且「自然」獨有，但並不忽略嗜欲
的需要，所以孟子是「明其大而非舍其小」。

（2）至於荀子論性只肯定嗜欲是自然本有，然未以禮義為人所自
然本有。若依荀子以禮義為師法外加的看法，則人雖可受禮
義師法之化，但無從「自然」推至「必然」能實現之必然
性。所以東原批評荀子是「不知性之全體」，其論禮義與
性，有隔閡不可通之蔽，是「舉其小而遺其大也。」

> 荀子知禮義為聖人之教，而不知禮義亦出於性；知禮義為明
> 於其必然，而不知必然乃自然之極則，適以完其自然也。就
> 孟子之書觀之，明禮義之為性，舉仁義禮智以言性者，以為
> 亦出於性之自然，人皆弗學而能，學以擴而充之耳。荀子之
> 重學也，無於內而取於外；孟子之重學也，有於內而資於
> 外。……未有內無本受之氣，與外相得而徒資焉者也。……
> 豈可云己本無善，己無天德，而積善成德，如罌之受水哉！
> 以是斷之，荀子之所謂性，孟子非不謂之性，然而荀子舉其
> 小而遺其大也，孟子明其大而非舍其小也。（《孟子字義疏
> 證‧性》卷中）

二　血氣心知並重

東原在釐判孟荀論性及禮義之自然與必然的關係後，提出自己對
性與禮義的看法。

1. 性之欲與性之德合一：自然指天生的稟賦與本性，東原雖以血氣、心知為理的內涵，但在論性之自然時則偏重於「天生的性之欲」，及由性之欲而帶動的種種行為。「必然」則指滿足性之欲的動作威儀之則，也就是「禮義」。

2. 必然乃自然之極致：東原肯定孟子禮義道德是內在本有的說法，所以人順「自然」之性，應能完全充分地實現價值，東原屢稱「必然為自然之極致」，即謂道德禮義只要順著自然之性完全發揮，是人必然能實現的價值。

> 心之所同然，始謂之理，謂之義。未至於同然，存乎其人之意見，非理也，非義也。凡一人以為然，天下萬世皆曰：「是不可易也。」此之謂同然。（《孟子字義疏證・理》卷上）
>
> 耳目百體之所欲，血氣資之以養，所謂性之欲也，……在人，咸根於性而見於日用事為，……性之欲，其自然之符也；性之德，其歸於必然也；歸於必然適全其自然，此之謂自然之極致。……凡動作威儀之則，自然之極致也，民所秉也。自然者，散之普為日用事為；必然者，秉之以協於中，達於天下。（《原善》卷上）

3. 天下之教應本乎自然：合乎人自然本性的事才是順道而行；要求人順自然之道而發展的教化，才是人所能受教的必然性常理；真正的道德關懷，必須切合生命的本然狀態。所以君王的德政，自應順道而行，依常理而教，不應壓窒人性人欲，務使人民都能充分地遂欲達情。

> 言乎自然之謂順，言乎必然之謂常，言乎本然之謂德。天下之道盡於順，天下之教一於常，天下之性同之於德。（《原善》卷上）

叁　理欲觀

一　東原批評宋儒立天理、人欲之分

1. 以個人意見而誣聖欺學者

　（1）宋儒以理欲為君子小人之分，東原批其不知「理在欲中」。
　　　　養生不能無欲，孟子亦只論寡欲而非無欲。宋儒往往借聖人
　　　　或六經之言，好發個人捨情求理的「意見」，又以個人之意
　　　　見托之於聖人所言之「真理」，要求人隱忍不顧情欲的需
　　　　求，實是禍害人民之論。

　　　　　古之言理也，就人之情欲求之，使之無疵之為理。今之言理
　　　　　也，離人之情欲求之，使之忍而不顧之為理。(《孟子字義疏
　　　　　證・權》卷下)

　（2）然東原為提倡遂欲達情之必要，故對宋儒有激烈的批評：宋
　　　　儒雜老、釋之言而解說理欲，皆託聖人五經之名以飾己說，
　　　　然皆非聖人五經之所說，有誣聖、欺學者之嫌。

　　　　　曰：舍聖人立言之本旨，而以己說為聖人所言，是誣聖；借
　　　　　其語以飾吾之說，以求取信，是欺學者也。誣聖欺學者，
　　　　　程、朱之賢不為也。蓋其學借階於老、莊、釋氏，是故失之。
　　　　　凡習於先入之言，往往受其蔽而不自覺。(《孟子字義疏證・天
　　　　　道》卷中)
　　　　　苟舍情求理，其所謂理，無非意見也。未有任其意見而不禍
　　　　　斯民者。(《孟子字義疏證・理》卷上)

2. 以理殺人：東原激切痛陳宋儒窒塞人欲太過，假禮義之名，迫使
人情、人欲不能遂達，使禮教之束縛幾至於「以理殺人」之地
步。尤其伊川：「餓死事小，失節事大」不近人情之語，更為後
人所深惡。

> 問：「孀婦於理似不可取，如何？」曰：「然。凡取，以配身也，
> 若取失節者以配身，是已失節也。」又問：「或有孤孀貧窮無託
> 者，可再嫁否？」曰：「只是後世怕寒餓死，故有是說。然餓死
> 事極小，失節事極大。」（《二程遺書・附雜錄後》卷二十二下）
> 聖人之道，使天下無不達之情，求遂其欲而天下治。後儒不知情
> 之至於纖微無憾是謂理，而其所謂理者，同於酷吏之所謂法。酷
> 吏以法殺人，後儒以理殺人。（《東原文集・與某書》卷九）

3. 聖賢之道無私而非無欲：東原所謂「私」者，即是宋儒所謂欲。
宋儒雖有天理、人欲之分，但並非是將飲食男女之事皆視為人
欲，如朱子謂：「欲則水之流而至於濫也。」（《朱子語類・性理
二》卷五）。可見宋儒亦肯定不流於泛濫的基本欲求的合理性。
雖然各家都贊成合理的欲求應被滿足，但何謂「合理」？何謂
「泛濫」？這才是爭議的所在。如前面的例子，被視為是仁義道
德化身的道學家，對弱勢的孀寡擬再嫁，卻從泛道德的觀點予以
嚴厲的貶抑，然有良好的社經地位的知識份子，卻往往三妻四妾
而不自慚！相形之下，益發可見東原思想對社會的普遍關懷。

> 問：宋以來之言理也，其說為「不出於理則出於欲，不出於欲則
> 出於理」，故辨乎理欲之界，以為君子小人於此焉分。今以情之
> 不爽失為理，是理者存乎欲者也，然則無欲亦非歟？曰：孟子言

「養心莫善於寡欲」，明乎欲不可無也，寡之而已。(《孟子字義疏證‧理》卷上)

是故聖賢之道，無私而非無欲；老、莊、釋氏，無欲而非無私。彼以無欲成其自私者也，此以無私通天下之情，遂天下之欲者也。(《孟子字義疏證‧權》卷下)

二　理在欲中、遂欲達情

1. 理在欲中：東原認為情、欲是生命得以存續的基礎，而「理」必須是依存於實質的生命中，其價值才得以體現，所以「理」必須是在「情不爽失」的狀況下，才有其充分展現的可能，即所謂「理在欲中」。情欲的滿足只要人我均能身心平衡，無太過或不及，就是「理」。

理也者，情之不爽失也，未有情不得而理得者也。(《孟子字義疏證‧理》卷上)

……以我絜之人，則理明。天理云者，言乎自然之分理也；自然之分理，以我之情絜人之情，而無不得其平是也。……問：以情絜情而無爽失，於行事誠得其理矣。情與理之名何以異？曰：在己與人皆謂之情，無過情無不及情之謂理。(《孟子字義疏證‧理》卷上)

2. 遂欲達情：東原呼籲為政者，不應假天理、公義之美名，輕忽人民的生活欲求，而壓抑禍害百姓。他並舉孟子對齊王的諫言，強調在上位者應該推己及人，以同理心滿足百姓的好貨、好色之欲，使人民也能獲得種種生活的滿足，如此就是君王的道德實現。

今既截然分理欲為二，治己以不出於欲為理，治人亦必以不出於欲為理。舉凡民之飢寒愁怨、飲食男女、常情隱曲之感，咸視為人欲之甚輕者矣。輕其所輕，乃「吾重天理也，公義也。」言雖美，而用之治人，則禍其人。(《孟子字義疏證·權》卷下)

孟子對齊王好貨、好色，曰：「與百姓同之」，非權辭也。好貨、好色，欲也。「與百姓同之」，即理也。(《與段茂堂等十一札·第九札》[1])

道德之盛，使人之欲無不遂，人之情無不達，斯已矣。(《孟子字義疏證·才》卷下)

3. 章太炎於〈釋戴〉[2]中評論東原遂欲達情之說：「斯固隸政之言，非飭身之典。」意謂若從社會倫理的觀點，提醒執政者應積極重視人民的生活需求、生命需要，實屬懇切之諍言。但個人切不可以此為道德的修養典範，若人人皆求自己之遂欲達情，蓋人之欲求難有知足知止之時，然社會上之資源有限，人心之欲望無窮，反使人自陷於欲望之深淵而紛擾不寧，個人之道德價值反而難以實現。

三　惡從何而來

1. 人有情、有欲、有知，當情欲有所私，知有偏蔽時，則貪邪、乖戾、差謬諸惡即源此而生。

1　戴震：《與段茂堂等十一札》，《戴震全集》(合肥市：黃山書社，1995年) 第六冊。

2　章太炎：〈釋戴〉，《太炎文錄初編》卷一，《章太炎全集》(上海市：上海人民出版社，1986年) 第四冊。

欲之失為私，私則貪邪隨之矣；情之失為偏，偏則乖戾隨之矣；
知之失為蔽，蔽則差謬隨之矣。不私，則其欲皆仁也，皆禮義
也；不偏，則其情必和易而平恕也；不蔽，則其知乃所謂聰明聖
智也。（《孟子字義疏證·才》卷下）

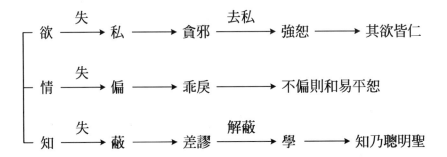

2. 惡源之中，私與蔽尤為大患，所以人務須以強恕自省及勤學自勵
加以修養克制，如此才能使人善盡其才。

人之不盡其材，患二：曰私，曰蔽。……去私莫如強恕，解蔽莫
如學。（《原善》卷下）

肆　由智達德

由智達德的成德路線，先秦荀子是儒家中最早也最明確的主張
者；南宋朱子雖言必稱孔孟，但是他對「道問學」的堅持，工夫論方
面接近於荀子的由智達德；清代戴震受考據學影響，由智達德的特色
更加明顯。

一　荀子：積學成德的修養

荀子是儒家傳統中，特別重視知識的學習與經驗的累積，對於道德實踐的重要性，因此能在孔孟內省的成德工夫之外，另闢由智達德的路線。戴東原雖然作《孟子字義疏證》，但他個人的學思歷程及成德工夫的提倡，其實與孟子逆覺體證並不相應，反而更接近荀子的思想路線。

學惡乎始？惡乎終？曰：其數則始乎誦經，終乎讀禮；其義則始乎為士，終乎為聖人。真積力久則入，學至乎沒而後止也。（《荀子‧勸學篇》）

二　朱子：道問學為先

朱子雖然主張「泛覽博觀而歸之約」的道問學工夫應當為先，但是他又不能不承認「尊德性」才是一切學問的最高目標，因此在涉及客觀知識與主觀道德兩者交涉的討論時，有時便難免流於駁雜。而戴震則無此包袱，清初時代學風對知識與經驗高度重視，讓戴震可以專心發展道問學的路線，尚智的態度更為明顯。

下學者事也，上達者理也，理只在事中。若真能盡得下學之事，則上達之理便在此。（《朱子語類》卷四十四）

三　戴震：《孟子字義疏證》、《緒言》由智達德的特色

清代考據學的治學方法亟需客觀與分析、歸納的訓練，即使是道

德主題的論述，也不脫以字義的溯源考證，歸納出道德思想的核心精義。戴震的義理著作《孟子字義疏證》、《緒言》，即表現了由智達德的特色。

惟學可以增益其不足而進於智，益之不已，至乎其極。如日月有明，容光必照，則聖人矣。（《緒言》卷中）

伍 評述

一、梁啟超

《孟子字義疏證》一書，字字精粹，綜其內容，不外欲以「情感哲學」代替「理性哲學」，就此點論之，乃與歐洲文藝復興時代之思潮之本質絕相類。蓋當時人心，為基督教絕對禁慾主義所束縛，痛苦無疑，既反乎人理而又不敢違，乃相與作偽，而道德反掃地以盡。文藝復興之運動，乃採久閉窒之「希臘的情感主義」以藥之。一旦解放，文化轉一新方向以進行，則蓬勃而莫能禦。戴震蓋確有見於此，而志願確欲為中國文化轉一方向。……（《疏證》）實為三百年間最有價值之奇書，震亦極以此自負，嘗曰：「僕生平著述之大，以《孟子字義疏證》為第一。」[3]

二、余英時評論戴東原

乾隆時代有兩個戴東原：一是領導當時學風的考證學家戴東原；

---

3 梁啟超：《清代學術概論》（臺北市：臺灣中華書局，1972年）。

　　另一個則是與當時學風相背的思想家戴東原。（按：其實是同一個人）這兩個戴東原在學術界所得到的毀譽恰好相反。[4]

───────────

4　余英時：《論戴震與章學誠》（臺北市：華世出版社，1977年），頁92。

參考書目（依姓名筆劃排列）

于化民　《明中晚期理學的對峙與合流》　臺北市　文津出版社　1993年

方東美　《華嚴宗哲學》　臺北市　黎明文化公司　1981年

方東美　《新儒家哲學十八講》　臺北市　黎明文化公司　1983年

方東美　《科學哲學與人生》　臺北市　黎明文化公司　1986年

方穎嫻　《先秦道家與玄學佛學》　臺北市　臺灣學生書局　1986年

方穎嫻　《先秦之仁義禮說》　臺北市　文津出版社　1996年

尤惠貞　《天臺宗哲學與佛教實踐》　嘉義縣　南華大學出版　1999年

孔　繁　《魏晉玄談》　臺北市　洪葉出版社　1993年

王　健主編　《儒學三百題》　臺北市　建安書局　1997年

王　健主編　《佛學三百題》　臺北市　建安書局　1997年

王　博　《老子思想的史官特色》　臺北市　文津出版社　1993年

王　煜　《老莊思想論集》　臺北市　聯經出版公司　1979年

王冬珍　《墨學新探》　臺北市　世界書局　1980年

王邦雄　《韓非子的哲學》　臺北市　東大圖書公司　1977年

王邦雄　《中國哲學論集》　臺北市　臺灣學生書局　1983年

王邦雄等著　《中國哲學家與哲學專題》　臺北市　空中大學出版社　1989年

王邦雄　《老子的哲學》　臺北市　東大圖書公司　1990年

王邦雄　《儒道之間》　臺北市　漢光文化公司　1994年

王邦雄等著　《中國哲學史》　臺北市　空中大學出版社　1995年

王邦雄等著　《孟子義理疏解》　臺北市　鵝湖出版社　1998年

王邦雄等著　《中國哲學史》　臺北市　里仁書局　2005年

王紹曾　《清史稿藝文志補遺》　北京市　中華書局　2000年

王開府　《儒家倫理學析論》　臺北市　臺灣學生書局　1986年

王壽南主編　《中國歷代思想家》　臺北市　臺灣商務印書館　1979年

王曉波　《儒法思想論集》　臺北市　時報出版公司　1983年

王靜芝　《經學通論》　臺北市　環球圖書出版社　1972年

王靜芝　《韓非思想體系》　臺北市　輔仁大學文學院　1977年

王蘧常　《諸子學派要詮》　香港　香港中華書局　1987年　重印版

史仲文、胡曉林主編　《新編中國思想史》　北京市　人民出版社
　　　　　1994年　《百卷本中國全史》叢書

田　浩　《朱熹的思維世界》　臺北市　允晨文化公司　1996年

皮錫瑞　《經學歷史》　臺北市　藝文印書館　1987年

任繼愈主編　《中國哲學史》　北京市　人民出版社　1979年

任繼愈主編　《中國哲學發展史》　北京市　人民出版社　1985年

任繼愈主編　《佛教史》　臺北市　曉園出版社　1995年

朱建民　《張載思想研究》　臺北市　文津出版社　1989年

朱葵菊　《中國歷代思想史・清代卷》　臺北市　文津出版社　1993年

牟宗三　《心體與性體》　臺北市　正中書局　1968年

牟宗三　《中國哲學的特質》　臺北市　臺灣學生書局　1974年

牟宗三　《道德的理想主義》　臺北市　臺灣學生書局　1978年

牟宗三　《名家與荀子》　臺北市　臺灣學生書局　1979年

牟宗三　《從陸象山到劉蕺山》　臺北市　臺灣學生書局　1979年

牟宗三　《政道與治道》　臺北市　臺灣學生書局　1980年

牟宗三　《中國哲學十九講》　臺北市　臺灣學生書局　1983年

牟宗三　《圓善論》　臺北市　臺灣學生書局　1985年

牟宗三　《才性與玄理》　臺北市　臺灣學生書局　1989年

牟宗三　《佛性與般若》　臺北市　臺灣學生書局　1989年

牟宗三　《中西哲學之會通十四講》　臺北市　臺灣學生書局　1990年

牟宗三等著　《當代新儒學論文集・總論篇》　臺北市　文津出版社
　　　　　1991年

牟宗三等著　《寂寞的新儒家》　臺北市　鵝湖出版社　1992年

牟宗三　《牟宗三先生全集》　臺北市　聯經出版公司　2003年

何兆武等著　《中國思想發展史》　臺北市　明文書局　1993年

何淑靜　《孟荀道德實踐理論之研究》　臺北市　文津出版社　1988年

余宗發　《先秦諸子學說在秦地之發展》　臺北市　文津出版社
　　　　　1998年

余英時　《中國知識階層史論》　臺北市　聯經出版公司　1980年

余英時　《歷史與思想》　臺北市　聯經出版公司　1990年

余英時　《中國思想傳統的現代詮釋》　臺北市　聯經出版公司
　　　　　1990年

余英時　《論戴震與章學誠：清代中期學術思想史研究》　臺北市
　　　　　東大圖書公司　1996年

余英時　《宋明理學與政治文化》　臺北市　允晨文化公司　2004年

吳　光　《儒家哲學片論：東方道德人文主義之研究》　臺北市　允
　　　　　晨文化公司　1990年

吳　怡　《中國哲學發展史》　臺北市　三民書局　1996年

吳　康　《孔孟荀哲學》　臺北市　臺灣商務印書館　1967年

吳　康等著　《孟子思想研究論集》　臺北市　黎明文化公司　1982年

吳乃恭　《儒家思想研究》　長春市　東北師範大學出版社　1988年

吳汝鈞　《法華玄義的哲學與綱領》　臺北市　文津出版公司　2002年

吳茹寒　《荀子學說淺論》　臺北市　文津出版社　1989年

李日章主編　《現代中國思想家》　臺北市　巨人出版社　1978年

李明輝　《儒學與現代意識》　臺北市　文津出版社　1991年

李威熊　《中國經學發展史論》　臺北市　文史哲出版社　1988年

李春青　《魏晉清玄》　臺北市　雲龍出版社　1995年

李紹崑　《墨學十講》　臺北市　水牛出版社　1990年

李澤厚　《中國古代思想史論》　臺北市　三民書局　1996年

杜而未　《中國古代宗教研究》　臺北市　華明書局　1959年

杜維明　《儒家思想：以創造轉化為自我認同》　臺北市　東大圖書
　　　　公司　1997年

周紹賢、劉貴傑　《魏晉哲學》　臺北市　五南圖書公司　1996年

周群振　《荀子思想研究》　臺北市　文津出版社　1987年

周群振等著　《當代新儒學論文集·內聖篇》　臺北市　文津出版社
　　　　1991年

東海大海哲學系編譯　《中國人的心靈》　臺北市　聯經出版公司
　　　　1984年

林安弘　《儒家禮樂之道德思想：先秦儒家禮樂思想與道德實踐之關
　　　　係研究》　臺北市　文津出版社　1988年

林安梧　《王船山人性史哲學之研究》　臺北市　東大圖書公司
　　　　1987年

林安梧　《現代儒學論衡》　臺北市　業強出版社　1987年

林安梧　《儒學與中國傳統社會之哲學省察：以「血緣性縱貫軸」為
　　　　核心的理解與詮釋》　臺北市　幼獅文化公司　1996年

林啟彥　《中國學術思想史》　臺北市　書林出版公司　1994年

林聰舜　《明清之際儒家思想的變遷與發展》　臺北市　臺灣學生書
　　　　局　1990年

金春峰　《漢代思想史》　北京市　中國社會科學出版社　1997年
　　　　修訂第2版

金耀基　《中國社會與文化》　香港　牛津大學出版社　1992年

侯外廬主編　《中國思想通史》　北京市　人民出版社　1956-1960年

侯外廬主編　《中國思想史綱》　臺北市　五南圖書公司　1993年

侯外廬主編　《宋明理學史》　北京市　人民出版社　1997年

南懷瑾　《中國佛教發展史略述》　臺北市　老古文化事業公司
　　　　1987年

姜國柱等著　《中國歷代思想史》　臺北市　文津出版社　1993年

段昌國等譯　《中國思想與制度論集》　臺北市　聯經出版社　1976年

洪修平　《中國禪學思想史》　臺北市　文津出版社　1994年

胡　適　《中國古代哲學史》　臺北市　遠流出版社　1988年

胡哲數　《老莊哲學》　臺北市　正中書局　1975年

胡楚生　《老莊研究》　臺北市　臺灣學生書局　1992年

韋政通　《儒家與現代中國》　臺北市　東大圖書公司　1984年

韋政通主編　《中國思想史方法論文選集》　臺北市　水牛出版社
　　　　1987年

韋政通　《中國十九世紀思想史》　臺北市　東大圖書公司　1991年

韋政通　《中國思想史》　臺北市　水牛出版社　1991年

韋政通　《荀子與古代哲學》　臺北市　臺灣商務印書館　1992年二版

徐復觀　《公孫龍子講疏》　臺北市　臺灣學生書局　1976年

徐復觀　《兩漢思想史》　臺北市　臺灣學生書局　1976年

徐復觀　《中國思想史論集》　臺北市　臺灣學生書局　1988年

徐復觀　《中國思想史論集續編》　臺北市　時報出版公司　1985年

徐復觀　《中國人性論史》（先秦篇）　臺北市　臺灣商務印書館
　　　　1990年

徐復觀　《兩漢思想史》　臺北市　臺灣學生書局　1993年

徐漢昌　《先秦諸子》　臺北市　臺灣書店　1997年

唐宇元　《中國倫理思想史》　臺北市　文津出版社　1996年

唐君毅　《人文精神之重建》　臺北市　臺灣學生書局　1980年

唐君毅　《中國哲學原論・原教篇》　臺北市　臺灣學生書局　1984年

唐君毅　《中國哲學原論・原道篇》　臺北市　臺灣學生書局　1986年

唐君毅　《中國哲學原論・導論篇》　臺北市　臺灣學生書局　1986年

唐君毅　《中國哲學原論・原性篇》　臺北市　臺灣學生書局　1989年

唐君毅　《中國文化之精神價值》　臺北市　臺灣學生書局　1991年

唐君毅　《文化意識與道德理性》　臺北市　臺灣學生書局　1991年

唐君毅　《唐君毅全集》　臺北市　臺灣學生書局　1991年

唐翼明　《魏晉清談》　臺北市　東大圖書公司　1992年

夏乃儒編　《中國哲學三百題》　臺北市　建宏書局　1994年

夏長樸　《兩漢儒學研究》　臺北市　臺灣大學文學院　1978年

孫開泰等著　《中國哲學史》　臺北市　文津出版社　1995年

袁保新　《老子哲學之詮釋與重建》　臺北市　文津出版社　1991年

袁保新　《孟子三辨之學的歷史省察與現代詮釋》　臺北市　文津出
　　　　版社　1992年

馬　岡編著　《中國思想史資料導引》　臺北市　牧童出版社　1977年

馬一浮　《復性書院講錄》　臺北市　廣文書局　1979年

高　明　《高明孔學論叢》　臺北市　黎明文化公司　1978年

高明等著　《孔子思想研究論集》　臺北市　黎明文化公司　1983年

許杭生等著　《魏晉玄學史》　西安市　陝西師範大學出版社　1989年

許抗生　《老子研究》　臺北市　水牛出版社　1992年

陶希聖　《中國政治思想史》　臺北市　食貨出版社　1972年

章太炎　《太炎文錄初編》　《章太炎全集》　上海市　上海人民出
　　　　版社　1986年　第四冊

張立文主編　《道》　北京市　中國人民大學出版社　1989年

張立文主編　《氣》　北京市　中國人民大學出版社　1990年

張立文主編　《理》　北京市　中國人民大學出版社　1991年

張立文　《宋明理學邏輯結構的演化》　臺北市　萬卷樓圖書公司　1993年

張立文主編　《心》　臺北市　七略出版社　1996年

張立文主編　《性》　臺北市　七略出版社　1996年

張立文主編　《天》　臺北市　七略出版社　1996年

張立文　《中國哲學範疇發展史》　臺北市　五南圖書公司　1996年

張君勱　《新儒家思想史》　臺北市　弘文館　1986年

張岱年主編　《中國一百個哲學家》　南昌市　江西人民出版社　1988年

張岱年　《中國哲學大綱》　臺北市　藍燈文化事業公司　1992年

張豈之主編　《中國思想史》　臺北市　水牛出版社　1992年

張豈之主編　《中國儒學思想史》　臺北市　水牛出版社　1996年

張起鈞、吳　怡　《中國哲學史話》　臺北市　東大圖書公司　1989年

張起鈞　《智慧的老子》　臺北市　東大圖書公司　1989年

張曼濤主編　《中國佛教通史通述》　臺北市　大乘文化出版社　1978年

張德勝　《儒家倫理與秩序情結：中國思想的社會詮譯》　臺北市　巨流圖書公司　1989年

梁啟超　《清代學術概論》　臺北市　臺灣中華書局　1972年

梁啟超　《中國近三百代學術史》　臺北市　里仁書局　1995年

梁啟超　《中國學術思想變遷之大勢》　臺北市　臺灣中華書局　1977年

梁漱溟　《東西文化及其哲學》　臺北市　里仁書局　1983年

梁漱溟　《中國文化要義》　臺北市　正中書局　1975年

郭　朋　《中國佛教史》　臺北市　文津出版社　1993年

郭湛波　《中國中古思想史》　香港　龍門書店　1967年

陳　來　《有無之境——王陽明哲學的精神》　北京市　人民出版社
　　　　1991年

陳　來　《古代宗教與倫理——儒家思想的根源》　北京市　三聯書
　　　　店　1996年

陳　拱　《儒墨平議》　臺北市　臺灣商務印書館　1988年

陳　槃　《古讖緯研討及其書錄解題》　臺北市　國立編譯館　1991年

陳大齊　《名理論叢》　臺北市　正中書局　1957年

陳大齊　《荀子學說》　臺北市　中國文化大學出版社　1989年

陳定閎　《中國社會思想史》　臺北市　五南圖書公司　1995年

陳俊輝主編　《中國哲學思想的古今》　臺北市　水牛出版社　1995年

陳癸淼　《公孫龍子疏釋》　臺北市　蘭臺書局　1970年

陳癸淼　《墨辯研究》　臺北市　臺灣學生書局　1977年

陳飛龍　《孔孟荀禮學之研究》　臺北市　文史哲出版社　1982年

陳祖武　《清初學術思辨錄》　北京市　中國社會科學出版社　1992年

陳梅問（陳拱）　《墨學之省察》　臺北市　臺灣學生書局　1988年

陳義孝主編　《佛學常用詞彙》　臺北市　大千出版社　2002年二版

陳鼓應　《莊子哲學》　臺北市　臺灣商務印書館　1977年

陳榮捷　《王陽明傳習錄詳註集評》　臺北市　臺灣學生書局　1983年

陳榮捷　《朱學論集》　臺北市　臺灣學生書局　1988年

陳榮捷　《中國哲學論集》　臺北市　中央研究院中國文哲研究所
　　　　1994年

陳榮捷　《新儒學論集》　臺北市　中央研究院中國文哲研究所
　　　　1995年

傅佩榮　《儒道天論發微》　臺北市　臺灣學生書局　1985年

傅佩榮　《儒家哲學新論》　臺北市　業強出版社　1993年

傅武光　《中國思想史論集》　臺北市　文津出版社　1990年

傅斯年　《性命古訓辨證》　收載《傅孟真先生集》　臺北市　臺灣大學　1952年　中編乙。

嵇　哲　《先秦諸子學》　臺北市　樂天出版社　1970年

程發軔等著　《儒家思想研究論集》　臺北市　黎明文化公司　1983年

賀昌羣等著　《魏晉思想》　臺北市　里仁書局　1995年

賀淩虛　《東漢政治思想論集》　臺北市　五南圖書公司　2002年

賀榮一　《老子之道治主義》　臺北市　五南圖書公司　1988年

馮友蘭　《中國哲學史》（增訂本）　臺北市　臺灣商務印書館　1993年

馮耀明　《中國哲學的方法論問題》　臺北市　允晨文化公司　1989年

勞思光　《新編中國哲學史》　臺北市　三民書局　1990年

湯一介　《郭象與魏晉玄學》　臺北市　谷風出版社　1987年

湯一介　《儒道釋與內在超越問題》　南昌市　江西人民出版社　1991年

湯用彤　《漢魏兩晉南北朝佛教史》　臺北市　木鐸出版社　1983年

曾春海　《儒家哲學論集》　臺北市　文津出版社　1989年

曾昭旭　《王船山哲學》　臺北市　遠景出版社　1983年

黃公偉　《道家哲學系統探微》　臺北市　新文豐出版社　1981年

黃世瑞　《墨家思想新探》　臺北市　水牛出版社　1993年

黃俊傑　《儒家傳統與文化創新》　臺北市　東大圖書公司　1983年

黃俊傑　《孟學思想史論》　臺北市　東大圖書公司　1991年

黃俊傑　《孟學思想史論》（卷二）　臺北市　中研院中國文哲研究所　1997年

黃省三　《墨子思想新探》　臺北市　萬卷樓圖書公司　1995年

黃夏年主編　《禪宗三百題》　臺北市　建安書局　1996年

黃夏年主編　《佛教三百題》　臺北市　建安書局　1996年

黃啟江　《北宋佛教史論稿》　臺北市　臺灣商務印書館　1997年

黃復山　《東漢讖緯學新探》　臺北市　臺灣學生書局　2000年

黃湘陽　《先秦天人思想述論》　臺北市　文史哲出版社　1984年

黃錦鋐　《秦漢思想研究》　臺北市　學海出版社　1979年

黃懺華等著　《中國佛教教理詮釋》　臺北市　文津出版社　1990年

楊祖漢　《儒家的心學傳統》　臺北市　文津出版社　1992年

楊曾文編校　《神會和尚禪話錄》　北京市　中華書局　1996年

楊慧傑　《天人關係：中國文化一個基本特徵的探討》　臺北市　水
　　　牛出版社　1989年

楊懋春　《中國社會思想史》　臺北市　幼獅文化事業公司　1990年

葛兆光　《中國思想史》　上海市　復旦大學出版社　1998年

詹宏志　《人生一瞬》　臺北市　馬可孛羅文化事業公司　2006年

熊十力　《韓非子評論》　臺北市　臺灣學生書局　1978年

熊十力　《讀經示要》　臺北市　廣文書局　1985年

熊十力　《原儒》　臺北市　明文書局　1988年

臺灣大學哲學系編　《中國人性論》　臺北市　東大圖書公司　1990年

臺灣商務印書館編審部　《經今古文學》　臺北市　臺灣商務印書館
　　　1967年

臺灣開明書店編　《明代思想史》　臺北市　臺灣開明書店　1978年

蒙培元　《中國心性論》　臺北市　臺灣學生書局　1990年

蒙培元　《理學的演變──從朱熹到王夫之戴震》　臺北市　文津出
　　　版社　1990年

劉宗賢、謝祥皓　《中國儒學》　臺北市　水牛出版社　1995年

劉建國　《中國哲學史史料學概要》　長沙市　吉林人民出版社
　　　1983年

劉述先　《朱子哲學思想的發展與完成》　臺北市　臺灣學生書局
　　　　1982年

劉述先　《黃宗羲心學的定位》　臺北市　允晨文化公司　1986年

劉述先　《中西哲學論文集》　臺北市　臺灣學生書局　1987年

劉述先等著　《當代新儒學論文集・外王篇》　臺北市　文津出版社
　　　　1991年

蔣伯潛　《諸子學纂要》　臺北市　正中書局　1953年

蔣伯潛　《諸子與理學》　臺北市　世界書局　1977年

蔡仁厚　《王陽明哲學》　臺北市　三民書局　1974年

蔡仁厚　《宋明理學・北宋篇》　臺北市　臺灣學生書局　1977年

蔡仁厚　《宋明理學・南宋篇》　臺北市　臺灣學生書局　1980年

蔡仁厚　《新儒家的精神方向》　臺北市　臺灣學生書局　1982年

蔡仁厚　《墨家哲學》　臺北市　東大圖書公司　1983年

蔡仁厚　《孔孟荀哲學》　臺北市　臺灣學生書局　1984年

蔡仁厚　《儒家思想的現代意義》　臺北市　文津出版社　1987年

蔡仁厚　《中國哲學史大綱》　臺北市　臺灣學生書局　1988年

蔡仁厚　《儒家心性之學論要》　臺北市　文津出版社　1990年

蔡仁厚　《儒學的常與變》　臺北市　東大圖書公司　1990年

蔡尚思　《中國思想研究法》　長沙市　湖南人民出版社　1988年

蔡為煌編著　《老子的智慧》　臺北市　國家出版社　1981年再版

黎建球　《中國百位哲學家》　臺北市　東大圖書公司　1988年

蕭公權　《中國政治思想史》　臺北市　聯經出版公司　1982年

錢　遜　《先秦儒學》　臺北市　洪葉文化公司　1994年

錢　穆　《中國近三百年學術史》　臺北市　臺灣商務印書館　1966年

錢　穆　《朱子新學案》　臺北市　三民書局　1971年

錢　穆　《孔子與論語》　臺北市　聯經出版公司　1974年

錢　穆　《中國學術通義》　臺北市　臺灣學生書局　1976年

錢　穆　《宋明理學概述》　臺北市　臺灣學生書局　1977年

錢　穆　《中國哲學史》　臺北市　臺灣學生書局　1988年

錢　穆　《兩漢經學今古文平議》　臺北市　東大圖書公司　1989年

錢　穆　《中國學術思想史論叢》　臺北市　東大圖書公司　1994年

謝无量　《中國哲學史》　臺北市　臺灣中華書局　1967年

謝雲飛　《韓非子析論》　臺北市　東大圖書公司　1980年

薩孟武　《中國政治思想史》　臺北市　三民書局　1987年

鄺士元　《中國學術思想史》　臺北市　里仁書局　1995年

魏元珪　《孟荀道德哲學》　臺北市　谷風出版社　1987年

羅　光　《中國哲學思想史》　臺北市　臺灣學生書局　1986年

羅　光　《王船山形上學思想》　臺北市　輔仁大學出版社　1996年

譚宇權　《墨子思想評論》　臺北市　文津出版社　1991年

譚宇權　《老子哲學評論》　臺北市　文津出版社　1992年

嚴北溟　《中國佛教哲學簡史》　臺北市　木鐸出版社　1987年

釋印順　《中國禪宗史》　南昌市　江西人民出版社　1990年

蘇新鋈　《郭象莊學平議》　臺北市　臺灣學生書局　1980年

鐘友聯　《墨家的哲學方法》　臺北市　東大圖書公司　1986年

顧頡剛　《漢代學術史略》　臺北市　啟業書局　1972年

顧頡剛　《秦漢的方士與儒生》　上海市　上海古籍出版社　2005年

龔鵬程　《近代思想史散論》　臺北市　東大圖書公司　1991年

龔鵬程　《儒學反思錄》　臺北市　臺灣學生書局　2001年

〔日〕野上俊靜著　釋聖嚴譯　《中國佛教史概說》　臺北市　臺灣
　　　商務印書館　1993年

〔日〕野村耀昌等著　聖嚴法師譯　《中國佛教史概說》　臺北市
　　　法鼓山文化事業公司　1997年

〔日〕謙田茂雄著　關世謙譯　《中國佛教通史》　高雄市　佛光出
　　版社　1985年

哲學研究叢書·學術思想叢刊 0701004

中國思想史概論

作　　　者	吳臻
責任編輯	吳家嘉
特約校稿	林秋芬

發 行 人	陳滿銘
總 經 理	梁錦興
總 編 輯	陳滿銘
副總編輯	張晏瑞
編 輯 所	萬卷樓圖書股份有限公司
排　　版	林曉敏
印　　刷	晟齊實業有限公司
封面設計	斐類設計工作室

發　　行　萬卷樓圖書股份有限公司
　　　　　臺北市羅斯福路二段 41 號 6 樓之 3
　　　　　電話 (02)23216565
　　　　　傳真 (02)23218698
　　　　　電郵 SERVICE@WANJUAN.COM.TW
大陸經銷　廈門外圖臺灣書店有限公司
　　　　　電郵 JKB188@188.COM
香港經銷　香港聯合書刊物流有限公司
　　　　　電話 (852)21502100
　　　　　傳真 (852)23560735

ISBN 978-957-739-977-9
2015 年 12 月初版

定價：新臺幣 780 元

如何購買本書：
1. 劃撥購書，請透過以下郵政劃撥帳號：
　帳號：15624015
　戶名：萬卷樓圖書股份有限公司
2. 轉帳購書，請透過以下帳戶
　合作金庫銀行 古亭分行
　戶名：萬卷樓圖書股份有限公司
　帳號：0877717092596
3. 網路購書，請透過萬卷樓網站
　網址 WWW.WANJUAN.COM.TW
大量購書，請直接聯繫我們，將有專人為
您服務。客服：(02)23216565 分機 10

如有缺頁、破損或裝訂錯誤，請寄回更換

國家圖書館出版品預行編目資料

中國思想史概論 / 吳臻著.
　-- 初版. -- 臺北市：萬卷樓, 2015.12
　面 ；　公分. -- (哲學研究叢書)

ISBN 978-957-739-977-9(平裝)

1.學術思想 2.中國哲學史

112　　　　　　　　　　　　104025529